本著作系：

1. 国家社会科学基金青年项目"长江上游地区工业生态集聚及空间差异化策略研究"（18CJL031）阶段性研究成果
2. 国家社会科学基金重大项目"长江上游生态大保护政策可持续性与机制构建研究"（20&ZD095）阶段性研究成果
3. 重庆市教委哲学社会科学重大理论研究阐释专项课题重大攻关项目"重庆在推进长江经济带绿色发展中发挥示范作用研究"（19SKZDZX06）阶段性研究成果

产业生态化、生态产业化：重庆现实路径研究

罗胤晨　　游　韵　　唐　燕　　周映伶　　谭美容

李星林　　刘小双　　李扬杰　　邓　霞　　文传浩　　著

Chanye Shengtaihua, Shengtai Chanyehua:
Chongqing Xianshi Lujing Yanjiu

西南财经大学出版社

四川·成都

图书在版编目(CIP)数据

产业生态化、生态产业化：重庆现实路径研究/罗胤晨等著．—成都：西南财经大学出版社，2021.9

ISBN 978-7-5504-4956-5

Ⅰ.①产… Ⅱ.①罗… Ⅲ.①产业发展—生态化—研究—重庆

Ⅳ.①F269.277.19

中国版本图书馆 CIP 数据核字(2021)第 138034 号

产业生态化、生态产业化：重庆现实路径研究

罗胤晨 游韵 唐燕 周映伶 谭美容
李星林 刘小双 李杨杰 邓霞 文传浩 著

责任编辑：石晓东
封面设计：墨创文化
责任印制：朱曼丽

出版发行	西南财经大学出版社(四川省成都市光华村街55号)
网 址	http://cbs.swufe.edu.cn
电子邮件	bookcj@swufe.edu.cn
邮政编码	610074
电 话	028-87353785
照 排	四川胜翔数码印务设计有限公司
印 刷	郫县犀浦印刷厂
成品尺寸	170mm×240mm
印 张	13.75
字 数	233 千字
版 次	2021 年 9 月第 1 版
印 次	2021 年 9 月第 1 次印刷
书 号	ISBN 978-7-5504-4956-5
定 价	78.00 元

前　言

本书的编写可溯源至 2018 年。当时受重庆市发展和改革委员会委托，并在云南大学经济学院教授、重庆市区域经济学会会长、长江上游【流域】复合生态系统管理创新团队首席专家文传浩的直接指导和重庆市发展和改革委员会的协助支持下，重庆财经学院"产业集聚与区域生态经济"研究团队针对中共中央政治局委员、重庆市委书记陈敏尔同志提出的"生态产业有哪些业态""生态如何变产业""重庆如何做"三个问题进行集中攻关论证及研究。上述研究内容，与近年来习近平总书记、学术界、实务界所关注的"产业生态化和生态产业化"（以下简称"两化"）议题是密切相关的。近 3 年来，团队持续跟踪上述议题，并在研讨交流中不断深化对"两化"问题的认识与理解。

在持续研究过程中，我们结合国家社会科学基金青年项目"长江上游地区工业生态集聚及空间差异化策略研究"（项目编号：18CJL031）、国家社会科学基金重大项目"长江上游生态大保护政策可持续性与机制构建研究"（项目编号：20&ZD095）和重庆市教委哲学社会科学重大理论研究阐释专项课题重大攻关项目"重庆在推进长江经济带绿色发展中发挥示范作用研究"（项目编号：19SKZDZX06）等重要课题项目，展开实地调研考察和文献资料整理。一方面，项目组先后前往浙江省天台县、仙居县、台州市及其下辖的部分村镇以及甘肃省张掖市等地区进行实地考察和调研，深入学习国内典型区域在生态产业化、产业生态化方面的主要经验；另一方面，项目组也对浙江、甘肃、贵州和重庆等地的"两化"发展及相关政策所存在的共性和差异，进行了梳理比较。

本书是项目组在综合研究的基础上，经过前期研讨、访谈交流、框架构思、专题调研、组织编写等系列环节，逐步形成的阶段性研究成果之一。项目组主要由重庆财经学院的青年教师组成，包括罗胤晨、游韵、唐燕、周映伶、谭美容、李星林、刘小双、李扬杰和邓霞。作为重庆财经学院的特聘教授，文传浩教授参与了全书的框架审定和编写指导工作，并为本书提供了丰富的学术思想指引。

在全书成稿前，项目组首先讨论确定研究思路及提纲，当研究提纲经过反复论证并达成共识后，提纲中的每章内容交由不同教师分别负责主笔撰写。文传浩教授主要进行统筹指导和学术指引，罗胤晨具体负责全书的组织实施和内容编写，并对各章节内容与各位主笔进行交流、研讨与审定。全书共分为九章，按章次顺序的主笔人分别是：前言为罗胤晨；第一章为邓霞；第二章为刘小双；第三章为游韵；第四章为唐燕；第五章为周映伶；第六章为谭美容；第七章为李扬杰；第八章为李星林；第九章为罗胤晨。

各章之间的逻辑关系如下：第一章和第二章主要针对"产业生态化、生态产业化"思想的产生背景及文献综述进行梳理，为重庆深入推动产业生态化和生态产业化实践进行宏观背景及相关研究的铺垫式分析。第三章和第四章则回归本书的核心研究区域——重庆市，对重庆市产业发展的历史演化过程及其所面临的新时代特征分别进行系统梳理和分析。第五章和第六章从产业发展现状着手研究，尝试对重庆现行产业体系的生态化水平进行定量评估，并从优势和短板两方面深入剖析重庆推进生态产业发展的基础条件。在此基础上，第七章、第八章和第九章主要针对重庆如何构建全域现代生态产业体系提出相关设想及思考，具体包括构建全域现代生态产业体系的基本框架、现实路径和关键策略等内容。

本书的成稿得到了诸多方面的支持和帮助，在此一并致谢。首先，感谢文传浩教授在本书成稿过程中给予的悉心指导和建议；其次，感谢重庆市发展和改革委员会相关领导及成员在协同攻关过程中的大力支持和帮助；再次，感谢云南大学经济学院滕祥河博士、重庆财经学院经济学院王路云老师等在前期研究中所提供的智力支持和真知灼见；最后，感谢长江上游【流域】复合生态系统管理创新团队成员对相关议题进行的研讨交流，这为本书的出版贡献了重要智慧和启发。

同时，我们也要感谢重庆财经学院各级领导对"产业集聚与区域生态经济"研究团队的大力支持，特别是2021年7月学校决定以我们在绿色发展领域的相关研究为基础，进一步设立全新科研平台"绿色发展研究院"，并推荐罗胤晨担任绿色发展研究院执行院长一职。因此，本书也将幸运地成为重庆财经学院绿色发展研究院的首批研究成果之一。

此外，还要感谢我博士研究生期间的同门师妹，现在中共山东省委党校（山东行政学院）经济学教研部就职的王春萌博士，她受邀第一时间阅读了我们的文稿，并提出了很好的意见和建议。最后，我们还要感谢西南财经大学出版社的编辑部在图书出版过程中给予了耐心细致的指点与帮助。

值得说明的是，本书各章节主要内容的早期版本已先后在《统计与决策》《华中师范大学学报（自然科学版）》《城市观察》《经济论坛》等学术期刊上发表。鉴于此，在策划出版前，项目组也咨询并征求了对应期刊编辑部的意见，并得到了积极回应。所以，本书最终能够顺利付梓，也离不开相关期刊的认可与支持。

由于"两化"领域仍有诸多亟待探索的问题，项目组也是初涉其中，故当下呈现在读者面前的书稿，肯定尚存不少疏漏之处。项目组也是抱着"抛砖引玉"之心态，将我们的部分研究观点及成果分享给大家，也恳请各位读者批评指正！最后，我们衷心地期望"两化"领域的研究能够持续深入下去，各方共同助力新时代中国特色社会主义生态文明建设，为我国绿色高质量发展做出新的贡献。

重庆财经学院经济学院 副教授
绿色发展研究院 执行院长

于重庆巴南 箭滩河畔
2021 年 7 月

目　录

第一章 "产业生态化、生态产业化"思想的产生背景[①]

第一节 生态文明：我国重大发展战略的逻辑演进

一、生态文明思想的缘起

生态文明是人类物质文明和精神文明的总和，反映了人与自然和谐相处的美好状态。生态文明思想既是新时代中国特色社会主义思想的重要组成部分，又为我国生态文明建设提供了基本遵循和实践指南。从中国古代传统文化的生态思想到各届国家领导人积极倡导的生态文明理念，生态文明思想历史悠久、博采众长，不断推动着我国生态文明思想的持续发展。

（一）中国古代传统文化的生态思想

在我国 5 000 多年的发展历史中，中华民族孕育了多元的优秀传统文化。多元的优秀传统文化一直蕴含着敬畏自然、热爱自然的生态思想。它的产生和发展在我国历史长河中占据着重要的地位。其中，儒家、道家和佛家对生态文化进行了深刻的解读。在儒家看来，天地万物与人类之间应该遵循相互促进、协同发展的自然观，以实现共同繁荣。道家认为，凡事要以遵守自然规律为主，以效法天地为辅。佛家以慈悲为怀的生态理念处理人与自然之间的关系，以无私奉献的方式实现自我价值增值（表1-1）。儒家、道家和佛家以敬畏、悲悯的态度善待自然，以仁爱的方式利用自然资源，利用人类的主体性作用，将自然提升到与人类平等的地位，探究人与自然的联系，体现出人类价值与观念的生态自觉。

---

① 本章主要内容已公开发表于《农村经济与科技》2021 年第 5 期，具体文献信息如下：邓霞. 习近平生态文明思想的发展历程、理论渊源和价值意蕴探析 [J]. 农村经济与科技，2021，32（5）：63-64.

表 1-1　中国古代儒家、道家和佛家的生态思想主张

学派	生态思想主张
儒家	主张"天人合一"，提出人为"天地生物之心""仁，爱人以及物""德至禽兽""泽及草木""与天地万物为一体"及"天地变化，圣人效之""与天地相似，故不违""知周乎万物，而道济天下，故不过"等命题
道家	主张"道法自然"，强调人以尊重自然为最高准则，达到"天地与我并生，而万物与我为一"的崇高境界。宇宙万物都来源于道，又复归于道，"道"先于天地存在，并以它自身的本性为原则创生万物，所谓"道生一，一生二，二生三，三生万物""人法地，地法天，天法道，道法自然"
佛家	主张普度众生、参悟万物、慈悲为怀的思想，认为世间万物皆有生存的权利。《涅槃经》认为："一切众生悉有佛性，如来常住无有变异。"一切生命既包含自身，又包含他物，善待他物即是善待自身

资料来源：笔者根据相关文献资料搜集、整理而成。

"生态兴则文明兴，生态衰则文明衰。"（习近平，2019）[1]我国近年来不断提倡生态、文化、文明三者之间要形成良好的互动观念，并通过文化的精神力量，将人、社会和自然两两关系中存在的冲突问题慢慢解决掉。中国古代优秀传统文化蕴含的生态文化思想，有利于人与自然、社会协调可持续发展美好局面的实现，为生态文明思想的形成与发展奠定了重要理论基础（张占斌，2019）[2]。

（二）马克思主义的生态思想

马克思主义的生态思想，主要体现在人与人、人与自然和人与社会的关系中。马克思站在辩证唯物主义的基本视角上，以人的主观能动性和创造性，全面阐述了人、自然、社会三者之间的联系，强调人与自然是辩证统一的关系，提出了"人—自然—社会"有机一体的生态思想（马克思、恩格斯，2009）[3]。

马克思和恩格斯主张人类生存和发展的根本是自然界，自然界在不断发展的过程中孕育了人类，人类在改造自然、使用自然的过程中，应严谨对待人类与自然界的相处之道，克服人类对自然界的盲目性与自私性，减少对自然界的破坏，遵循自然发展规律，实现人、自然、社会三者之间的协调发展（马克思、恩格斯，2009）[4]。

与此同时，马克思和恩格斯还对人类社会的发展历程进行了系统性的考察，在剖析和评判当时资本主义经济发展的过程中包含了丰富的生态思想（表 1-2）。例如，马克思和恩格斯十分关注资本主义社会的生态危机问题，深

人揭露由于工业迅速发展以及城市规模的持续扩张所带来的水污染、土壤污染、空气污染等环境负外部性，深刻思考生态环境危机，并认为人类自身生产要与物质资料生产保持平衡，使自然资源在代内与代际之间持续循环利用，暗含了可持续发展的理念。

表 1-2　马克思主义蕴含的生态文明思想

人物	主要生态文明思想
马克思、恩格斯	人本身是自然界的产物，人类社会同自然界一样也有自己的发展史和自己的科学 自然界是人类存在和发展的先决条件，是商品和劳动得以产生的前提条件和自然基础 农业劳动的生产率是与自然条件联系在一起的，并且由于自然条件的生产率不同，同量劳动会体现为较多或较少的产品或使用价值 资本主义生产发展了社会生产过程的技术，但是同时破坏了一切财富的源泉——土地和工人，激化了人与自然的矛盾和人与社会的矛盾这对双重矛盾 只有消灭资本主义私有制，实行生产资料公有制，才能有效控制自然，消除社会和自然对人的双重压迫，最终达到人的全面解放，实现人与社会的关系以及人与自然的关系的整体和谐 如果人与自然相互对立，人们只知道征服自然力，必然会遭到自然力的报复，而自然力的这种报复是一种不管社会组织怎样的普世性现象

习近平曾在纪念马克思 200 周年诞辰大会上指出，要不断地学习马克思，就要学习和实践马克思主义关于人与自然关系的思想（习近平，2018）[6]。作为习近平生态文明思想的直接来源，习近平充分将马克思主义的辩证自然观、绿色发展观的生态思想结合时代发展阶段，提出一系列与生态环境相关的指导文件及要求，为中国发展具有中国特色社会主义的生态文明思想提供了科学的世界观和方法论（中共中央宣传部，2018）[7]。

（三）可持续发展的生态文明思想

进入工业社会以后，经济的快速增长与生态环境保护之间产生了不可避免的矛盾。传统工业的快速发展带来大笔财富的同时，也带来了较为严重的环境污染，环境污染成为一个亟须解决的问题。

20 世纪 70 年代中后期，联合国逐渐意识到环境的重要性，把环境因素作为影响社会发展的重要内容，相继发布了一系列文件并举办会议（表 1-3）。1987 年，世界环境和发展委员会（WECD）发表了《我们共同的未来》的报告。该报告是一份关于人类未来的报告，系统阐述了关于世界人口、粮食、物种、资源、经济与环境的问题，首次提出了可持续发展的概念，指出社会需要一条经济和环境共同发展之路。1992年在巴西召开的联合国环境与发展会议（UNCED）提出并通过了全球可持续发展战略行动计划——《21世纪议程》，强调必须重视环境与社会发展之间的关系，提出了当人类为了生活和生产大肆消费自然资源的同时，不仅要考虑当代人的消费资源需求，而且需要考虑为下一代生活和生产发展保留充足资源的"可持续发展"理念。该系列文件对可持续发展理论进行不断的深入、强化、推进，逐步形成了以可持续发展为主要内容的生态环境保护体系，为人类社会发展进程中出现的生态环境问题提供了一个有力的解决方案。

表1-3 可持续发展理念提出及演进的相关文件/会议

时间	文件/会议名	主题
1972年6月	《联合国人类环境会议宣言》	强调了环境与发展的关系，认为不仅要重视经济发展，而且要把人与自然的协调以及子孙后代的发展作为发展的核心来考虑
1980年3月	《世界自然资源保护大纲》	第一次正式使用了"可持续发展"一词
1987年2月	《我们共同的未来》	首次使用了"可持续发展"这个概念，指出人类在向自然界获取生产资料、生活资料时，一方面要满足当代人的发展需要，另一方面要为子孙后代保留继续发展的潜力
1992年6月	《21世纪议程》	可持续发展理论得到全世界的重视和认可，并被写入该文件
2002年9月	可持续发展世界首脑会议	将生态环境建设作为全球可持续发展的重要支柱

资料来源：笔者根据相关文献资料搜集、整理而成。

从此以后，可持续发展思想在全世界形成共识，为人类社会发展过程中出现的生态环境问题提供了一个解决方案。各国政府也逐步意识到生态危机对社会发展的毁灭性，开始把生态环境保护作为一项基本政策内容。可持续发展理论逐渐走向全球化和地域化，可以为各个国家处理生态环境与发展方面的问题提供参考和借鉴。我国在重视生态思想的基础上，充分吸取和借鉴可持续发展相关理念，时刻遵循自然规律的可持续发展，提出的绿色发展之路便是对可持续发展理论最好的实践，为我国生态文明建设思想的产生提供了重要依据，也为我国生态文明思想未来的发展方向提供了重要参考（邓霞，2021）[8]。

（四）中国共产党领导人的实践探索和认识升华

中华人民共和国成立以来，以毛泽东、邓小平、江泽民、胡锦涛、习近平为主要代表的中国领导人以马克思主义生态思想为导向，根据我国各个时期生态文明建设的实际情况，以及社会主义发展的现实需求，形成了马克思主义中国化的生态思想，体现出中国共产党领导人与时俱进的执政理念和对生态文明建设的充分认识，在生态文明理论上不断丰富与深化，在生态文明实践上不断发展与进步。

毛泽东同志从生态建设实践入手，提出保护环境、控制人口、节约和综合利用自然资源，探索出符合我国国情的生态文明建设（毛泽东，1999）[9]；20世纪80年代中期，邓小平同志提出要切实转变经济发展方式，处理好经济建设、自然资源利用、生态环境保护三者之间的关系，并把植树造林摆在生态环境保护的首位，坚持走人与自然和谐发展之路（邓小平，1993）[10]；江泽民同志在邓小平的生态思想上不断进行深化，认为生态效益和经济效益同等重要，我国在大力发展社会经济的同时也要认清生态环境的重要性，提出了具有中国特色的可持续发展理念（江泽民，2006）[11]；胡锦涛同志顺应我国现实要求，在可持续发展理念的基础上提出科学发展观，全面统筹人与自然的关系，高度重视我国的生态文明建设（胡锦涛，2016）[12]。以习近平同志为核心的党中央从实现中华民族伟大复兴和永续发展的全局出发推动生态文明建设新实践，围绕生态文明建设提出了一系列重大决策部署，形成了习近平生态文明思想，实现了我国生态文明建设理论体系和实践体系的发展和完善（中共中央党校，2020）[13]。

不难理解，我国领导人通过不断实践与探索，使得我国对生态文明思想不断产生新的认识和理解，理论思想不断深入。同时，这些举措很好地推动了整个社会走上生态发展之路，为我国生态文明建设奠定了良好的基础，指明了前进的方向。

二、改革开放以来我国生态文明思想的演进

从古代以来，我国就非常重视人与自然的和谐发展，致力于自然资源的开发与保护。本节从改革开放以来我国对生态环境保护出台的政策及实践出发，将生态文明思想大致划分为初步形成期、深化发展期、丰富完善期与成熟期四个阶段（图1-1），系统地阐述改革开放以来我国生态文明思想的发展历程。

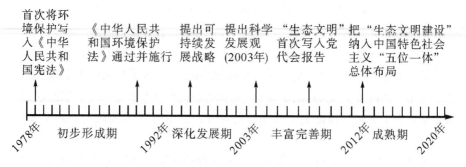

图 1-1 改革开放以来我国生态文明建设思想的发展历程

资料来源：笔者自绘。

（一）初步形成期：重视对生态环境的保护（1978—1992 年）

1978 年至 20 世纪 90 年代初是生态文明建设思想的"初步形成期"。1978 年，党的十一届三中全会召开后，我国开始全面实行改革开放，推动发展社会主义市场经济。我国坚持以经济建设为中心，促进生产力的发展。虽然我国的各项事业取得了举世瞩目的快速发展和全面进步，但环境污染、资源枯竭等生态环境问题也逐渐凸显出来。

为了改善和保护生态环境，1978 年第五届全国人民代表大会第一次会议通过了《中华人民共和国宪法》，初次将环境保护相关政策写进其中，规定国家应当承担保护生态环境、合理利用自然资源的重大责任，表明了对生态环境保护的重视程度。第二次全国环境保护会议宣布将保护环境确立为一项基本国策，奠定了环境保护在社会发展中的地位，明确了环境保护工作未来的发展方向。此后，我国根据实际需要出台了一系列相关政策（表 1-4），主要用于解决经济建设和环境保护二者之间存在的冲突与矛盾。

在 1979 年《中华人民共和国环境保护法（试行）》通过之后，我国进入了利用法律制度保护生态环境的新阶段，陆续发布了保护环境相关的法律文件，如 1982 年的《中华人民共和国海洋环境保护法》、1984 年的《中华人民共和国森林法》以及 1991 年的《中华人民共和国水土保持法》等，为自然资源保护奠定了良好的法律和制度基础并提供了法律保障，初步形成了一套完整的环境保护政策体系，为生态文明思想的形成保驾护航。同时这也进一步说明我国开始重视生态环境的保护，生态文明建设思想初步形成。

表 1-4　生态文明思想初步形成期的若干重要事件

时间	事件	主要内容
1978 年 3 月	第五届全国人民代表大会第一次会议	首次将环境保护写入《中华人民共和国宪法》，并规定国家应当承担保护环境和资源的重担，为进一步构建我国环境保护法律体系奠定了宪法基础
1979 年 3 月	第五届全国人民代表大会第十一次会议	《中华人民共和国环境保护法（试行）》公布试行
1981 年 2 月	—	做出了《国务院关于在国民经济调整时期加强环境保护工作的决定》，主要解决经济发展和环境保护二者关系问题
1983 年 12 月	第二次全国环境保护会议	将环境保护确立为一项基本国策
1989 年 4 月	第三次全国环境保护会议	通过了《1989—1992 年环境保护目标和任务》和《全国 2000 年环境保护规划纲要》，为我国展开中长期环境保护规划了蓝图
1989 年 12 月	第七届全国人民代表大会第十一次会议	《中华人民共和国环境保护法》通过并施行，其作为我国环境保护的基本法，在我国生态环境保护和改善方面发挥了重要作用

资料来源：笔者根据相关文献资料搜集、整理而成。

（二）深化发展期：提出并完善可持续发展战略（1992—2002 年）

20 世纪 90 年代中期至 21 世纪初是中国生态文明思想的"深化发展期"。1987 年，WECD 通过了关于人类未来的报告《我们共同的未来》。该报告系统阐述了关于世界人口、粮食、物种、资源等环境与发展方面的问题，并在此基础上提出了"可持续发展"的理念，指出人类需要一条与环境保护相结合发展的新道路。自此，"可持续发展"理念在全球逐渐形成共识，成为各国处理环境与发展方面问题的重要指导思想。

随着改革开放的持续推进，我国经济呈现出快速发展的态势。与此同时，工业开发园区粗放式的增长模式，大肆消耗自然资源，环境污染较为严重，生态环境遭到严重破坏，经济发展速度与保护环境质量脱节现象突出。在此情况下，我国高度重视出现的生态环境问题。在全球可持续发展理念的引领下，我国积极探索符合国情的可持续发展道路。为了践行可持续发展这一新理念，我国于 1994 年依据全球可持续发展战略行动计划和中国国情制定出中国可持续发展战略性文件——《中国 21 世纪议程》，为可持续发展战略的提出奠定了基础。随后十四届五中全会首次提出可持续发展战略，为战略的实施提供了有效的行为导向，为探索符合中国国情的可持续发展之路提供了坚实的法律保障。

这一时期，我国围绕可持续发展战略接连颁发了多部政策性文件（表1-5），提出大力发展循环经济、积极倡导生态文明建设。《全国生态环境建设规划》（1998年）与《全国生态环境保护纲要》（2000年），要求全国加大生态环境保护工作力度。我国对可持续发展战略相关理论的践行，一方面使得可持续发展战略得到不断的发展与完善，另一方面为生态文明思想的形成奠定了坚实的基础。

表1-5 生态文明思想深化发展期的若干重要事件

时间	事件	主要内容
1994年3月	国务院第十六次常务会议	可持续发展之路是中国未来发展的自身需要和必然选择
1995年9月	十四届五中全会	首次提出可持续发展战略
1996年7月	第四次全国环境保护会议	指出在加快发展中绝不能以浪费资源和牺牲环境为代价
1997年9月	党的十五大	可持续发展战略写入党的十五大报告，正式确立为我国基本发展战略
1998年11月	—	国务院印发《全国生态环境建设规划》
2000年11月	—	国务院发布《全国生态环境保护纲要》
2002年11月	党的十六大	提出增强可持续发展能力、改善生态环境、促进人与自然和谐的目标要求，奠定了生态文明建设思想的基础

资料来源：笔者根据相关文献资料搜集、整理而成。

（三）丰富完善期：提出科学发展观（2003—2012年）

20世纪初至党的十八大召开前夕是中国生态文明思想的"丰富完善期"。胡锦涛同志指出如果人类不重视与自然之间的和谐关系，经济发展会因受到增长速度的约束而出现失衡现象。我国结合客观实情，顺应现实要求，在可持续发展理念的基础上于十六届三中全会提出要树立科学发展观，即坚持以人为本，树立全面、协调、可持续的发展观，促进经济社会和人的全面发展（陈其胜，2008）[14]。科学发展观充分体现了可持续发展的深层次理念，重点突出人的主体作用，饱含生态文明发展理念。为了逐步落实科学发展观和加强环境保护工作，胡锦涛指出要依托科学技术，大力发展循环经济，共同建设资源节约型和环境友好型社会（张家荣，2017）[15]。该发展方式逐渐向绿色发展方式进行转变。在坚持科学发展观指导之下，生态文明概念首次被写进党的十七大会议报告，建设生态文明成为建设小康社会的新要求。这表明中国生态文明建设思想正式开端，并由此不断深化发展。

这一时期陆续修订了《中华人民共和国节约能源法》（2007年）、《中华人民共和国水污染防治法》（2008年）等多部关于生态环境的法律文件，进一步补充和完善了生态文明法律制度。由此可见，科学发展观的提出，既丰富与完善了生态文明思想，又对中国在生态环境保护方面所取得的成果进行了深刻的总结。表1-6为生态文明思想丰富完善期的若干重要事件。

表1-6　生态文明思想丰富完善期的若干重要事件

时间	事件	主要内容
2003年6月	《中共中央国务院关于加强林业发展工作的决定》	第一次对"生态文明"进行了阐述，阐明了生态文明建设的发展内涵、思路和目标
2003年10月	十六届三中全会	提出了科学发展观，强调"统筹人与自然的和谐发展"要求统筹人与自然的关系
2005年12月	《国务院关于落实科学发展观加强环境保护的决定》	明确提出发展"循环经济，倡导生态文明"
2006年3月	"十一五"规划	提出建设资源节约型和环境友好型社会
2007年10月	党的十七大	"生态文明"首次写入中国共产党全国人民代表大会报告，将生态文明建设列为小康社会的目标之一

资料来源：笔者根据相关文献资料搜集、整理而成。

（四）成熟期：正式提出建设社会主义生态文明（2012年至今）

党的十八大至今，是我国生态文明建设思想的"成熟期"。2012年至今，我国非常重视生态文明制度和生态文明建设工作。党的十八大将生态文明建设纳入中国特色社会主义"五位一体"总体布局，正式将生态文明建设提升到国家战略高度，标志着中国生态文明建设从理论到实践，逐步走向成熟（中共中央文献研究室，2014）[16]。党的十八大以后，生态文明思想逐渐向更高、更深层次发展。党的十九大报告中，习近平总书记指出生态文明建设是关系中华民族永续发展的千年大计，关乎中华民族未来的生存与发展，体现出生态文明建设是一件长久的事情，与每一个人息息相关。2018年全国生态环境保护大会正式确立了习近平生态文明思想这一标志性、创新性、战略性重大理论成果，为新时代中国社会主义思想添上了浓墨重彩的一笔（李干杰，2018）[17]。2019 年全国生态环境保护工作会议上，习近平总书记进一步将加快绿色发展作为中国重要战略机遇期的新内涵，对人民群众深入理解绿色发展在新时代经济发展中的地位，形成绿色发展生产生活方式，推动产业生态化和生态产业化这一理念的发展起到了至关重要的作用。十九届四中全会和十九届五中全会提出要坚持推动绿色发展，完善生态文明领域统筹协调机制和制度体系，促进经济社会全面绿色转型，实现人与自然和谐共生的现代化。2021 年 3 月发布的"十四五"规划针对生态文明建设提出了生态文明建设实现新进步，生产生活方式绿色转型成效显著，生态环境持续改善，生态安全屏障更加牢固等目标，助力生态文明建设总体布局。

党的十八大召开以来，以习近平同志为核心的党中央针对生态文明建设工作产生的一系列问题进行了系统性回答，交出了一份令中国人民满意的答卷，提出了一系列生态文明建设新理论、新思想，形成了系统性的习近平生态文明思想，成为习近平新时代中国特色社会主义思想的重要组成部分，标志着中国生态文明思想不断成熟与完善。表 1-7 为生态文明思想成熟期的若干重要事件。

表 1-7　生态文明思想成熟期的若干重要事件

时间	事件	主要内容
2012 年 10 月	党的十八大	把"生态文明建设"纳入中国特色社会主义"五位一体"总体布局
2015 年 5 月	《中共中央 国务院关于加快推进生态文明建设的意见》	首次强调加快生态文明建设要以健全生态文明制度体系为重点，使生态文明有了实践路径
2017 年 10 月	党的十九大	将生态文明建设提升到"中华民族永续发展的千年大计"的高度，提出建设生态文明和美丽中国的战略目标和重点任务
2018 年 3 月	第十三届全国人民代表大会第一次会议	李克强总理在总结党的十八大以来我国生态文明建设取得成效的同时，进一步强调要进行生态文明体制改革，推行生态环境损害赔偿制度，完善生态补偿机制，以更加有效的制度保护生态环境

表1-7（续）

时间	事件	主要内容
2019 年 10 月	十九届四中全会	提出坚持和完善生态文明制度体系，创造一条经济与环境协同发展的新型道路，促进人与自然和谐共生
2020 年 10 月	十九届五中全会	提出完善生态文明领域统筹协调机制，构建生态文明体系，促进经济社会发展全面绿色转型，建设人与自然和谐共生的现代化
2021 年 3 月	"十四五"规划	提出生态文明建设实现新进步，国土空间开发保护格局得到优化，生产生活方式绿色转型成效显著，生态环境持续改善，生态安全屏障更加牢固等目标

资料来源：笔者根据相关文献资料搜集、整理而成。

三、生态文明的产业逻辑

2018 年 5 月，习近平总书记在第八次全国生态环境保护大会上，首次提出"加快构建生态文明体系"，并进一步明确生态文明体系的具体内容。生态文明体系包括生态文化体系、生态经济体系、目标责任体系、生态文明制度体系和生态安全体系五大体系。2021 年 2 月，中央全面深化改革委员会第十八次会议上审议通过了《关于建立健全生态产品价值实现机制的意见》，该意见旨在践行绿水青山向金山银山转化理念，探索可持续的生态产品价值实践路径，为推进产业生态化和生态产业化的工作提供了有力指导。

生态经济体系是生态文明体系的重要组成部分，主要为生态文明体系建设提供牢固的物质基础。所以，我国应当以产业生态化和生态产业化为核心主体，以节约资源、保护环境、维护生态安全为发展要求，着力将自然优势和生态优势转化为经济优势和发展优势，大力发展循环经济、清洁能源等以环保为主的产业，推动经济社会发展和资源环境的良性循环。具体来说，重点是以供给侧结构性改革为指导方向，实现发展绿色化、生态化为主要目标，推动传统产业、落后产业的提升与改造。例如，在农业方面，我国应致力于发展高效生态农业，搭建以优质、安全、生态等为主要理念的新型农业生产技术经营体系。在工业方面，我国应积极助推工业发展绿色化，发展绿色制造业，支持智能制造、生物技术、新能源等新兴产业的发展，淘汰高消耗、高污染等产业，走一条资源消耗低、环境污染少、经济效益好、科技含量高的新型工业化道路。在服务业方面，我国应重点发展绿色金融业、绿色旅游业、绿色商贸业、绿色物流业等产业，实现生态优势的有效转化。

建立生态产品价值实现机制是"绿水青山就是金山银山"最好的实践方式。浙江、江西、贵州、青海、福建、海南六个省份以及浙江丽水、江西抚州两个地级市先后开展了生态产品价值实现机制试点，对生态产品价值实现的路径进行了有益的探索，有助于生态产品价值的实现与推广，充分将生态文明建设与产业发展相结合，创新绿色发展模式（杨开忠，2021）[18]。

因此，加快构建以产业生态化和生态产业化为主体的生态经济体系，建立健全生态产品价值实现机制，是生态文明思想实践于实体经济、融入实体经济的具体表现。加快生态产业化和产业生态化对于化解资源开发与保护环境之间存在的矛盾、推进可持续生态产品价值的路径实践，具有非常重要的意义。

第二节　"两化"之路：我国生态经济建设的政策背景

一、"产业生态化、生态产业化"的政策演进

"产业生态化、生态产业化"作为一个有机联系的整体，有利于促进我国生态保护和经济社会协调发展，有利于化解我国新时期发展的基本矛盾，实现平衡充分全面发展（谷树忠，2020）[19]。"产业生态化、生态产业化"是一个逐步推进的过程。我国为促进"产业生态化、生态产业化"的发展，出台了一系列相关政策。清洁生产、循环经济、绿色发展理念都是"产业生态化、生态产业化"的政策演进的具体体现。

（一）清洁生产

1989 年，联合国环境规划署首次提出"清洁生产"的概念。清洁生产就是采用清洁的能源、原材料、生产工艺和技术，制造出清洁的产品，是国外20 多年来对工业污染防治工作经验的总结。

20 世纪 70 年代，我国开始重视环境保护工作，主要采用末端处理方式解决生态环境存在的问题。但是，末端处理方式并不能从根本上缓解生态环境压力。1992 年，我国充分吸取和借鉴联合国环境与发展会议提出的可持续发展理论，引进清洁生产概念，将清洁生产列入《中国环境与发展十大对策》，并明确提出在工业发展中，应积极对存在大量能源资源消耗、粗放经营的传统生产发展模式进行改变，对单纯末端治理的环境污染控制体系进行调整，推行清洁生产。1994 年，我国制定出符合国民经济和社会发展实际的中国可持续发

展战略性文件——《中国 21 世纪议程》，该文件把清洁生产作为优先实施的重点领域。1996 年，《国务院关于环境保护若干问题的决定》提出，不论是新建的项目还是扩建、改建的项目，在开展的过程中尽可能使用清洁生产技术，减少能耗物耗的使用，减少污染物的排放量。2002 年，《中华人民共和国清洁生产促进法》通过，并于 2003 年 1 月 1 日开始实施，为清洁生产的发展提供了法律保障。

我国实施的一系列促进清洁生产的政策文件（表 1-8），将清洁生产从概念、理论进一步发展到实践，使得清洁生产应用于化学、纺织、冶金、石化、采矿、机械、钢铁等各个行业。清洁生产在各个产业中的实践，也为"产业生态化、生态产业化"奠定了一个良好的现实基础。

表 1-8 我国促进清洁生产的相关政策文件

时间	政策文件	主要内容
1992 年 8 月	《中国环境与发展十大对策》	明确提出转变大量消耗资源、能源、粗放经营的传统生产发展模式，调整单纯末端治理的环境污染控制体系，推行清洁生产的要求
1994 年 3 月	《中国 21 世纪议程》	专门规划了开展清洁生产和生产绿色产品的领域，把建立资源节约型工业生产体系和推行清洁生产列入可持续发展战略与重大行动计划中
1996 年 8 月	《国务院关于环境保护若干问题的决定》	明确规定所有大、中、小型新建、扩建、改建和技术改造项目要提高技术起点，采用能耗小和污染物排放量少的清洁生产工艺
1997 年 4 月	《关于推行清洁生产的若干意见》	要求地方环境保护主管部门将清洁生产纳入已有的环境管理政策中，以便更深入地促进清洁生产
1999 年 5 月	《关于实施清洁生产示范试点计划的通知》	确定在北京、天津、上海、重庆、沈阳、太原、济南、昆明、兰州、阜阳 10 城市和在石化、化工、冶金、轻工、船舶 5 个行业开展清洁生产试点、示范
2002 年 6 月	《中华人民共和国清洁生产促进法》	说明了我国的清洁生产工作已走上法治化的轨道
2003 年 12 月	《关于加快推行清洁生产的意见》	提出推行清洁生产必须从国情出发，发挥市场在资源配置中的基础性作用，坚持以企业为主体、政府指导推动，强化政策引导和激励，逐步形成企业自觉实施清洁生产的机制

表1-8(续)

时间	政策文件	主要内容
2005年12月	《国务院关于落实科学发展观加强环境保护的决定》	明确提出实行清洁生产并以法强制审核的要求，把强制性清洁生产审核摆在了更加重要的位置
2006年7月	《清洁生产标准啤酒制造业》等八项国家环境保护行业标准的公告	明确8个行业是啤酒制造业、食用植物油工业（豆油和豆粕）、纺织业、甘蔗制糖业、电解铝业、氮肥制造业、钢铁行业和基本化学原料制造业

资料来源：笔者根据相关文献资料搜集、整理而成。

(二) 循环经济

清洁生产主要体现在生产领域和服务领域，被认为是企业层面发展循环经济的第一阶段。而循环经济是对清洁生产的进一步拓展，是清洁生产的最终发展目标，是对可持续发展理念进行实践的一种新型经济发展模式。循环经济主要是以资源环境作为物质基础，通过"资源—产品—再生资源"的反馈式循环方式，让全部的物质和能量在这个循环系统中得到合理和持久的利用，把经济活动对生态环境的破坏降到最低。

2005年，我国为了进一步分析循环经济在国内发展的适用性与可行性，采用"循环产业园"的方式进行项目集中试点。"十一五"规划提出要大力发展循环经济。2008年《中华人民共和国循环经济促进法》正式通过，并于2009年开始实施（表1-9）。该法主要对循环经济的管理制度、激励措施、法律责任等方面做出了明确规定，有助于推动循环经济的发展。随后，"十二五"规划提出国家工业体系在2015年之前要实现固体废物综合利用率达到72%，50%以上的国家园区和30%以上的省级园区要实施循环改造的主要目标，积极推动循环经济的大力发展（国务院，2013）[20]。

表1-9 与循环经济相关的政策文件

时间	政策文件	主要内容
2005年7月	《国务院关于加快发展循环经济的若干意见》	把循环经济作为由于过度消耗自然资源而产生的经济和环境风险的重要应对措施
2006年10月	"十一五"规划	提出必须加快转变经济增长方式，要把节约资源作为基本国策，发展循环经济，保护生态环境，加快建设资源节约型、环境友好型社会，促进经济发展与人口、资源、环境相协调

表1-9(续)

时间	政策文件	主要内容
2008 年 8 月	《中华人民共和国循环经济促进法》	明确规定循环经济的管理制度、激励措施、法律责任等
2010 年 4 月	《关于支持循环经济发展的投融资政策措施意见的通知》	明确指出政府要综合运用规划、投资、产业、价格、财税、金融等政策措施，建立一个良性、面向市场、有利于循环经济发展的投融资政策支撑体系和环境
2010 年 12 月	《循环经济发展规划编制指南》	促进《中华人民共和国循环经济促进法》的贯彻落实，指导各地科学编制本地区的循环经济发展规划，缓解资源和环境压力，促进经济可持续发展
2011 年 3 月	"十二五"规划	到 2015 年，国家工业体系要实现固体废物综合利用率达到 72%、50%以上的国家园区和 30%以上的省级园区要实施循环改造的主要目标，积极推动循环经济的大力发展
2013 年 1 月	《循环经济发展战略及近期行动计划》	对发展循环经济做出战略规划，对今后一个时期的工作进行具体部署
2015 年 4 月	《2015 年循环经济推进计划》	明确了工业、农业、服务业循环经济体系建设任务，并提出把循环经济贯穿到国家实施的重大区域发展战略中
2016 年 8 月	《循环发展引领计划》（征求意见稿）	该计划的主要目标是：初步形成绿色循环低碳产业体系、基本建立城镇循环发展体系、基本构建新的资源战略保障体系、基本形成绿色生活方式

资料来源：笔者根据相关文献资料搜集、整理而成。

(三) 绿色发展

绿色发展是建立在以资源环境承载力为条件的基础之上，把效率、和谐、可持续作为发展目标，将生态环境保护作为实现可持续发展之路的新型经济社会发展模式（王天义 等，2016）[21]。

自 20 世纪 90 年代起，联合国环境规划署和一些国际性组织开始对绿色经济、绿色增长、绿色财富等相关问题进行研究。2002 年，联合国计划开发署公布的《2002 年中国人类发展报告：绿色发展，必选之路》指出，中国人口数量众多，绿色发展是中国发展过程中必选的一条道路。2008 年，联合国环境规划署倡导全世界实行绿色新政。2010 年，在全球大力倡导绿色发展的环境下，我国在绿色经济与应对气候变化国际合作会议上，提出要积极推动绿色发展，加快转变经济发展方式，同年首次将绿色发展写入"十二五"规划。2015 年，十八届五中全会首次把"绿色"列为"十三五"规划五大发展理念之一，与创新、协调、开放、共享共同构成五大发展理念，引领产业绿色变革与发展（表 1-10）。2017 年，党的十九大提出要强调加快建立绿色生产和消费的法律制度和政策导向，建立健全绿色低碳循环发展的经济体系。2020 年，十九届五中全会公报和"十四五"规划均强调要加快推动绿色发展，促进人与自然和谐共生。

表 1-10　与绿色发展相关的政策文件或事件

时间	政策文件或事件	主要内容
2002 年 7 月	《2002 年中国人类发展报告：绿色发展，必选之路》	首次提出在中国应当选择绿色发展之路
2010 年 5 月	绿色经济与应对气候变化国际合作会议	强调中国要推动绿色发展，加快经济发展方式转变
2010 年 11 月	"十二五"规划	绿色发展首次被写进"十二五"规划
2012 年 11 月	党的十八大	强调指出"着力推进绿色发展、循环发展、低碳发展"
2015 年 4 月	《关于加快推进生态文明建设的意见》	首次提出"绿色发展"
2015 年 10 月	十八届五中全会	首次把"绿色发展"列为"十三五"规划五大发展理念之一
2017 年 10 月	党的十九大	强调加快建立绿色生产和消费的法律制度和政策导向，建立健全绿色低碳循环发展的经济体系
2018 年 7 月	—	国家发展改革委提出，完善有利于绿色发展的价格政策，推动形成绿色发展空间格局、产业结构、生产和生活方式
2020 年 10 月	十九届五中全会	提出推动绿色发展，促进人与自然和谐共生
2021 年 3 月	"十四五"规划	提出从加快推动绿色低碳发展、持续改善环境质量、提升生态系统质量和稳定性及全面提高资源利用效率四方面推动绿色发展

资料来源：笔者根据相关文献资料搜集、整理而成。

绿色发展是推进生态文明建设的重要内容，是构建高质量现代化经济体系的必然要求。党的十九大报告明确提出，要建立绿色低碳循环发展的经济体系与生态文明体系；强调要以产业生态化和生态产业化为主体构建生态经济体系，以此促进产业生态化、生态产业化的共同发展。

二、"产业生态化、生态产业化"的政策实践

2000 年以来，随着清洁生产、循环经济、可持续发展、绿色发展、生态文明等理念的传播和相关政策的指导，建设绿色循环园区、生态工业园区和生态文明试验区，逐渐成为协调经济发展与生态环境保护的重要方式。从产业生态化、生态产业化本身的内涵要求来看，绿色循环园区、生态工业园区和生态文明试验区建设都体现出在实体经济层面推动产业生态化和生态产业化发展的思想，这些举措和方式也逐渐成为缓解资源环境压力、发展资源环境友好型产业、实现可持续发展的重要选择，同时也是对产业生态化、生态产业化的具体政策实践。

（一）生态工业园区

生态工业园区属于第三代产业园区，是在经济技术开发区和高新技术开发区的基础上发展起来的，是将循环经济理论和工业生态学理论相互结合而设计的一种新型工业组织。生态工业园区致力于构建园区内的生态网和生态链，并通过生态技术有效地提高资源的利用率，减少污染物的排放，实现区域清洁生产。

我国生态工业示范园区的示范项目于 1999 年开始建设，并于 2001 年建立了第一个国家级生态工业示范园区——贵港国家生态工业（制糖）示范园区。随后，我国在辽宁、江苏、广东、山东、天津等地分别展开了生态工业园区建设的试点工作。根据 2017 年发布的《国家生态工业示范园区名单》，截至 2017 年我国共批准了 45 个园区开展国家生态工业示范园区建设，48 个园区为国家生态工业示范园区（表 1-11），进一步说明了我国对生态产业的支持与发展。

表 1-11　批准为国家生态工业示范园区的建设名单

序号	名称	批准时间	序号	名称	批准时间
1	苏州工业园区	2008 年 3 月	25	宁波经济技术开发区	2014 年 3 月
2	苏州高新技术产业开发区	2008 年 3 月	26	上海闵行经济技术开发区	2014 年 3 月
3	天津经济技术开发区	2008 年 3 月	27	徐州经济技术开发区	2014 年 9 月

表1-11（续）

序号	名称	批准时间	序号	名称	批准时间
4	烟台经济技术开发区	2010年4月	28	南京高新技术产业开发区	2014年9月
5	无锡新区（高新技术产业开发区）	2010年4月	29	合肥高新技术产业开发区	2014年9月
6	山东潍坊滨海经济开发区	2010年4月	30	青岛高新技术产业开发区	2014年9月
7	上海市莘庄工业区	2010年8月	31	常州国家高新技术产业开发区	2014年12月
8	日照经济技术开发区	2010年8月	32	常熟经济技术开发区	2014年12月
9	昆山经济技术开发区	2010年11月	33	南通经济技术开发区	2014年12月
10	张家港保税区暨扬子江国际化学工业园	2010年11月	34	宁波高新技术产业开发区	2015年7月
11	扬州经济技术开发区	2010年11月	35	杭州经济技术开发区	2015年7月
12	上海金桥出口加工区	2011年4月	36	福州经济技术开发区	2015年7月
13	北京经济技术开发区	2011年4月	37	上海市市北高新技术服务业园区	2016年8月
14	广州开发区	2011年12月	38	江苏武进经济开发区	2016年8月
15	南京经济技术开发区	2012年3月	39	武进国家高新技术产业开发区	2016年8月
16	天津海滨高新技术产业开发区华苑科技园	2012年12月	40	南京江宁经济技术开发区	2016年8月
17	上海漕河泾新兴技术开发区	2012年12月	41	长沙经济技术开发区	2016年8月
18	上海化学工业经济技术开发区	2013年2月	42	温州经济技术开发区	2016年8月
19	山东阳谷祥光生态工业园区	2013年2月	43	扬州维扬经济开发区	2016年8月
20	临沂经济技术开发区	2013年2月	44	盐城经济技术开发区	2016年8月

表1-11（续）

序号	名称	批准时间	序号	名称	批准时间
21	江苏常州钟楼经济开发区	2013 年 9 月	45	连云港经济技术开发区	2016 年 11 月
22	江阴高新技术产业开发区	2013 年 9 月	46	淮安经济技术开发区	2016 年 11 月
23	沈阳经济技术开发区	2014 年 1 月	47	郑州经济技术开发区	2016 年 11 月
24	上海张江高科技园区	2014 年 3 月	48	长春汽车经济技术开发区	2016 年 11 月

资料来源：笔者根据《关于发布国家生态工业示范园区名单的通知》整理而成。

2020 年 12 月，根据专家验收意见和公示情况，经生态环境部、商务部、科技部研究，决定批准芜湖经济技术开发区、嘉兴港区等 10 个开发区（表1-12）为国家生态工业示范园区。

表 1-12　2020 年批准为国家生态工业示范园区名单

序号	名称	序号	名称
1	芜湖经济技术开发区	6	青岛经济技术开发区
2	嘉兴港区	7	昆山高新技术产业开发区
3	珠海高新技术产业开发区	8	昆明经济技术开发区
4	潍坊经济开发区	9	天津子牙经济技术开发区
5	山东鲁北企业集团	10	贵阳经济技术开发区

资料来源：笔者根据《关于批准芜湖经济技术开发区等 10 家园区为国家生态工业示范园区的通知》整理而成。

（二）生态文明试验区

生态文明试验区是生态文明思想在产业领域的重要实践形式之一，主要通过加快创新发展生态农业、工业和服务业，将绿色循环低碳发展的理念融入生产经营的各个环节，有利于推动战略新兴产业高质量发展，进而助推并调整资源能源消费结构，淘汰落后产能、培育新经济、新动能和新增长点。通过这些实践，我国在发展生态文明试验区方面，积累了一定的理论和实践经验，形成了相应的可以借鉴和推广的产业生态化发展模式。

党的十八大以来，我国高度重视生态文明建设。2015 年，十八届五中全会提出，设立统一规范的国家生态文明试验区，重在开展生态文明体制改革综合实验。2016 年，中共中央办公厅、国务院办公厅印发了《关于设立统一规范的国家生态文明试验区的意见》，该意见指出我国综合考虑各地现有生态文明改革实践基础、区域差异性和发展阶段等因素，首批选择生态基础较好、资源环境承载能力较强的福建省、江西省和贵州省作为试验区。这也标志着我国生态文明试验区开始进入全面发展和加速推进的阶段。随着生态文明试验区的持续推进，海南省在 2019 年也被纳入生态文明试验区。

目前，四个国家生态文明试验区先试先行、大胆创新，也取得了阶段性的成果。福建省 2020 年多项生态环境指标均优于全国水平，成为全国唯一一个保持水、大气、生态环境全优的省份。江西省生态环境质量在全国保持领先，生态优势得到巩固提升，森林覆盖率稳定在 63.1%，成为全国首个"国家森林城市"设区市全覆盖省份。2020 年年底，贵州省的森林覆盖率达到 60%，县级以上城市空气质量优良天数比率保持在 98.3%。同时，贵州省坚持生态产业化、产业生态化的绿色经济发展方式，不断发展绿色产业。海南省依托良好的生态环境，加快建设国家生态文明试验区。

第三节　本章小结

我国的生态文明建设一直坚持以绿色发展理念为引领，拓展生态产品价值实现通道，走产业生态化、生态产业化协同的绿色发展之路。我国通过建立健全生态经济体系，促进经济高质量发展，努力建设人与自然和谐共生的现代化。本章首先从生态文明思想的缘起、演进和产业逻辑三个方面阐述了生态文明思想的产生与发展，其次从"产业生态化、生态产业化"政策的演进历程及政策实践分析了政策背景，充分说明走"产业生态化、生态产业化"协同的绿色发展之路，有利于我国处理好经济发展与环境保护之间的关系，把生态优势转化为经济优势，打通"资源→资产→资本→资金"的生态产业化转化通道，从而更好地将"绿水青山"转化为"金山银山"，实现经济与生态共赢，更好满足人民群众日益增长的美好生活需要（李世峰，2021）[22]。

第二章 "产业生态化、生态产业化" 思想的文献综述①

第一节 国外相关理论演进

一、生态思想的理论起源

"生态"一词源于希腊语，本意就是家和生活中的环境。生态是一个泛指的概念，被用来定义与人的现实生活相关的各种因素的集合，表达的是一种关系，是人类与自然界共同构成的系统与空间。生态哲学本体论从研究生态哲学学科本体的角度出发，阐述了生态哲学与生态学哲学两个相关概念，论证了生态哲学的现代意义和马克思主义生态哲学的相互联系，完成了对生态哲学体系的建构。同时，在此基础上，生态哲学本体论提出生物只有发展到有意识的并具有社会性的生物人的阶段时，生物与环境的关系即生态，才会发生全新质的变化和出现突破性的飞跃[23]。

人类在社会早期，为了生存和发展的需要，需要同自然界打交道，如狩猎捕食、采摘野果等。最初对于人与自然关系的猜测，我们可以把它看作人类早期朴素生态意识的起源。公元前五六世纪，亚里士多德把从"植物—动物—人"看作不同等级的连续系列，认为人与自然是统一体，并且在其著作《政治学》中，对人与自然的关系进行了系统阐述。在《马克思恩格斯选集》第3卷中提及一个观点，即"人本身是自然界的产物，是在他们的环境中并和这个环境一起发展起来的"，它较为科学地阐述了人与自然的关系。

19世纪中叶，当生态学刚刚兴起时，马克思、恩格斯已经深刻地提出关

---

① 本章内容已公开发表于《经济论坛》2020年第3期，具体文献信息如下：刘小双，罗胤晨，文传浩. 生态产业化理论意蕴及发展模式研究综述［J］. 经济论坛，2020（3）：28-34.

于生态问题的见解（表 2-1），揭示了"人—社会—自然"的一般生态系统，其具有深远的历史和理论意义。随着现代科学技术突飞猛进，在人类现代工业文明不断深入、社会生产力持续发展的同时，也出现了环境恶化、生态系统失衡等各类生态环境问题，这些负面效应逐渐唤醒了人类的现代生态意识。1962年，美国科普作家 Rachel Carson（1962）出版了《寂静的春天》一书，通过案例向人们展示了大量制造和使用杀虫剂，对人类和自然造成的巨大危害，从而改变了公众对环境问题的认知，标志着现代生态意识的觉醒[24]。而现代生态意识的形成，主要以 1972 年在斯德哥尔摩召开的"联合国人类环境会议"、1992 年在里约热内卢召开的"人类环境与发展会议"为标志，它们陆续开启了人类全面审视经济社会的生存与发展状况及其引发的一系列生态环境问题。

表 2-1　不同维度的马克思恩格斯生态观

	维度	主要内容
马克思恩格斯生态观	生态自然观	强调自然对人的优先地位；人是自然的产物；自然对人具有制约性和人对自然具有适应性
	生态经济观	生态生产力系统是自然生产力和社会生产力的统一；发展循环经济，实现人类社会的可持续发展
	生态社会观	人口增长与自然资源要动态平衡；可持续发展思想；共产主义社会是人与人、人与自然"和解"的生态社会
	生态伦理观	尊重自然、善待自然；人与自然"和解"，建立人工生态系统平衡
	生态环境观	资本主义社会环境污染表现为土地荒芜、河流污染、森林消失、气候变迁、空气污染和居住环境恶化；问题根源可以追溯到资本主义制度根源、阶级根源、认识根源和社会根源；解决环境危害的根本方式是变革社会生产方式

资料来源：笔者根据相关文献整理、总结。

二、产业生态化相关理论的演进

马克思曾指出，"各种经济时代的区别，不在于生产什么，而在于怎样生产、用什么劳动资料生产"[25]。随着社会生产力的发展，人与自然之间物质变换关系的形式、性质、规模等，也在不断发生变化。

农耕时代主要以农业为主导，该时代的物质流动方式是一种和它所处的自然环境相契合的循环性流动模式，也就是先有消费再有产出。这样不仅能被环境所吸收，而且又能作为投入要素再次进入产业系统，基本上不会破坏自身的长期发展，所以我们可以将其看作是一种可持续或者说生态化的产业体系。

进入工业化时代后，人类逐渐建立了一种以工业化为主导的产业体系，该产业体系在物质流动方式上采取一种以"自然资源—制造产品—环境废物"为基本特征的线性流动模式，即呈现出"大量生产、大量消费、大量废弃"的状态。Kenneth Ewart Boulding（1966）将其称为"通量经济（throughput economy）"[26]。这种产业体系不仅能满足人类的物质和精神需求、推动经济和社会的发展，而且也在逐渐消耗它所依赖的自然资源，使得生态环境遭到破坏。所以，工业产业体系被公认为是一种不可持续的产业发展模式。具体而言，工业化使生态环境问题遭到破坏的主要原因是：人类与自然环境在产业体系内所进行的物质变换过程，常常超过了自然生态环境所能承载的负荷。因此，从20世纪60年代起，人类的产业活动与生态环境之间的"矛盾"关系就已建立起来。

Rachel Carson（1962）在《寂静的春天》一书中，针对人类通过产业体系与自然环境之间的物质变化过程及其对生态环境所产生的破坏问题，具体指出两条道路：一条是我们长期行走的（粗放型发展方式），这条路短期看似平坦、舒适，但长期来看会发生很大的灾难；另一条路（生态型发展方式）则可能遭遇曲折，但却是人类唯一能够长期生存下去的希望，这是基于自然生态观人与自然和谐发展的道路。

Barry Commoner（1971）的《封闭的循环：自然、人和技术》一书，是继《寂静的春天》后又一部影响深远的有关生态环境的著作[27]。该书严厉批评了整个现代产业系统及其技术体系，有力揭示了环境危机的根源，即在工业化进程中农业、工业及运输业中所发生的巨大技术变革及其所带来的"过度"技术进步与产品发展，破坏了自然生态系统的循环。所以，从物质变换的角度理解现代产业系统与自然生态系统之间的依存、互动关系以及由这种关系所衍生的经济发展与环境保护之间的矛盾冲突，成为生态经济和产业生态化理论关注的基本内容。产业生态化的相关理论，正是在此背景下逐渐产生和发展起来的。

（一）可持续发展

挪威前首相Brundtland（1987）向联合国提交《我们共同的未来》的报告，正式提出"可持续发展"的概念及模式[28]。报告将"可持续发展"定义为，既满足当代人的需要，又不危及后代人满足其需要的发展。其中，"可持续性"是指可以通过适当的经济手段、技术措施和政府干预得以实现的方式，目的是放慢自然资源的耗竭速度，使之低于资源的再生速度，让资源得以永续利用。可持续发展的核心内容具体包括两个方面：协同和公平。"协同"是在以自然资源为基础的前提下，保持和环境承载力协调发展；"公平"包含了公平利用自然资源和公平分配物质财富。

（二）清洁生产

清洁生产理念起源于20世纪70年代。在欧洲举行的一项推广"无废和低碳技术"的活动中，联合国环境规划署（1989）首次提出清洁生产的概念[29]。报告将清洁生产定义为：利用清洁能源、新能源，并在生产过程中尽最大可能利用资源，减少有毒和有害的生产原料的使用。清洁生产将环境保护理念贯穿于生产的全过程，以保护生态环境、减少人类及环境风险。

（三）循环经济

循环经济一词，由英国经济学家David Pierce（1990）在《自然资源与环境》一书中首次提出[30]。循环经济所倡导的是一种建立在物质不断循环利用基础上的经济发展模式，以生态学的基本原理指导人们从事相关经济活动，实质上就是一种推动并实现生态经济的方式，其关键在于把经济活动组织形成一种"资源—产品—再生产资源"物质循环流动的过程。

循环经济无论在生产还是消费过程中始终贯彻"3R"原则。首先，是减量化（reducing）原则，即用最少的资源消耗生产或消费相关产品，其实质是在经济活动的源头实现资源节约，减少污染；其次，是再使用（reusing）原则，即在生产、制造或加工过程中，各类原材料、中间产品能够以初始的形式被多次反复使用，提高产出产品和服务的使用效率；最后，是再循环（recycling）原则，即生产出来的产品在完成其功能后，重新变成可供利用的"新"资源，用来生产同级或次级产品。

（四）产业生态

产业生态思想最早源于Frosch and Gallopoulos（1989）在《科学美国人》杂志上发表的《制造业战略》一文，他们提出工业可以运用类似生态系统的全新生产方式来有效减少生产过程对生态环境所造成的影响，进而提出工业生态学的概念，并逐步将其拓展为产业生态学[31]。

产业生态学理论认为，我们需要重新审视产业系统与自然生态系统之间的关系，二者并不是不可协调的，我们可以利用自然生态系统的理念来经营和管理传统产业的生产与制造过程，尽可能将产业系统对环境的损害和废弃物的排放降至最低，以使经济效益和环境效益达到最大化。

（五）低碳经济

在工业革命带来的环境污染中，对人类危害最大的一种环境污染便是气候变化，极端天气频发给人类带来无法估量的损失。联合国政府间气候变化专门委员会（IPCC）根据相关研究确认了人类工业活动释放的温室气体使气候变暖的事实，其中温室气体中影响最大的因素是二氧化碳（CO_2），因此阻止气候变暖的首要任务是减少 CO_2 的排放，"低碳"思想由此应运而生（IPCC，2007）[32]。2003 年，英国发布能源白皮书《我们能源的未来：创建低碳经济》，并在研究报告中首次提出"低碳经济"的概念。研究报告还指出，如果按照目前的消费趋势，到 2020 年英国 80% 的能源都必须进口。世界银行前首席经济学家 Nicholas Stern（2006）在《斯特恩报告》中指出，全球以每年 1% 份额 GDP 的投入进行"低碳"建设，可以避免将来每年 5%~20% 份额 GDP 的损失，呼吁全球向低碳经济转型[33]。

（六）研究述评

从表 2-2 可以看出，可持续发展、清洁生产、循环经济、产业生态化、低碳经济等相关理论之间，既存在联系又存有不同之处。首先，各类理论之间的共同之处在于，它们聚焦的核心均是如何实现经济与环境的协调发展，也就是不仅要发展经济，而且要保护好生态环境。这具体表现在：维护生态环境物种的多样性、减慢地球气候变暖的速度、尽可能提高资源的利用效率等。要实现各个理论所倡导的基本理念的关键在于生态化、绿色化的技术创新和制度保障。技术创新是集约利用资源、保护生态环境的有效手段，但其前提是国家要制定宏观制度，以保障企业获得相应的政策优惠和资金支持。

表 2-2 产业生态化相关理论演进过程及比较

概念名称	提出时间	基本理念及内涵	解决问题	主要视角	相同点	不同点
可持续发展	1987 年	环境与经济协调、人类当代与后代、人类当代之间公平发展	危害人类生存的生态环境的各种污染因素	宏观	①提出的背景相同；②概念之间相互联系；③实现的关键因素相同	①概念和内涵不同；②问题设计的重点和范围不同
清洁生产	1989 年	生产全过程的污染预防	工业生产过程中的资源利用和污染问题	微观		
循环经济	1990 年	资源循环利用	资源枯竭和废弃物排放	宏观、中观、微观		
产业生态化	1989 年	模仿自然生态系统，不同企业或工艺流程的横向耦合及资源共享，使能量和物质的消费得以优化，废弃物的产出最小化	经济增长与环境污染的矛盾	中观		
低碳经济	2003 年	低碳排放生产和生活方式	能源危机和气候变化	局部		

资料来源：笔者基于《低碳经济相关理论的综述分析》（张晶、王丽萍，2011）[34]的基础上整理而成。

此外，如图2-1所示，产业生态化的相关理论所涵盖的范围存在差异。首先，可持续发展的基本理论及内涵涉及协同和公平思想，所包含的范围较广；其次，清洁生产理念则主要针对工业生产的全过程，故涉及的范围较窄；再次，循环经济理念主要是指对资源利用的减量、高效、循环，在最大程度上节约资源，涵盖的内容范围相较可持续发展更小一些；最后，低碳经济主要是针对含碳能源的集约利用，减少碳排放，其涵盖的内容范围比较聚焦，但与其他相关理论也存在一定交叉。

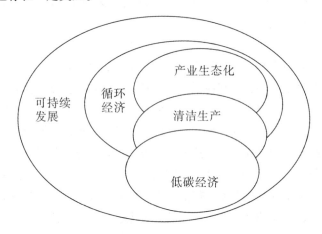

图2-1　产业生态化相关理论涵盖范围之间的关系

资料来源：笔者绘制。

三、生态产业化相关理论的演进

生态产业化理论研究可以追溯到自然资源价值论、生态产品或服务市场价值等相关理论。根据相关理论研究，生态产业化的演进逻辑可以概括为图2-2，生态产业化的演进过程大致需要经历从生态资源到生态资产，再到生态资本及生态产品或服务，最后再形成产业化的过程。

（一）生态资源转化为生态资产

"生态资源"与"自然资源"既相互联系，又各不相同的特征。联合国环境规划署（1972）对"自然资源"的定义是：在一定的时间条件下，能够产生经济价值以提高人类当前和未来福利的自然环境因素的总称[36]。"生态资源"一直没有统一的概念，Pearce D. W. 和 Turner R. K.（1990）将"生态功能"分为三类：一是提供人类活动的资源；二是提供人类活动的废物；三是提供与人类活动独立或依赖的生态环境[29]。由此可见，"自然资源"是人类在生产和生活过程中利用自然产生的物质和能量。

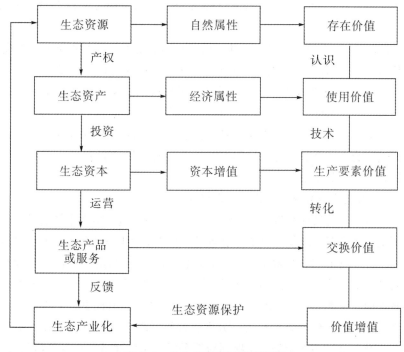

图 2-2　生态产业化的演进逻辑

资料来源：笔者在《生态资源资本化：一个框架阐述》（张文明、张孝德，2018）[35]基础上补充、修改而得。

从生态意义来看，"生态资源"是以其自然属性为人类提供生态产品和生态服务的各类自然资源，以及在生态要素的作用下生成的生态系统，主要包括自然资源、自然环境和生态系统等。但由于生态资源具有稀缺性，稀缺性会使生态资源权益所有者分配发生变化，这一特征使得"生态资源"具备转化为"生态资产"的可能性。

"生态资源"的初始状态属于共有资源（common resource），但当人类的生存环境发生变化时，具有公权力的国家开始对"生态资源"进行权属划分，产权明确的"生态资源"能够给投资者带来利益，投资者享有法律赋予的权利。"生态资源"转化为"生态资产"，意味着"生态资源"将作为一种资产，按照市场规律进行管理，完成实物形态向价值形态的转化。

（二）生态资产转化为生态资本

"资本（capital）"是经济学概念，Adam Smith（1776）在《国富论》中把"资本"定义为"为了取得利益而投入的并用来继续生产的财产"，他把"资本"看作增加国民财富的手段之一[37]。Paul Samuelson 指出，"资本是一种生产出来的生产要素，一种本身就是经济的产出的耐用投入品"（王庆丰，2016)[38]。

"生态资本"是在未来能够产生现金流的生态资产，具有资本的一般属性——增值性。生态资本通过循环运营，能够带来自身的价值增值。"生态资产"具有资产的一般属性，即具有潜在市场价值或交换价值，属于其所有者的财富或财产。因此，"生态资本"和"生态资产"既有区别又有联系，只有通过不断的市场交易、金融创新，使"生态资产"的价值不断增值，"生态资产"才能转化为"生态资本"。换言之，"生态资本"在投资"生态资产"的前提下特别强调其增值性。

（三）生态资本转化为生态产品或服务

生态资本可交易化是生态资产转化为生态资本后进入生态市场进行运营的表现形式，生态资产的使用价值通过运营阶段转化为生态产品或服务的交换价值，在生态市场上实现其价值。"生态资本"运营的目标是实现其保值增值，只有将"生态资本"转化为生态产品或服务，才能体现其价值。一方面，若要实现保值，就要在"生态资本"总体价值不降低的前提下，使资本分配更加良性、资本结构更加合理；另一方面，若要实现增值，必须通过"生态资源"资本化，经过市场交易、金融创新等手段，获得远高于自身价值的价值，逐步形成生态产品或服务，进而提高经济发展水平。El Serafy（1991）认为，生态环境提供的环境产品和服务就是"生态资本"，并将"生态资本"划分为"可再生资本"和"不可再生资本"两种类型[39]。

第二节　国内相关理论演进

一、国内生态思想的起源

我国的生态思想，可以追溯到古人与自然的关系问题上。早在 2 700 年前，《管子》一书就前瞻性地提出了"人与天调"的生态哲学思想，阐述了"天"是自然之天，天地有"则"；同时，又指出"人"是自然的产物，可贵之处在于能"务"也能"虑"，提倡人与自然（人与天）的"和与合"，由此促进人类和自然界发展的良性互动。

战国时期荀子在《荀子·王制篇》中主张"制天命而用之"，即掌握自然的变化规律而利用它，适时利用生物资源、不滥用资源，曾提出"斩伐养长不失其时，故山林不童，而百姓有余材也""鼋鼍、鱼鳖、鳅鳝孕别之时，罔罟、毒药不入泽，不夭其生，不绝其长也""污池渊沼川泽，谨其时禁，故鱼鳖优多，而百姓有余用也"等尊重自然法则及规律的经典语句。

从上述事例可以看出，我国从古代开始就非常重视人与自然的和谐发展，已出现崇尚"人与天地万物一体"的生态哲学观念。尽管这些认识和观念并非是现代的，然而却具有超越现代的启示意义，因此我们可以将其作为我国早期生态思想的起源。

二、产业生态化相关理论的演进

（一）产业生态化的内涵研究

20世纪90年代初，我国逐步引入国外的产业生态化理论思想，国内不同学者基于差异化的分析视角或研究目的，提出各类有关产业生态化的概念和内涵（表2-3）。

表2-3　国内部分对产业生态化内涵的研究

文献作者与年份	共性	差异	
		分析视角	实现手段
刘则渊、代锦（1994）	增加经济效益的前提是：要注重环境效益	可持续	促进生态系统持续、健康发展
黄志斌（2000）		系统	建立高效、低能耗、无污染的生态系统
厉无畏、王慧敏（2002）		目的	减少废弃物排放、减少对环境的污染和破坏
樊海林、程远（2004）		企业层面	减少环境污染
陈柳钦（2006）		循环	倡导一种全新的、一体化的循环模式
吴松强（2009）		产业集聚	实现循环经济

资料来源：笔者根据相关文献整理而成。

目前，从已有的文献来看，国内对产业生态化内涵的研究并未得出一致的结论。对相关研究文献进行比较可以发现，其分析视角、实现手段的不同，将直接导致对产业生态化内涵界定的差异。这些文献也存在共同之处，其最终目的是相同的，均是以最小的资源消耗实现经济效益和环境效益的共赢。

具体来看，刘则渊、代锦（1994）从可持续发展的角度出发，认为产业生态化是基于生态系统物质和能源的总交换过程，进而分析产业活动对自然资源的消耗和对生态环境的影响，目的是促进生态系统的持续、健康发展[40]。

黄志斌（2000）则从系统角度出发，认为产业生态化是依据生态学、产业生态学与系统学的原理，合理优化产业生态系统的各个组成部分，以建立高效率、低能耗、无污染的产业生态系统的过程[41]。厉无畏、王慧敏（2002）从目的角度出发，认为产业生态化是产业结合自然生态的有机循环原理所建立的发展模式，在不同企业、产业之间形成生态链，目的是减少废弃物排放、减少对环境的污染和破坏，从而提高经济发展质量[42]。樊海林、程远（2004）从企业层面出发，将产业生态化分为广义和狭义两个层次；广义的产业生态化是指企业提高资源生产效率以达到减少环境污染的目的，这是理念和原则层次的产业生态化；狭义的产业生态化主要是指企业模仿自然生态系统实现物质和能量的循环利用[43]。陈柳钦（2006）认为产业生态化是一种实践手段，目的是倡导一种全新的、一体化的循环模式[44]。吴松强（2009）从产业集聚角度出发，提出了集群生态化的概念，并结合循环经济要求探讨了产业集群生态化的基本特征[45]。

（二）产业生态化的规范研究

产业生态化的规范研究，主要是针对"产业生态化发展应该是怎样的"这一问题进行探究，但并没有对"为什么这样发展"提供分析和解释。赵林飞（2003）认为，若要改善产业生态系统中的物质代谢途径、经济系统的运行，必然会涉及与生态系统之间的物质和能量流动[46]。李慧明、王军峰（2007）提出，产业生态化的关键在于建立一个结构合理、层次多样、功能完善，能促进物质和能量在环境—经济大系统内高效循环和流动的功能体系及物质载体，即产业生态系统[47]。谷树忠（2020）认为产业生态化是产业的生态化、绿色化的过程或行为[48]。

（三）产业生态化的模型研究

产业生态化的模型研究与生态产业园的设计评价有关，主要包括产业生态化的指标体系构建和综合评价研究、工业园区生态效率测度与评价、产业生态化水平评价等，其通常是为了更好地设计和评估生态产业园区。商华（2007）以生态效率为线索，以工业生态园区建设为背景，提出了工业生态园区生态效率定量测度模型，并建立了基于生态效率分析的产业生态园区评价指标体系和综合评价模型[49]。张永成、王成璋（2009）提出了生态工业园区的科学评价问题，提出了生态工业园区资源使用及废弃物排放的测度模型与方法[50]。周映伶等（2020）利用产业生态化的定义和压力—状态—响应（PSR）模型，建立城市产业生态化水平的评价指标体系，并基于主成分分析——熵值法对重庆市 1997—2019 年产业生态化水平进行综合评价[51]。

（四）产业生态化的实践研究

国内对产业生态化应用于实践的相关研究，已取得较为丰硕的成果。田昕加（2011）从循环经济的技术引领、市场驱动、提高资源利用效率、延伸产业链、发展替代产业的思路，从微观、中观和宏观层面构建了林业产业生态化模式[52]。戴大双等（2016）围绕新疆地区的产业结构转型，应用典型案例分析的方法，总结出产业园区生态化治理的五种模式，并运用匹配分析法提出新疆地区产业生态化的实现路径[53]。还有学者扩展了产业生态化的研究，在企业之间构建生态化信息网络、生态化供应链，把企业间密切联系起来。杨丽花、佟连军（2011）以丹麦卡伦堡和广西贵港生态工业园为例，应用社会网络分析法分析典型生态工业园的组织结构和网络结构[54]。齐绍琼（2013）提出延长产业链以促进产业生态化的因由、例说及延展企业产业链与低碳经济、循环经济的思考，来分析解决资源环境问题，并提出了当下延长产业链以提高产业生态化服务水平[55]。

综上所述，国内产业生态化发展进程大体经历以下四个阶段（图 2-3），具体包括产业生态化的内涵研究、产业生态化的规范研究、产业生态化的模型研究和产业生态化的实践研究。同时，各个研究阶段并不是互相独立的，而是相互交叉、相互影响的，但总体而言，各个研究阶段是不断向前推进和深化的，逐渐由理论深入至实践。

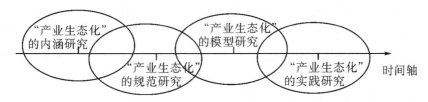

图 2-3　国内产业生态化相关研究的演进过程

资料来源：笔者绘制而成。

三、生态产业化相关理论的演进

生态产业化的思想在 20 世纪 90 年代末就已初见雏形。近年来，我国学者主要从生态资本构成要素、生态资本运营、生态资产相关价值核算等方面来研究生态产业化问题。总体来看，当前我国生态产业化相关研究并不完善，仍处在逐步发展的阶段。生态产业化的概念是近年来才被国内学者逐渐明确提出并开始呈现出逐步推进的趋势。其中，陈洪波（2018）认为生态产业化是生态的社会化大生产、市场化经营的方式，其实质是针对独特的资源禀赋和生态环境条件，通过建立生态环境与经济发展之间良性循环的机制来实现生态资源保值增值，把绿水青山变成金山银山[56]。

（一）生态资本构成要素

国内关于生态资本的概念界定莫衷一是，但即便各种界定的视角不同，其核心观点均是生态资本能够给人类社会提供某种服务，其服务源自生态系统。

首先，生态资本表现为能够满足人们的某种需要，即具有使用价值（自然属性）。因此，使用价值成为生态系统的基本构成要素。

其次，从效用角度来看，每一种具有使用价值的生态资本，其稀缺性问题日益明显。随着人口规模扩大、环境容量下降，人们逐渐认识到绿色生态环境的稀缺性，以及环境质量恶化对维持生命存续功能的威胁。同时，资源枯竭使人们意识到未来产品及服务生产的稀缺。在资源稀缺性的约束下，理性的经济人会产生将具有使用价值的生态资源据为己有的欲望。因此，界定生态资源产权问题就应运而生，产权成为生态资本的确立要素（严立冬 等，2010）[57]。

再次，王海斌等（2008）在研究生态环境良好但经济发展相对落后的地区时，针对其发展路径提出生态资本运营是实现生态服务价值的现实手段，生态资本运营的核心就是要不断采用新的生态技术，不断发现新的生态资源型生产要素，进而生产出满足人们需求的新型生态产品或生态服务[58]。因此，生态技术是实现生态资本形态转化的关键要素。

最后，通过生态资本运营生产出来的生态产品或服务需要在市场上出售才能实现其产品的价值增值。由此可见，生态市场是生态资本运营的关键点，既是上一轮生态资本运营的终点，又是下一轮生态资本运营的起点。所以，生态市场是生态资本的价值实现要素。

（二）生态资产相关价值核算

国内关于生态资本核算的研究主要集中在以下两个方面：一是对某种或某几种生态系统经济价值进行核算，如中国陆地生态系统总经济价值估算（欧阳志云 等，1999）[59]、森林生态系统碳汇潜力估算（吕劲文 等，2010）[60]、农田防护林在森林固碳和土壤固碳两方面的经济核算（王美 等，2013）[61]、基于生态系统服务的水生态资产估算（刘彬 等，2018）[62]以及荒漠生态资产核算（包英爽 等，2019）[63]，二是关于核算方法适用性的探讨，如基于效用价值论的替代价值法、总经济价值法、机会成本法和基于劳动价值论的补偿价值法（李世聪、易旭东，2005）[64]、租金或预期收益资本化法等。不同评估方法适用的对象和条件不同，体现了较强的灵活性，可以保障不同区域、阶段、范围的生态资本价值评估具有差异性。然而对于同一种生态资本，用不同的评估方法会得出不同的结果，所以评估在实践层面会存在一定难度。

（三）生态资本运营

关于生态资本运营的理论研究，可以追溯到 20 世纪 60—70 年代兴起的环境保护运动。一些环保人士指出"被动投入型"的环保行为很难解决环境问题，通过个人、企业、社会和政府之间的商业合作，"主动增值型"的环境保护行为能够改善环境质量，同时实现经济效益和环境效益，因此"环境资本经营"的概念产生。随后，国内学者牛新国等（2003）把生态资本运营看作一种投资活动，主要是以实现未来收益最大化为目的[65]。王海滨等（2008）认为，生态资本运营是生态建设的一种手段，可以实现经济、社会、生态之间的良性循环，并对生态资本运营的理论框架、途径和模式等进行研究[66]。

国内对生态资本运营的理论研究在不断深化，研究的深度和广度也在某种程度上得到提高，基本上已形成一个生态资本运营的理论框架。虽然国内学者重视生态资本运营研究的同时，也对一些具体的生态资本运营领域，诸如农业生态资本（陈光炬，2014）[67]、海洋生态资本、森林生态资本（赵越，2019）[68]等进行了探索，但关于生态资本运营的实践研究还并不太多。刘加林等（2015）将生态补偿理念和生态资本运营相结合，试图探讨具有实践价值的运营机制，以此来保障生态资本存量的保有量[69]。张雪溪等（2020）基于马克思的资本循环理论，对生态资本、生态产品的形态转化与价值实现进行了理论与实践探讨[70]。

（四）生态产业化

国内学界首先对生态产业化实践的现实意义进行了研究，李青松等（2008）认为生态产业化能够有效利用资源，对于实现可持续发展和环境保护，达到人与自然的和谐是非常重要的[71]。随后，学者们试图从各个角度构建生态产业化路径，徐静等（2010）从生态系统的角度，提出生态产业化与产业生态化协调发展的思路和路径，并为生态经济区的核心城市发展提供战略性建议[72]。张云、赵一（2012）提出生态产业化是按照社会大生产、市场化经营提供生态服务，它包括多种方式和路径，并强调其扶贫和增加内生发展潜力功能需要得到体现[73]。耿玉德等（2017）从林业产业关联的角度剖析了国有林场林业产业化，认为多种经营和综合利用在林区发展中起到越来越重要的作用，并且由于生态系统的稳定性阈值比较低，其产业化以生态环境效益保障为前提[74]。张轩畅等（2020）从生态资源价值增值角度，探讨了乡村生态产业化的内在机理，并结合延安市治沟造地工程后的典型实践，提出了适合该乡村发展的产业化模式及其可持续途径[75]。

（五）研究述评

通过对现有文献的梳理可以看出，我国学者关于生态产业化的研究已取得一定的成果。这些成果主要包括以下三点。

一是生态产业化研究已成为学界关注的热点。生态产业化的思想早在20世纪90年代末就初见雏形。我国相继提出环境保护、可持续发展、生态文明建设、绿色发展。只是近几年来，生态产业化的概念才逐渐被明确提出并呈现出全面推进的趋势。如何兼顾生态环境和经济发展的关系、如何将生态资源转变为生态优势、如何将生态环境转变为生态产业等问题成为学界关注的焦点。

二是生态产业化发展模式是多样化的。各个地区根据区域经济发展情况，充分利用优势资源禀赋，结合区域特征选择不同的生态产业化运营模式，实现资源的永续利用，同时带动区域经济快速增长。我国现有的生态产业化发展模式主要包括"生态+"现代农业、"生态+"康养旅游、"生态+"产业园区、"生态+"特色文化、"生态+"空间布局。

三是生态产业化发展的三个转化过程可以为生态产业化的实现路径提供参考。生态产业化实现路径的实质即"绿水青山变为金山银山"，我们可将其分为直接路径和间接路径；直接路径即将优势生态资源禀赋转化为生态产品或服务，通过直接交易获取价值；间接路径需要将生态资产进行优化配置、产业间组合或者通过金融市场工具嫁接等方式实现生态资源增值。

虽然生态产业化发展取得了一些成果，为后续研究奠定了有益基础，但由于我国相关研究起步相对较晚，仍然存在一些问题。一是现有的研究偏重于理论分析，缺少因地制宜的实践方案。理论分析主要包括生态产业化的运营模式和实现路径等；尽管理论分析是实践的基础，但在具体付诸实践的过程中出现的各种现实问题，往往缺少理论的指导和具体的实践方案。二是理论框架还不够完整。已有的研究更多地关注生态产业化的理念和运行，对生态产业化发展的目标体系、动力机制和评价体系等方面的研究却很少。事实上，整体的分析对问题的研究至关重要。三是已有的实践研究缺乏系统性，如对森林资源、海洋资源等方面的研究没有从系统性角度进行探析。所以，在已有的生态产业化理论研究基础上，从系统性角度对生态产业化进行深入研究就很有必要（刘小双 等，2020）[76]。

第三节　本章小结

通过梳理国内外学者对产业生态化和生态产业化的研究文献可以发现：有关产业生态化的研究虽然取得一定成果，但还需要进一步深入研究。目前来看国外关于产业生态化的研究成果不多，其主要强调如何"师法自然"，在系统内构建清洁生产和物质能量循环体系来减少产业废弃物，从而实现产业与自然之间的协调发展，而忽略了产业内部各部分、产业与经济社会发展、产业与资源环境之间的生态关系及动态演化规律。国内关于产业生态化的研究主要停留在内涵界定、规范研究、模型研究和实践研究，而没有从产业生态化发展的目标体系、动力机制等方面进行详细研究。因此，笔者认为国内外学者对产业生态化的研究缺乏完整的理论框架，我们很有必要从整体性和系统性角度对产业生态化进行深层次研究。

关于生态产业化思想的研究，国外比国内起步更早。国外对生态产业化的研究主要聚焦在"三个转化"上，由最初的生态资源如何转化为生态资本，进而对生态资本的概念界定、生态资本的价值评估和生态资本运营等问题进行一系列研究，为国内生态产业化研究奠定了一定的理论基础。国内生态产业化的研究仍处于起步阶段，需要经过反复的理论指导实践、实践检验理论的过程，才能将生态产业化真正落到实处。

第三章 重庆产业发展的历史演化过程[①]

第一节 重庆直辖前产业发展的历史演化过程

重庆历史悠久，早在旧石器时代就出现了人类活动；在新石器时代便产生了渔业和锄耕农业。从商代武丁时期开始，重庆的产业便形成并不断发展。重庆于 1891 年开埠，逐渐发展壮大为长江上游的商业中心城市。

重庆的产业发展历经坎坷。重庆直辖以前，主要经历了四个产业发展阶段，分别为古代农业时期、轻工业时期、近代工业时期和综合产业形成时期。

一、古代农业时期（隋唐—宋朝）

古代农业时期主要指隋唐时代至宋朝。这个时期的重庆主要发展农业经济，商业经济逐渐活跃。隋唐时代的巴蜀地区相对稳定。由于巴蜀地区四面环山，北与秦岭山脉相邻，西北至西面为青藏高原，南边是云贵高原，东面至长江三峡，形成了一个相对封闭的区域，对外交通极其不便。因此，隋唐时期的巴蜀地区与外界联系的主要方向有两个，分别为川北通向陕西的北线和连接巴蜀与长江中下游地区经济中心的东线——长江航线。

然而，由于国家政治中心位于北方等因素，巴蜀地区对外的交通以北线为主，而处在长江航线上的渝州（今重庆）的军事地位、政治地位等均不占优势，仅是沿江的普通码头。因此，渝州的经济发展比较缓慢，并以传统农耕作

---

① 本章主要内容已公开发表于《城市观察》2019 年第 6 期，具体文献信息如下：游韵，罗胤晨，文传浩. 时空视角下城市产业发展的演化特征及趋势分析：以重庆市为例 [J]. 城市观察，2019（6）：123–135.

为主要的生产方式；直至两晋南北朝时期，仍然以刀耕火种、渔猎为主。

到了宋朝，重庆步入古代经济发展最迅速的时期。根据相关历史资料可知，宋朝时期的重庆产业以农业和商业为主导；手工业有较快发展，以制瓷业、造船业、麻织业等为主。农业和商业的繁荣发展，为四川军政中心东移重庆奠定了物质基础，并促使重庆向以政治、军事、经济、文化为中心的城市方向发展。综上所述，这个时期的重庆地区以农业为主要生产力，因此我们将其划分为古代农业时期。

二、轻工业时期（宋朝后—重庆开埠）

轻工业时期主要指宋朝以后至 1891 年重庆正式开埠。在这一时期，重庆的转口贸易产业得到蓬勃发展，农业为主导产业，工业以轻工业为主。

根据相关历史资料可知，宋朝之后，由于中国的经济中心南移，长江中下游与上游的商贸联系愈加紧密，极大地推动了处于长江上游流通中心——重庆地区的转口贸易产业的发展。道光年间，重庆呈现出"九门舟集如蚁"的景象（韩渝辉，1995）[77]。清朝时期，重庆的输出商品主要包括粮食、盐、不经加工或仅经初级加工的土特产（如山货、药材等），以及经过比较复杂加工程序的手工制成品。

这一时期，农业仍然是重庆地区的主导产业。1874 年，江津县设立农业研究会，推动了农业技术进步（重庆市地方志编纂委员会总编室，1992）[78]。但是，重庆地区尚未发展近代工业，只有传统的家庭手工纺织业以及小规模工厂手工业，如开埠之前的七家土法生产的玻璃工厂。此外，重庆还有一些金器、银器、铜器、铁器、木器、漆器、皮革、竹编、绳索、火柴的制造业。

总而言之，这个时期重庆的商品经济发展较快，尤其是清初至 1891 年重庆开埠期间，重庆地区的市场经历了一个体系化的发展过程，逐渐形成了容量巨大、门类齐全、购销两旺的商品市场（周琳，2005）[79]，因此我们将该阶段划分为轻工业时期或商业大发展时期。

三、近代工业时期（重庆开埠—1949 年）

近代工业时期主要指 1891 年重庆开埠至 1949 年。在这个时期，重庆的近代工业快速发展，逐渐由轻工业向重工业转化，商业外贸、金融业、航运业取得较大进步，农业技术进步相对缓慢。

在外国资本主义入侵的刺激下，重庆的近代工业逐步发展。1891 年，重庆的正式开埠，极大地推动了重庆进出口贸易的发展，如蚕丝、药材、白蜡、猪鬃、羊毛、白亚铅、羽毛等商品出口量大大增加。从开埠至辛亥革命前，重庆的工商业迅速发展。其间，重庆共兴办 53 家企业，其中主要以轻纺工业为主（韩渝辉，1995）[77]，如表 3-1 所示。

表 3-1　开埠至辛亥革命前重庆企业数量及构成情况

产业	轻纺工业	矿山业	电力业	制造业
企业数量/家	49	2	1	1

资料来源：笔者根据相关文献资料整理得到。

直到抗日战争爆发前夕，重庆的近代工业已遍及各个部门及行业，轻、重工业共有 16 个主要行业，如表 3-2 所示。其中，轻工业以生产日用工业品和出口土产品为主，重工业以能源、冶金为主，并逐步出现钢铁工业、水泥制造业、化学工业等。此外，交通运输业也取得较为显著的进步。抗日战争前夕，重庆从事交通运输业的人数占总就业人口数的 32.11%（韩渝辉，1995）[77]。

表 3-2　抗日战争前重庆工业行业构成

轻工业				重工业				
行业	厂家/个	比例/%	资本/万元	比例/%	行业	厂家/个	比例/%	资本/万元	比例/%
缫丝	9	11.69	120	13.61	机器	5	6.49	50	5.67
火柴	10	12.99	15.69	1.78	电力	2	2.60	230	26.09
棉织	4	5.19	22.64	2.57	采煤	7	9.09	167	18.04
面粉	3	3.9	33	3.74	冶金	4	5.19	110	12.47
印刷	12	15.58	40	4.54	化学	2	2.60	7	0.79
肥皂	4	5.19	13	1.47	水泥	1	1.30	20	2.27
玻瓷	3	3.90	15.2	1.72	合计	21	27.27	584	65.33
猪鬃	2	2.60	2	0.23					
制革	5	6.49	20	2.27					
其他	4	5.19	16	1.82					
合计	56	72.72	297.53	33.75					

资料来源：笔者根据相关文献资料整理得到。

1939 年前后至 1942 年是重庆工业生产的大发展时期，也是民营工业发展的黄金时期。这一时期重庆的工业种类大幅增加，主要行业发展迅速，逐渐形成了以机械、冶金、纺织、化工、食品为主的重庆近代工业结构。另外，皮革业、印刷业、造纸业和建筑业也取得较大进步。

此外，在这一时期，重庆先后建立了农业示范推广区、实验农场、农业技术院校等，以促进农业技术的进步和农业的发展。重庆的商业外贸行业主要包括棉货业、生丝业、五金电料业、百货业、粮油食品业、日杂土货业、餐旅服务业。其中，棉货业一直是重庆最重要和最为典型的商业行业。

综上所述，抗战时期国民政府迁往重庆，为重庆提供了特殊的机遇，使重庆成为中国战时大后方的工业、商业、外贸、金融中心和交通枢纽。抗战胜利后，由于内战的不利影响，中小企业纷纷破产。据不完全统计，1949 年 6 月初，重庆停业了 80% 的工厂，重庆经济陷入危机。

四、综合产业形成时期（1949 年—直辖前）

综合产业形成时期主要指 1949—1997 年。在这一时期，重庆大力推进以"强化第一产业、优化第二产业、大力发展第三产业"为导向的产业结构调整，产业结构得到了明显改善，各产业陆续取得较大发展（赵公卿，2000）[80]。1949 年至直辖前，重庆三次产业结构演化如表 3-3 所示。

中华人民共和国成立初期，重庆主要发展传统农业，三次产业结构为70.1∶19.5∶10.4。直至 1960 年，重庆重点投资以钢铁、煤炭为中心的重工业。但是片面强调发展重工业导致产业结构失调。20 世纪 60 年代，重庆市加强农业建设，改良耕作、养殖技术，进行杂交水稻试验，发展畜牧业生产，同时调整工业内部结构关系，经济形势日益好转。直至 1978 年，三次产业结构改变为 34.6∶48.1∶17.3；第一、二、三产业对经济增长的贡献率分别为44.3%、39.9% 和 15.8%。农业经济的发展对重庆经济增长起着举足轻重的作用。但是，重庆的产业结构仍然不够合理，第三产业仍然存在发展慢、比重低的问题（赵公卿，2000）[80]。

表 3-3　1949 年至直辖前重庆三次产业结构演化

年份	地区生产总值/亿元	人均地区生产总值/元	三次产业增加值/亿元			三次产业增加值比例
			第一产业	第二产业	第三产业	
1949	13.89	87	9.74	2.71	1.44	70.1∶19.5∶10.4
1978	71.70	287	24.81	34.46	12.43	34.6∶48.1∶17.3
1997	1 509.75	5 253	307.21	650.40	552.14	20.3∶43.1∶36.6

注：由于 1949—1997 年的时间周期较长，考虑到必要性与简洁度，故仅展示关键年份数据。

资料来源：各年份《重庆年鉴》。

1978—1990 年，重庆的各大产业迅速发展，工业生产总产值增长 2.39 倍，初步形成了以机械、化工、冶金、纺织、食品为主体，产业门类较为齐全、轻重工业并举、配套丰富的现代工业体系。同时，农业总产值增长1.23倍，第三产业发展迅猛，商业取得较大进步，这一时期是重庆市1949年以来经济发展最快的时期（重庆市地方志编纂委员会总编室，1992）[78]。

1985年，重庆大力调整畜牧业结构，并发展种植业、养殖业、采掘业、加工业、服务业、森林旅游业等。同时，水利电力产业逐步成为重庆的新型支柱产业。直至1997年，重庆经济发展基本改变了以农业为主的状况，第二产业特别是工业处于国民经济发展的主导地位；第三产业已经逼近第二产业的发展规模和水平，成为发展最迅速、潜力最大、对全市经济增长贡献最大的产业（赵公卿，2000）[80]。

第二节　重庆直辖后（1997年至今）产业发展的演化过程

一、重庆三次产业结构总体演化趋势

（一）经济规模及增长率

自直辖以来，重庆的经济发展速度稳步加快，尤其是自2007年以来，重庆的经济发展更是突飞猛进。重庆的地区生产总值由1997年的1 509.75亿元增加到2019年的23 605.77亿元，共增加了14.64倍，第一、二、三产业分别增加了4.05倍、13.60倍、21.74倍。从图3-1可知，第一产业的整体增长趋势不及第二产业和第三产业显著，并且第二、三产业产值发展趋势较为相近，均在2007年左右取得较大进步，并在此后呈现稳步增长的态势。

截至2018年年底，重庆自贸试验区已累计新增注册企业2.26万户，引进项目1 622个，签订合同（协议）总额5 213亿元，包括人工智能、航空航天、现代物流、金融等领域的高端项目，正在形成高端产业集群，这将推动重庆乃至西部地区的高质量发展（中华人民共和国政府网，2019）[81]。

同时，从三次产业的增长率来看，1997—2019年，第一产业的增长率总体偏低且增长速度相对不稳定，尤其是在2006年，呈现出负增长的情形。第二产业的增长率在1999—2004年不断提升，可见上述时期内第二产业增长的势头比较迅猛；在2005—2012年，第二产业的增长率存在较小波动；2019年，第二产业增长率总体缓慢降低。第三产业的增长率在1999—2005年逐渐提升，在2006—2011年达到总体较高水平；2012—2019年，第三产业的增长率保持相对稳定，这表明第三产业保持稳定增长趋势，且在2015—2018年，第三产业的增长速度最快。

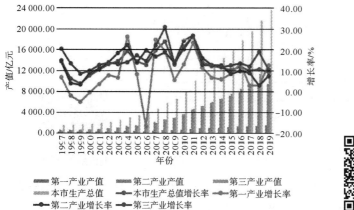

图 3-1   1997—2019 年重庆市三次产业产值及其增长率变化   图 3-1 的彩色高清图
资料来源：《重庆统计年鉴》（1998—2020 年）。

注：扫描旁边的二维码可查看图 3-1 的彩色高清图。

综上所述，自直辖以来，重庆的三次产业规模不断扩大，第二、三产业的增长率总体较高。2012 年之后，第三产业增长趋势较为稳定，整体经济发展速度较快。

（二）产业结构走向合理化

从三次产业所占地区生产总值的比重来看，三次产业都有着不同程度的变化（见图 3-2）。第一产业在地区生产总值中所占比重逐渐下降，由 1997 年的 20.3% 下降为 2019 年的 6.6%，第二产业在地区生产总值中所占比重在 20 余年间总体呈现出先上升后下降的趋势。第二产业占地区生产总值的比重在 1997—2006 年缓慢上升，2006 年达到峰值，随后逐渐降低，但波动不大；1997—2019 年的均值为 44.2%。而第三产业占地区生产总值的比重在 1997—2002 年增长最为迅猛，在短短 5 年间增长了 6.3 个百分点；2002 年第三产业占地区生产总值的比重与第二产业占地区生产总值的比重均为 42.9%，并逐渐超过第二产业的比重。1997—2019 年，第三产业占地区生产总值的比重由 36.6% 稳步提升到 53.2%。从各次产业所占地区生产总值的比重来看，重庆市产业结构在 1997—2007 年为 "二、三、一" 的形式，2008 年发生转折，进而演化为 "三、二、一" 的形式。

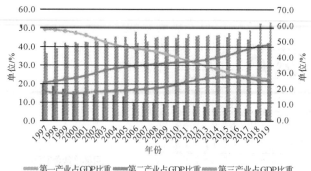

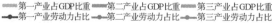

图 3-2   1997—2019 年重庆市产业总体构成变化情况　　图 3-2 的彩色高清图

资料来源：《重庆统计年鉴》（1998—2020 年）。

注：扫描旁边的二维码可查看图 3-2 的彩色高清图。

从三次产业劳动力占比来看（如图 3-2），产业结构逐渐由"一、三、二"演化为"三、一、二"，并呈现出"三、二、一"的趋势，劳动力结构发生了巨大改变。重庆直辖以来，第一产业劳动力占比持续下降，由 1997 年的 57.6%降低至 2019 年的 26.5%，变化显著；相反，第二、三产业劳动力占比逐渐上升，第二产业劳动力占比由 1997 年的 18.3%上升为 2019 年的 25.5%，第三产业劳动力占比是三次产业中增长最快的，由 1997 年的 24.1%增加到 48.1%，为原来的 1.99 倍。另一方面，结合第一产业产值的发展趋势可见，在第一产业劳动力占比显著低于期初的情况下，第一产业的产值仍然保持着稳步上升的趋势，这说明农、林、牧、渔业方面的技术也有了较大进步，并取得了显著成效；第三产业劳动力占比显著上升也在一定程度上表明了第三产业有较大的发展潜力。

此外，重庆的支柱产业也在不断发生变化，由最初的汽车和摩托车、化工、冶金三大支柱产业逐渐发展壮大为八大支柱产业体系。具体演化历程如表 3-4 所示（杨莹，2019；李优树，2020）[82,83]。

表 3-4   重庆支柱产业发展历程

年份	支柱产业	种类
1997	汽车和摩托车、化工、冶金	3
2003	汽车和摩托车、化工、冶金、电子信息、生物制药、环保、新材料	9

表3-4(续)

年份	支柱产业	种类
2007	汽车和摩托车、化工、电子信息、生物制药、环保、新材料、电力能源、装备制造、高科技电子	10
2010	汽车和摩托车、装备制造、材料、电子信息、化工、生物制药、环保、新材料、电力能源、高科技电子	7
2013	汽车制造、电子信息产品制造、材料、装备制造、化工、能源、消费品	7
2017	汽车制造、电子制造、装备制造、化学医疗、材料、消费品、能源	7
2020	智能、汽车和摩托车、装备、材料、生物医药、消费品、农副食品加工、技术服务	8

资料来源：参考各年份《重庆统计年鉴》《重庆市国民经济和社会发展公报》以及相关参考文献。

综上所述，从三次产业所占地区生产总值的比重来看，重庆的产业结构由"二、三、一"的形式演化为"三、二、一"的形式；从三次产业劳动力占比来看，重庆的产业结构由"一、三、二"演化为"三、一、二"的形式，并呈现出"三、二、一"的发展趋势。根据配第-克拉克定理，区域产业向着"三、二、一"结构演化，是产业结构走向合理化和高度化的标志，同时也充分说明重庆市的产业结构布局是较为科学合理的（赵俊男，2018）[84]。

从重庆直辖以来的支柱产业发展历程可见，重庆的支柱产业由比较单一的结构逐渐发展壮大，发展为多元化的新型工业化体系，极大提升了重庆的综合实力。

二、重庆三次产业内细分产业演化趋势

对重庆三次产业的基本数据进行分析，能够在一定程度上对重庆的整体经济情况以及产业结构变化进行把握。为了更清楚地了解各个产业内部的结构以及演化趋势，本节将继续对各个产业的细分产业进行探讨。

（一）第一产业的演化趋势

1. 各细分产业不断发展，发展速度先快后慢

按照《国民经济行业分类》（GB/T4754-2017）的划分标准，第一产业内部主要包含农业、林业、牧业、渔业四大产业。从第一产业各细分产业的产值情况来看（见图3-3），农业的产值总量远高于其他几类产业。重庆直辖以来的前10年左右，农业产值并没有太大的变化。2006年，国家全部免征农业税

及其附加，随着农业产业化百万工程、百个经济强镇工程以及百万农村劳动力转移就业工程的快速推进，重庆市粮食总产量恢复到历史较好水平（于鸿举，2006）[85]，农业产值总量也发生了较大变化，从2006年的323.01亿元持续增长到2019年的1 397.49亿元。牧业产值虽不及农业产值高，但一直以来也呈现出持续上升的趋势，截至2019年，牧业产值由146.89亿元增加到679.52亿元。因此在第一产业中，农业与牧业的发展相对较快。

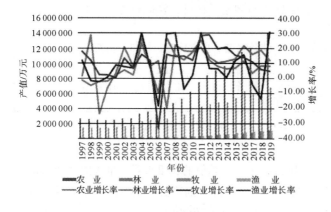

图3-3　1997—2019年重庆第一产业内细分产业产值及增长率变化

图3-3的彩色高清图

资料来源：《重庆统计年鉴》（1998—2020年）。

注：扫描旁边的二维码可查看图3-3的彩色高清图。

第一产业内细分产业中，各个产业的增长率均呈现出较大波动性。尤其是在2006年，农业、牧业、渔业出现负增长的情况；1998—2011年，各个产业的增长率呈现出缓慢上升的趋势；2012—2014年，各个产业的增长率逐渐下降。因此第一产业内细分产业增长速度呈现出先缓慢加快，直至2011年左右缓慢降低的趋势。

由此可知，第一产业中各个产业得到了不断发展，其中农业与牧业的产值规模相对较大并以农业为主；从增长率角度来看，各产业的增长速度呈现出先快后慢的增长趋势。

2. 内部细分产业以农业为主，近年来林业和渔业占比逐渐提高

从第一产业内部细分产业产值占比的构成来看，农业产值的占比最高，并且显著高于其他产业；牧业产值占比次之；林业和渔业的占比最低，且林业和渔业的产值占比极为相近，从图3-4中可以看出，这两者的占比趋势线近乎重合。

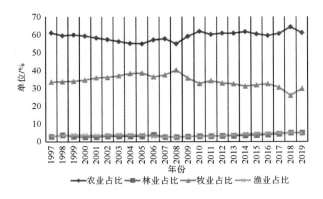

图3-4 1997—2019年重庆第一产业内细分产业产值构成变化 图3-4的彩色高清图

资料来源：《重庆统计年鉴》（1998—2020年）。

注：扫描旁边的二维码可查看图3-4的彩色高清图。

具体来讲，农业在第一产业中的占比一直居高不下，平均占第一产业的60%左右，仍然是第一产业发展的重中之重；牧业在1997—2008年有着平稳上升的趋势，而在2008—2010年显著降低，此后便基本稳定在32%左右；而林业和渔业的占比一直处于较为稳定的状态，22年以来的平均值分别为3.12%和3.44%。

从主要农产品角度来看，直辖以来重庆的主要农产品包括粮食、油料以及猪肉等（表3-5）。同时，从近年来主要农产品产量占全国的比重来看，粮食与肉类占全国的比重呈下降趋势，而油料占全国的比重逐渐上升。尽管粮食与肉类在全国范围的比重不太稳定，但主要农产品的种类一直保持稳定。总体而言，农业仍然处于稳定发展中。

表3-5 1997—2019年重庆主要农产品产量及占全国的比重

年份	粮食 /万吨	占比 /%	油料 /万吨	占比 /%	肉类 /万吨	占比 /%
1997	1 082.10	2.19	35.00	1.62	152.40	2.89
2000	1 131.21	2.45	31.06	1.05	143.91	2.35
2005	1 168.19	2.41	42.71	1.39	178.39	2.30
2009	1 137.20	2.14	40.54	1.29	187.72	2.45
2012	1 138.54	1.93	50.11	1.46	201.21	2.40
2015	1 154.90	1.86	59.90	1.69	213.80	2.48

表3-5(续)

年份	粮食 /万吨	占比 /%	油料 /万吨	占比 /%	肉类 /万吨	占比 /%
2016	1 166.00	1.89	62.70	1.73	210.80	2.47
2017	1 167.20	1.89	64.40	1.72	187.64	2.18
2018	1 079.34	1.64	63.70	1.86	—	—
2019	1 075.20	1.62	65.20	1.87	—	—

资料来源:《重庆统计年鉴》《中国统计年鉴》。

注:"—"表示数据缺失。此外,由于时间周期较长,早期年份如2014年及以前的部分统计数据(尤其是肉类数据)缺失,故仅展示可获得年份数据。

(二)第二产业的演化趋势

1. 产值规模持续扩大,建筑业增长速度相对较快

从第二产业内细分产业的产值情况来看,工业与建筑业的总产值均呈现出持续上升的态势,且工业总产值显著高于建筑业总产值(图3-5)。但建筑业的发展速度却明显快于工业的发展速度,1997—2019年,工业总产值由567.88亿元发展为6 656.72亿元,增加了10.72倍,而建筑业由82.52亿元提升至2 840.12亿元,增加了33.42倍。

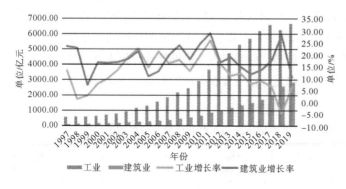

**图3-5 1997—2019年重庆第二产业内
细分产业产值及增长率变化**

图3-5的彩色高清图

资料来源:《重庆统计年鉴》(1998—2020年)。

注:扫描旁边的二维码可查看图3-5的彩色高清图。

同时,从图3-5中可见,工业在1998—2004年呈现出加速增长的趋势;2004—2011年,工业的增长率在一定范围内波动;2011年工业增长率最高,达到25.87%。在2011年后,工业的增长速度逐渐变慢。而建筑业的整体增长

速度高于工业增长速度；1998—2011年，建筑业的增长速度缓慢提高，仍然在2011年达到最高值28.93%。2011—2015年，建筑业的增长速度呈现出一定的下降趋势，不过其增长速度整体上比工业更稳定。

因此，从产业总量来看，直辖以来重庆第二产业取得突飞猛进的发展；尤其是建筑业的飞速发展，为重庆的经济发展起到了极大的促进作用。而作为主导产业的工业，一直以来均处于国民经济发展的重要地位，呈现出较为稳定的优势。从增长率的角度来看，重庆工业和建筑业的增长速度呈现出先快后慢的趋势，且建筑业的增长速度从整体来说比工业的增长速度快。

2. 内部细分产业以工业为主，建筑业占比逐渐升高

从工业和建筑业占第二产业的比重来看，工业所占比重远高于建筑业的比重。1997—2019年，工业所占比重保持在81%左右，而建筑业仅占19%左右（图3-6）。但是不难发现，这20余年间，工业占比逐渐下降，建筑业占比持续增加，由12.69%增长到29.91%。近年来，重庆不断进行产业结构优化，建筑业的不断发展促进了重庆的经济增长，但工业在第二产业中仍然占据着主导地位。

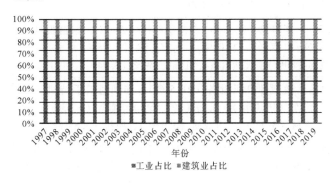

图3-6　1997—2019年重庆第二产业内细分产业产值构成　　**图3-6的彩色高清图**

资料来源：《重庆统计年鉴》（1998—2020年）。

注：扫描旁边的二维码可查看图3-6的彩色高清图。

另外，从主要工业产品的构成不难发现：一方面，重庆的主要工业产品种类众多、规模庞大，包含摩托车、维纶纤维、冰醋酸、天然气等产品；另一方面，以规模以上工业企业的主要产品结构数据为参考（如表3-6所示，结合相关数据的收集情况，选取表中相关年份数据作为参考），重庆主要工业产品结构有较大改变。直辖初期由于支柱产业比较单一，重庆的主要工业产品包括摩托车、汽车、化工以及冶金行业的产品；摩托车、汽车、硫酸、农用化学肥料、合成洗涤剂、钢等，是所有工业产品产量占全国比重较高的；随着产业结

构的优化，重庆的主要工业产品逐渐出现维纶纤维、微波通信设备、冰醋酸、天然气等产品，其产量在全国占有较高的比重。

表 3-6　规模以上工业企业主要产品及其产量所占全国比重

年份	产品名称及比重
1999	摩托车（17.90%）、汽车（11.80%）、卷烟（2.90%）、硫酸（2.60%）、啤酒（2.50%）、农用化学肥料（2.30%）、水泥（2.10%）、合成洗涤剂（1.90%）、钢（1.40%）、纯碱（1.40%）
2001	维纶纤维（34.90%）、微波通信设备（32.10%）、红矾钠（28.30%）、摩托车（25.40%）、冰醋酸（20.70%）、天然气（13.80%）、精甲醇（10.90%）、汽车（10.40%）、铝材（7.30%）、牙膏（6.00%）
2005	维纶纤维（37.40%）、摩托车（24.73%）、冰醋酸（18.28%）、天然气（11.43%）、汽车（6.80%）、铝材（6.63%）、油漆（6.60%）、精甲醇（6.60%）、变压器（5.80%）、牙膏（5.10%）
2009	摩托车（27.70%）、维纶纤维（25.80%）、冰醋酸（9.60%）、天然气（9.10%）、汽车（8.60%）、丝（5.20%）、纯碱（5.00%）、牙膏（4.90%）、铝材（4.20%）、精甲醇（4.00%）
2013	摩托车（31.42%）、打印机（26.34%）、维纶纤维（25.21%）、微型计算机设备（15.87%）、汽车（9.01%）、冰醋酸（7.78%）、显示器（7.50%）、纯碱（4.89%）、天然气（4.51%）、蚕丝（3.94%）
2017	摩托车（26.27%）、微型计算机设备（21.58%）、移动通信手持机（手机）（12.35%）、汽车（10.01%）、天然气（7.55%）、纯碱（3.63%）、中成药（3.30%）、铝材（3.23%）、合成氨（3.07%）、原盐（2.85%）
2019	微型计算机设备（22.3%）、移动通信手持机（手机）（10.2%）、天然气（6.3%）、汽车（5.4%）、中成药（4.7%）、原盐（4.5%）、铝材（4.05%）、纯碱（3.9%）、水泥（2.9%）、卷烟（2.3%）

资料来源：各年份《重庆统计年鉴》。

注：其中 2019 年由于全国摩托车数据的缺失导致重庆市摩托车产量所占比重数据缺失。

同时，值得一提的是，摩托车产量历年来在全国的比重整体较高，且近年来其比重基本保持在第一位；汽车产量在全国的比重也比较稳定，基本保持在 10% 左右；随着近年来电子信息产业的不断壮大，微型计算机设备的产量也不断增加，2013—2019 年，其产量占全国的比重从 15.87% 增加到 22.3%，在 2019 年其产量占比名列前茅，可见电子信息产业的发展速度持续加快。

（三）第三产业的演化趋势

1. 各细分产业产值稳步增长，金融业、房地产业发展较快

根据我国产业类型划分，第三产业包括批发和零售业，交通运输、仓储及邮政业，住宿和餐饮业，金融业，房地产业以及其他服务业。从第三产业内细分产业的产值来看，1997—2019 年，各个产业均呈现出比较稳定的增长趋势（图3-7）。房地产业的产值从 32.60 亿元增长到 1 473.04 亿元，足足增加了43.19 倍。

表 3 7 1997 2019 年第二产业内部细分产业产值总体增长速度

单位:%

产业类型	批发和零售业	交通运输、仓储及邮政业	住宿和餐饮业	金融业	房地产业	其他服务业
增长速度	15.75	11.04	15.24	16.92	44.19	32.26

资料来源：各年份《重庆统计年鉴》。

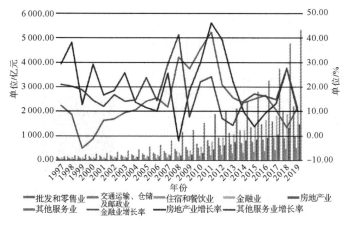

图3-7 1997—2019 年重庆市第三产业内
细分产业产值及增长率变化

图 3-7 的彩色高清图

资料来源：《重庆统计年鉴》（1998—2020 年）。

注：扫描旁边的二维码可查看图3-7 的彩色高清图。

从各年份不同产业的增长率趋势来看（这里重点分析金融业、房地产业以及其他服务业），金融业的增长速度总体呈现上升趋势，在 2008—2011 年，其增长速度达到历史较高水平；房地产业的增长速度具有较大波动性，尤其是在 2008—2015 年。房地产业在 2010—2013 年增长速度最快，在 2011 年其增长

速度达到历史最高，为46.1%；而其他服务业相对于金融业和房地产业来说，增长速度相对稳定。

综上可见，直辖以来，重庆的第三产业中各门类产业产值均稳步增长，其他服务业、批发零售业和金融业的产值规模较大，房地产业总体增长速度相对较快。2010—2012年是房地产业和金融业增长最快的时期。

2. 其他服务业占比最高，金融业、房地产业占比逐渐增大

从第三产业内各细分产业产值占比来看，1997—2019年，其他服务业的占比最高，平均占第三产业产值的37.45%，而住宿和餐饮业的占比较低，平均为4.72%（图3-8）。由于经济结构的优化和经济水平的不断提升，服务业的种类也更加齐全，因此其他服务业的占比相对较高；住宿和餐饮业占比一直都保持着稳定的态势；批发和零售业，交通运输、仓储及邮政业的占比总体呈现下降的趋势；呈现出较大波动性的是金融业和房地产业，金融业在1997—2008年的占比逐渐下降，在2009—2017年的占比逐渐提升；而房地产业除了在2008年占比突然下降以外，总体仍然呈现上升趋势。

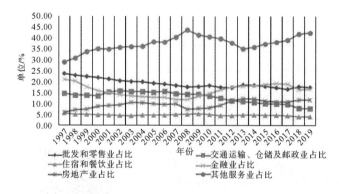

图3-8　第三产业内细分产业产值构成　　　　图3-8的彩色高清图

资料来源：《重庆统计年鉴》。

注：扫描旁边的二维码可查看图3-8的彩色高清图。

从政府对房地产的投资比重来看，2011—2013年，房地产开发投资额占固定资产投资额的比重超过26%。不难看出，在2011年前后的时间段内，出现了资金投入倾向于房地产业的趋势，而之后趋势便有所回落，房地产开发投资额占固定资产投资总额的比重下降至2017年的22.82%（表3-8）。另外，其他服务业投资额占比有较大提升，这也显示出重庆服务业的巨大发展潜力及空间。

表 3-8 1996—2019 年重庆市房地产开发投资额及其占固定资产投资总额比重

年份	1996	2000	2005	2009	2013	2017	2019
房地产开发投资额/亿元	55.62	139.63	517.73	1 238.91	3 012.78	3 980.08	—
房地产开发投资额占固定资产投资总额比重/%	17.34	21.29	25.80	23.30	26.89	22.82	—

资料来源：《重庆统计年鉴》。

注：①由于 2018、2019 年固定资产投资总额数据缺失，故只展示至 2017 年。

②由于 1996—2019 年的时间周期较长，考虑到必要性与简洁度，故仅展示关键年份的数据。

三、重庆产业发展空间分异特征

（一）经济发展水平非均衡，渝北、九龙坡、渝中相对较优

重庆市地形地貌独特，拥有区县数量众多。为从空间维度对比分析各个地区的产业结构类型和经济发展情况的差异性特征，我们将对各区县的产业发展进行深入探讨。

从 2019 年各区县的地区生产总值来看，渝北区最高，为 18 482 431 万元，九龙坡区次之，渝中区紧随其后（图 3-9）；而城口县、巫溪县、石柱县为经济发展较为缓慢的几个区县，其中，城口县地区生产总值最低，为 524 980 万元。由此可见，重庆市各区县间的经济发展水平差距较大，呈现出空间非均衡特征。

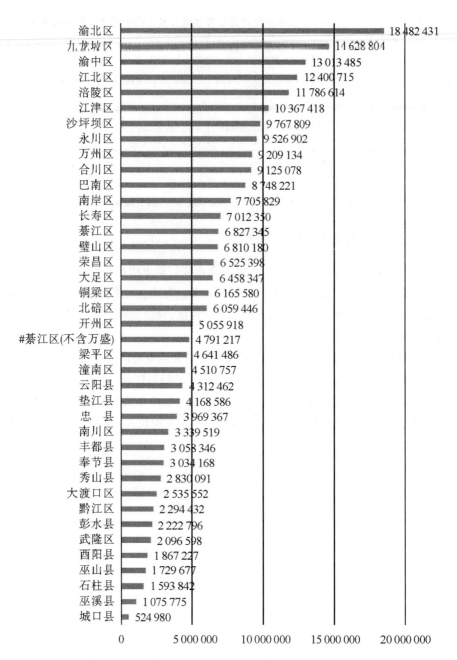

图 3-9 2019 年重庆各区县地区生产总值（单位：万元）

资料来源：《重庆统计年鉴》。

（二）各区县地区生产总值增长速度差异较大，周边区县增长速度逐步加快

从各区县的地区生产总值增长速度来看，1999—2009年，渝北区的地区生产总值增长速度最快（表3-9），平均增长速度为27.98%，其次是江北区，平均增长速度为21.72%；2009—2019年，各区县中增长较快的是云阳县、大足区，平均增长速度分别为19.18%、18.47%，璧山区的增长速度紧随其后，增长速度高达18.19%，而大渡口区、万州区和城口县的增长速度则相对缓慢。

表3-9　1999—2019年重庆各区县地区生产总值增长速度　　　　单位：%

地区	地区生产总值平均增长速度		地区	地区生产总值平均增长速度	
	1999—2009年	2009—2019年		1999—2009年	2009—2019年
万州区	21.25	9.07	璧山区	16.40	18.19
黔江区	17.05	11.24	铜梁区	13.50	17.04
涪陵区	18.72	12.75	潼南区	12.66	16.78
渝中区	16.16	10.76	荣昌区	15.91	17.51
大渡口区	16.21	5.42	开州区	13.00	15.18
江北区	21.72	14.32	梁平区	15.50	17.50
沙坪坝区	16.37	10.88	武隆区	17.39	13.48
九龙坡区	19.28	11.33	城口县	17.43	9.65
南岸区	19.77	9.89	丰都县	13.05	16.62
北碚区	14.51	12.16	垫江县	15.10	15.98
渝北区	27.98	14.94	忠　县	15.99	15.53
巴南区	18.47	13.65	云阳县	13.47	19.18
长寿区	14.63	14.80	奉节县	15.37	13.49
江津区	12.20	15.32	巫山县	14.06	15.23
合川区	10.53	16.23	巫溪县	15.53	13.27
永川区	16.84	14.59	石柱县	15.78	11.45
南川区	14.38	11.28	秀山县	17.17	16.38
綦江区	14.89	14.20	酉阳县	15.47	14.62
綦江区（不含万盛）	15.97	13.01	彭水县	16.63	14.35
大足区	12.64	18.47			

资料来源：《重庆统计年鉴》。

主城区的地区生产总值增长速度由快变慢，而周边区县的地区生产总值增长速度呈现出逐步加快的趋势。如表3-9所示，渝中区1999—2009年地区生产总值的平均增长速度为16.16%，而2009—2019年的地区生产总值平均增长速度为10.76%。此外，大渡口区、江北区、沙坪坝区、九龙坡区、南岸区等地的地区生产总值平均增长速度均呈现出下降趋势；同时，周边区县的地区生产总值的增长速度相对较快，如云阳县1999—2009年地区生产总值的平均增长速度为13.47%，2009—2019年提高到19.18%。此外，江津区、合川区、大足区、荣昌区、潼南区、铜梁区等地的地区生产总值平均增长速度均显著提升。

（三）各区县产业结构差异较大，且产业结构变化显著

从产业结构来看，各个区县的产业结构具有较大的差异性。笔者基于第二、三产业产值占地区生产总值比重，对1999年和2019年各区县产业结构进行划分。结合1999年数据，我们基于产业结构将各区县主要分为四种类型（对应四个象限），分别为："高、高"（第二产业比重较高且第三产业比重较高）、"高、低"、"低、高"和"低、低"（图3-10）。

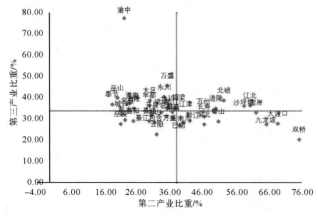

图3-10 1999年重庆市各区县产业结构及其分类　　图3-10的彩色高清图

资料来源：笔者绘制。

注：①图中横纵直线分别为各区县第三产业比重和第二产业比重的平均值。

②注：扫描旁边的二维码可查看图3-10的彩色高清图。

从1999年的情况看，大部分区县属于"低、高"和"低、低"两种类型，且各个区县的第三产业比重相对集中，第二产业比重差异较大。第一，属于"高、高"的区县相对较少，主要包括：北碚区、江北区、沙坪坝区、南

岸区、涪陵区，上述区县的第二、第三产业比重均较高。第二，"高、低"的区县主要包括：巴南区、长寿区、渝北区、璧山区、九龙坡区、大渡口区，这几个区县的第二产业比重相对较高，而第三产业比重相对较低。第三，"低、高"的区县相对较多，如渝中区、巫山县、奉节县、永川区、大足区、丰都县，这类区县第三产业比重相对较高，主要包括两种类型，一种是城镇化较高、社会工业化进程较快的区县，如渝中区；另一种是工业化进程相对缓慢但服务业发展较好的区县，如巫山县、奉节县（刘畅，2020）[86]。第四，"低、低"类型的区县主要包括巫溪县、云阳县、酉阳县、秀山县，这类区县的工业化进程相对缓慢，产业结构主要以第一产业为主。

从图 3-11 可知，2019 年重庆市各区县的第二、三产业比重分布均比较分散，区县之间产业结构差异性变得明显，主要向"低、高"和"高、低"两大类型演化。主城区的产业结构变化较为明显，如大渡口区、九龙坡区、巴南区从"高、低"变化为"低、高"，第三产业的比重有了较大提升。同时，沙坪坝区、江北区由"高、高"变化为"低、高"，随着工业化进程的不断加快，第三产业比重也明显提高；北碚区、涪陵区由"高、高"变为"高、低"，荣昌区、梁平区由"低、低"变为"高、低"。

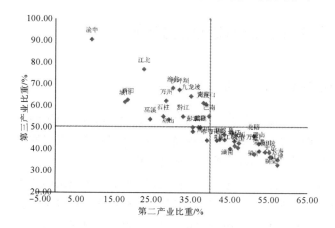

图 3-11　2019 年重庆各区县产业结构及其分类　　　图 3-11 的彩色高清图

资料来源：笔者绘制。

注：①图中横纵直线分别为各区县第三产业比重和第二产业比重的平均值。

②注：扫描旁边的二维码可查看图 3-11 的彩色高清图。

从表 3-10 中 2019 年重庆各区县产业结构可以看出，目前除了北碚区的第二产业比重较高，主城区总体进入"三、二、一"结构，大部分周边区县的产业结构也已处于"三、二、一"结构，但不少区县仍处于"二、三、一"结构。此外，目前城口县处于"三、一、二"结构。因此，整个重庆的周边区县与主城区之间的产业结构存在较大差异，经济发展差距也相对较大。

表 3-10 2019 年重庆各区县产业类型结构

产业类型	"二、三、一"结构	"三、二、一"结构	"三、一、二"结构
区县名称	涪陵区、北碚区、长寿区、江津区、合川区、永川区、綦江区、綦江区（不含万盛）、大足区、璧山区、铜梁区、潼南区、荣昌区、梁平区、垫江县	万州区、黔江区、渝中区、大渡口区、江北区、沙坪坝区、九龙坡区、南岸区、渝北区、巴南区、南川区、开州区、武隆区、丰都县、忠县、云阳县、奉节县、巫山县、巫溪县、石柱县、秀山县、酉阳县、彭水县	城口县

资料来源：《重庆统计年鉴》。

第三节 重庆产业发展的阶段性演化特征

一、重庆产业发展的阶段划分（综合三次产业来看）

结合重庆经济发展水平并综合三次产业的内部结构，对重庆直辖以来的产业发展阶段进行划分，有助于了解重庆的宏观经济发展趋势以及产业发展的规律和特征，对新时代重庆产业优化布局有着不可忽视的作用。

从重庆三次产业的发展规模和发展速度，我们发现，直辖以来重庆的产业发展规律呈现"V+W+L 形"特征（图 3-12）。因此，我们可将直辖以来重庆产业发展划分为三个阶段，即"V 形"阶段、"W 形"阶段以及"L 形"阶段。

具体来看，第一阶段为 1997—2004 年，可称为"V 形"发展阶段。此阶段的三次产业的增长速度主要呈现"V 形"趋势。三次产业的增长速度在 1997—1999 年增长速度有一定程度减缓，这与重庆的产业结构优化初期有一定的联系。在 1999—2004 年，各产业产值增长速度不断提高，体现出产业结构优化的显著成效。因此，此阶段属于重庆经济发展速度不断提高的时期。

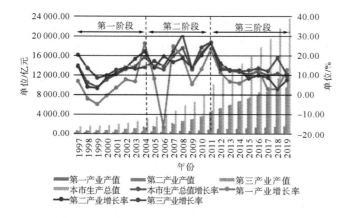

图 3-12　重庆产业发展阶段划分示意图　　　　图 3-12 的彩色高清图

资料来源：笔者绘制。

注：扫描旁边的二维码可查看图 3-12 的彩色高清图。

第二阶段为 2004—2011 年，可称为 "W 形" 发展阶段。此阶段的三次产业增长速度呈现出一定的波动性，但整体增长速度处于历史的较高水平，各次产业齐头并进。其中，第三产业的发展速度总体较快，而第一产业的增长速度出现相对较大的波动。因此，这个阶段的三次产业整体发展较快，属于重庆经济高速增长的时期。

第三阶段为 2011—2019 年，可称为 "L 形" 发展阶段。此阶段的各次产业增长速度逐渐趋于稳定。其中，第三产业仍然保持相对较高的增长速度，第一产业的增长速度相对较慢，且相对第二、三产业而言，其增长速度具有稍许的波动。总之，此阶段重庆各次产业的发展逐渐趋于成熟和稳定，第三产业增长速度总体较快。

二、不同阶段的产业重点、特征及方向

前面已经将重庆产业发展阶段划分为三个阶段，而各个不同阶段的产业特征也有着较大差异，如表 3-11 所示。

表 3-11　重庆产业发展各个阶段特征

特征	第一阶段 （1997—2004 年）	第二阶段 （2004—2011 年）	第三阶段 （2011—2019 年）
经济增长总体趋势	V 形	W 形	L 形

表3-11（续）

特征		第一阶段 （1997—2004年）	第二阶段 （2004—2011年）	第三阶段 （2011—2019年）
增长速度特征		经济增长速度不断加快	经济增长速度总体较快，并出现小范围波动	经济增长速度逐渐趋于稳定
主导产业		第二产业	逐渐由第二产业向第三产业转变	第三产业，且与第二产业比重差距逐渐拉大
劳动力结构		"一、三、二"结构。第一产业产值明显高于第二、三产业产值，第二产业劳动力占比最低，且基本保持稳定	"一、三、二"结构。劳动力由第一产业逐渐向第二、三产业转移。2011年，第三产业劳动力占比基本与第一产业齐平	"三、一、二"结构。劳动力由第一产业向第二、三产业转移，2012年，第三产业劳动力占比超过第一产业。2017年，第二产业劳动力占比与第一产业齐平
三次产业细分行业特征	第一产业	以农业为主，牧业比重次之，牧业比重不断提高	农业比重缓慢上升	渔业取得较快发展，其增长速度较快
	第二产业	以工业为主，建筑业发展较快	建筑业增长速度不断加快，工业增长速度整体较快	建筑业增长速度较快，工业增长速度逐渐变慢
	第三产业	房地产业，其他服务业取得较快发展	金融业增长速度迅速加快，房地产业、其他服务业高速发展	前期房地产业增长速度较快，后期其他服务业增长速度较快

资料来源：笔者根据相关资料整理。

首先，是"V形"发展阶段（1997—2004年）。此阶段产业结构以第二产业为主。第二产业产值占比呈现上升趋势，并呈现加速发展的特征。其中，第一产业产值增长较缓慢，产值比重迅速降低，大量劳动力从第一产业转向第二、三产业。此外，从三次产业的细分产业来看，第一产业中农业占比缓慢下降，牧业占比缓慢上升；第二产业仍然以工业为主，直至2004年工业占比仍然保持在82.39%；建筑业占比逐渐增加，取得较快发展；第三产业中房地产业和其他服务业取得较为稳定和快速的发展。

其次，是"W形"发展阶段（2004—2011年）。此阶段的主导产业逐渐由第二产业向第三产业转变，第三产业的比重逐渐超过第二产业的比重，且劳动力也由第一产业大量向第三产业转移，在 2011 年第一、三产业劳动力占比极为接近。从细分产业来看，第一产业中农业比重呈现上升趋势，第二产业中建筑业增长速度不断加快。因此，这段时期也是建筑业的蓬勃发展时期。工业增长速度在一定范围内稍有波动，总体处于增长速度较高水平。第三产业中金融业的增长速度迅速提高，在 2011 年达到增长速度最高点，房地产业在 2008—2011 年增长速度直线上升，发展态势较为强劲。因此，此阶段的产业发展速度处于较高水平。

最后，是"L形"发展阶段（2011—2019 年）。此阶段经济增长速度逐渐趋于平稳。从各次产业细分产业来看，第一产业中各细分产业增长速度较为平稳，其中渔业的增长速度较高，且占比逐渐提高；第二产业中建筑业的增长速度明显快于工业的增长速度，且产值占比逐渐加重。2011—2013 年，第三产业中房地产业的增长速度最高，而在 2014—2019 年，其他服务业增速最高。2013—2019 年，第三产业各细分产业增长速度在小范围内波动。因此，此阶段的经济整体呈现稳定增长的趋势。

第四节　本章小结

本章从演化视角对重庆市产业发展历程进行系统梳理，并挖掘其演化过程中的发展规律。首先，本章结合重庆直辖以前不同阶段的产业特征，将重庆直辖前划分为古代农业时期、轻工业时期、近代工业时期以及综合产业形成时期；其次，本章进一步从时间演化和空间分异的维度深入分析重庆直辖以来的各次产业结构演化趋势、内部细分产业发展趋势以及产业发展的空间分布状况，进而将重庆直辖以来的产业发展阶段划分为"V形"阶段、"W形"阶段以及"L形"阶段；最后，本章对不同阶段的产业发展重点、产业发展特征以及未来发展方向进行深入探讨，为后续章节奠定基础。

第四章 重庆产业发展所面临的新时代特征[①]

第一节 从高速增长到高质量发展的转向逻辑

党的十九大报告明确指出，中国特色社会主义进入了新时代，其基本特征体现为我国经济已由高速增长阶段转向高质量发展阶段，深刻揭示了我国经济社会发展进入了新阶段。2018 年 12 月，中央经济工作会议提出，推动我国高质量发展是当前和今后一个时期确定发展思路、制定经济政策、实施宏观调控的根本要求。可见，从高速增长到高质量发展的转向发展，既符合我国经济发展的现实状况，又符合经济发展的内在逻辑。

一、高质量发展转向的内在逻辑

我国在追求经济高速增长的过程中，其自然资源、生态环境等代价较大，经济增长质量较低。在持续多年的追赶战略中，我国经济发展的速度、资源、人口和环境条件发生了巨大变化（任保平，2018）[87]。我国过去粗放型增长的经济发展方式，使得资源消耗过大，导致经济面临较大的下行压力，经济效率和资源环境承载力呈下降趋势。近几年我国经济发展与生态环境之间出现的不和谐、不协调、环境污染等问题日益严重，而新时代重庆产业发展中体现的生态特征尤为明显。笔者将重点从经济和生态两个维度，对高质量发展转向的内在逻辑进行分析。

（一）经济逻辑

对于重庆高质量发展转向背后的经济逻辑，笔者主要从经济增速持续下

---

① 本章部分内容已公开发表于《经济论坛》2020 年第 4 期，具体文献信息如下：唐燕，罗胤晨，文传浩. 示范作用背景下重庆产业绿色发展的提升策略研究［J］. 经济论坛，2020（4）：80-86.

行、积极响应国家"高质量发展"要求、边际收益（产量）递减规律、"三高两低"、产能过剩、人口红利减少等制约经济高速增长等方面进行分析。

1. 经济增速的下行压力，预示着我国经济增长需要转型

1978 年我国国内生产总值（GDP）达 2 165 亿美元，占全球经济的 1.75%。随着我国经济的高速增长，1978—2011 年，我国经济保持了年均 9.87%的高速增长，2012—2019 年，我国 GDP 年增速从 7.7%下降到 6.1%，体现了我国经济由高速增长转向中高速增长的新常态。1997—1999 年，重庆市地区生产总值增长率呈下降趋势，1999—2004 年，重庆市地区生产总值增长率保持持续上升趋势，2004—2011 年，重庆市地区生产总值增长率呈现波动性上升趋势，2011 年，重庆市地区生产总值增长率超过 25%，达到最高增速；随后重庆市地区生产总值增长率持续下降，至 2019 年增速下降为 9.34%（图 4-1）。在 2020 年重庆市经济运行情况报告中，2020 年重庆市地区生产总值达 25 002.79 亿元，同比增长 3.9%。可见，重庆经济已由高速增长阶段转为中高速增长阶段，经济增速呈现出较为明显的下行趋势，重庆经济增长遇到了阵痛期。

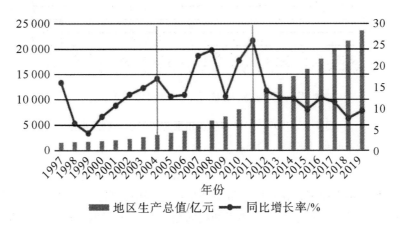

图 4-1 1997—2019 年重庆市地区生产总值及增速

资料来源：《重庆统计年鉴》。

2. 响应国家高质量发展要求，加快转变经济发展方式

党的十九大报告指出，新时代我国经济发展的基本特征是由高速增长转向高质量发展。所以，高质量发展是我国当前和今后一个时期的经济发展方向及要求，重庆经济发展要向高质量发展要求看齐。根据图 4-1 可见，重庆经济增长速度从 2011 年之后放缓，2020 年重庆市地区生产总值增长率为 3.9%，未

达到预定目标 6%，经济发展出现明显下降。经济运行本身具有周期性循环变化规律，重庆经济增速放缓是由经济发展的内在逻辑决定的。

过去重庆经济增长主要是靠投资驱动的，固定资产投资增长率从 1997 年的 15.66%增长到 2010 年的 30.4%，增幅接近一倍。2011 年之前，重庆市固定资产投资增长率呈波动性上升趋势。重庆经济增长速度从 2011 年之后放缓，对应的固定资产投资增长率也出现下降趋势，2019 年固定资产投资增长率下降到 5.7%（图 4-2）。2020 年重庆市国民经济和社会发展统计公报显示，2020 年重庆市固定资产投资同比增长 3.9%。可见，重庆过去采用以投资驱动型为主的粗放型增长方式，这种方式不可持续，发展到一定程度后遇到了瓶颈期。重庆需要转向以创新驱动型为主的集约型增长方式，促进经济高质量发展。

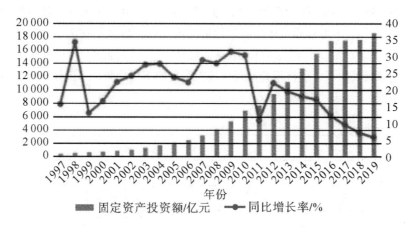

图 4-2　1997—2019 年重庆市固定资产投资额及增速

资料来源：《重庆统计年鉴》。

3. 边际收益（产量）递减规律决定经济需由高速增长转向高质量发展

根据经济学原理，在我国经济短期生产过程中，当其他条件不变（如技术等）时，劳动、资本等生产要素的投入数量到一定程度之后，继续增加生产要素投入所带来的效益（产量）增加量就会呈现递减趋势。经济发展也存在阶段性，在不同发展阶段所依赖的资源禀赋条件、发展任务及目标不同，就会呈现不同的发展特征。

改革开放以来，我国经济发展呈现高速增长趋势。随着我国资源、人口和环境等条件发生改变，生产要素投入数量达一定程度，我国经济发展呈现出边际收益递减趋势。2011 年后，重庆经济增速也出现了递减趋势，经济增长遇到了瓶颈期，需要及时调整经济发展方式，从追求经济增长数量转向追求经济发展质量。

4. "三高两低"、产能过剩、人口红利减少等问题制约经济高速增长

我国在追求经济高速增长中，出现一批"三高两低"（高消耗、高污染、高危险、低产出、低效益）企业。2011 年，我国开始陆续对"三高两低"企业进行整治，重庆也出台了相应的整治措施。2016 年习近平总书记考察重庆时提出，供给侧结构性改革的重点之一，便是化解产能过剩，增强经济持续增长动力。

从供给端来看，我国潜在人口红利期与改革开放阶段完美融合，劳动人口数量增长最快期恰巧与我国经济高速增长期吻合，人口红利成为我国经济高速增长的重要支撑（任保平、李禹墨，2018）[88]。2008—2012 年，重庆市劳动适龄人口数占比呈上升趋势，2013 年开始呈现出持续下滑趋势，2019 年重庆劳动适龄人口数占比降至 68.14%，重庆人口红利逐渐减少（表 4-1）。重庆市人口红利的衰退直接提高了劳动力成本，导致重庆经济潜在增长率下降，这就要求经济增长速度"换挡"，积极推动经济高质量发展。

表 4-1　2008—2019 年重庆市年末常住人口数、劳动年龄人口数及比重

年份	全市常住人口数/万人	15~64 岁中国劳动适龄人口/万人	比重/%
2008	2 839.00	1 973.39	69.51
2009	2 859.00	1 988.72	69.56
2010	2 884.62	2 061.41	71.46
2011	2 919.00	2 088.25	71.54
2012	2 945.00	2 113.04	71.75
2013	2 970.00	2 130.08	71.72
2014	2 991.40	2 140.64	71.56
2015	3 016.55	2 152.01	71.34
2016	3 048.43	2 161.64	70.91
2017	3 075.16	2 149.84	69.91
2018	3 101.79	2 134.96	68.83
2019	3 124.32	2 128.91	68.14

资料来源：《重庆统计年鉴》。

（二）生态逻辑

关于重庆经济高质量发展转向的生态逻辑，本书主要从资源环境的承载力

下降、生态资源过度消耗导致环境保护治理成本显著提高、生态环境属于财富和生产力、重视绿色发展等方面进行分析。

1. 资源环境承载力下降，经济发展与生态环境之间出现不和谐、不协调、环境污染等问题

高投入、高消耗、高污染的经济增长方式造成人与自然的冲突，导致一系列掠夺和破坏自然的行为。特别是进入工业化时代后，科技进步提高了人类利用和开发自然的效率，但也加速了人类对大自然掠夺和索取的速度，产生了更为严重的生态环境问题，重庆在追求经济高速增长中也出现了资源环境生态约束问题。

以重庆市的能源消耗总量为例，重庆市的能源消耗总量从 1997 年的 2 030.13 万吨标准煤连续增加到 2019 年的 7 687.25 万吨标准煤。2007 年重庆市经济增速最快时，其能源消耗增速高达 15.86%。2010 年之前，重庆市的能源消耗增长率呈现出波动性上升趋势，之后重庆市的能源消耗增长率从 2010 年的 13.39% 下降至 2019 年的 3.15%。其中，2016—2019 年重庆市能源消耗同比增长率相对平稳（图 4-3）。

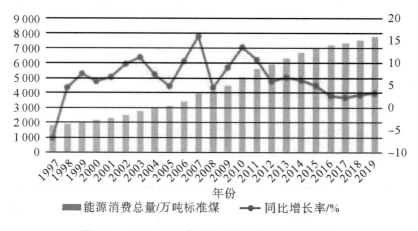

图 4-3　1997—2019 年重庆市能源消耗及增速情况

资料来源：《重庆统计年鉴》。

可以看出，重庆市经济高速增长的背后，也伴随着能源资源的高消耗，过去粗放型增长的经济发展方式导致资源环境承载力逐渐下降。自党的十八大提出"大力推进生态文明建设"的战略决策以来，重庆市也非常注重生态文明建设，并积极构建绿色发展体系，2012 年之后重庆市经济增长率持续下降，对应的能源消耗增长率也处于下行状态。

在工业"三废"（废气、废水、废渣）排放中，重庆市工业废水排放总量持续下降，2007年工业废气排放最高达7 616.62万吨，之后呈现出波动性下降趋势。2007年后，工业固体废物排放量继续增加至2011年的3 345.68万吨，工业固体废物综合利用率在2011年也呈现下降趋势（图4-4）。之后，工业固体废物排放量虽在减少但其综合利用率先上升后下降，可见重庆工业"三废"排放问题破坏了生态环境，抑制了经济增长。在新时代背景下，重庆市应在现代化建设中实现人与自然的和谐共处，更加重视环境、资源和生态问题的解决。

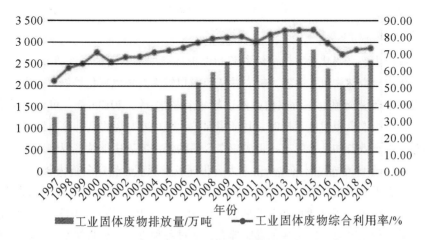

图4-4　1997—2019年重庆工业固体废物排放量及综合利用率
资料来源：《重庆统计年鉴》。

2. 生态资源过度消耗，环境保护治理成本显著提高

重庆市在追求经济高速增长的过程中，呈现出能源消耗、工业"三废"排放及水污染等问题，过度消耗生态资源。重庆市在环境保护治理中，2019年环保投资高达797.25亿元，其中工业污染治理项目完成投资37 461万元，2014—2019年环境治理成本整体呈上升趋势，对重庆经济发展及社会效益有一定的影响（表4-2）。

表 4-2 2014—2019 年重庆环保投资及工业污染治理情况

年份	环保投资/亿元	工业污染治理项目完成投资/万元	工业污染治理企业数/个
2014	293.69	50 284	105
2015	399.24	59 883	108
2016	355.64	37 141	108
2017	462.63	60 702	116
2018	367.78	49 057	90
2019	797.25	37 461	81

资料来源:《重庆统计年鉴》。

我国生态文明建设实施节约资源和保护环境的基本国策,贯彻节约优先、保护优先、自然恢复为主的方针,并从根源扭转生态环境恶化趋势,是应对经济发展中环境资源生态约束的必然选择(谷树忠 等,2013)[89]。可见,重庆市在面临生态资源过度消耗时,其环境保护治理成本显著提高,这将影响经济效益、生态效益和社会效益,重庆应在今后的经济发展中继续重视生态发展。

3. 生态环境既是财富也是生产力,将绿色发展理念贯穿全领域全过程

习近平总书记提出,我们既要绿水青山,也要金山银山。宁要绿水青山,不要金山银山,而且绿水青山就是金山银山(《人民日报》,2013)[90]。生态环境是一种生产力。坚持绿色发展理念,通过各种方式方法将绿水青山转化为金山银山,同样可以提高生产力水平。生态环境也是财富,坚持产业生态化、生态产业化的发展路径,将绿色化、生态化理念贯穿于经济社会的全领域、全过程,继而提高经济高质量发展的生态基础。新时代背景下,重庆市必须重视生态文明建设,构建符合绿色发展特征的新业态、新模式,建立健全生态经济体系,加快实现经济发展与生态环境协调发展。

二、高质量发展的外在表现特征

新时代我国经济高质量发展,应是符合"创新、协调、绿色、开放、共享"新发展理念特征的一种新型发展模式,以满足我国人民日益增长的美好生活需要,决定了我国经济的发展方向、发展速度和发展路径,也构成了高质量发展的外在表现特征。因此,在我国经济由高速增长转向高质量发展的新征程上,应坚持创新、协调、绿色、开放和共享的发展理念,推动经济高质量发展,更好地满足人民日益增长的美好生活需要。具体来看,高质量发展具有以下五个方面的外在表现特征。

（一）创新发展是高质量发展的核心动力

在创新驱动经济增长理论中，内生研发和创新是推动经济增长和技术进步的核心要素。严成樑（2017）认为，经济增长是通过水平创新和垂直创新两种模式来实现的[91]。重庆市要实现经济高质量发展，同样离不开科技创新提供的动力支撑。为补齐重庆在科技创新上的短板，重庆应进一步加强区域创新体系建设，提升自主创新能力。2019年1月，重庆市科技创新工作会议中特别提到，重庆将加快改造提升传统产业，分类指导制造业企业开展智能制造升级改造，通过压缩市区两级财政一般性支出来新增10亿元用于支持科技创新，努力实现区域创新发展，高标准规划建设重庆科学城。

重庆市研究与试验发展（R&D）经费投入持续高增长，2010—2019年，R&D经费投入年均增速18.71%（图4-5）。同时，R&D经费投入强度（R&D经费支出与地区生产总值之比）整体呈上升趋势，2018年最高达2.01%，2019年下降至1.99%，同比下降0.02%。2019年重庆市R&D经费投入强度在全国排第16位。重庆市在经济转向高质量发展的过程中，必须构建现代化经济体系，特别是与绿色发展相结合的现代化生态产业体系，夯实生态经济体系的建设基础。此外，重庆市应全面树立"创新是引领发展的第一动力"理念，积极鼓励大众创业、万众创新，推动新技术、新产业、新业态蓬勃发展，努力提高全要素生产率。

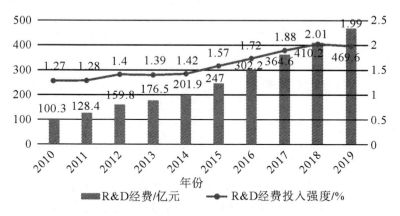

图4-5　2010—2019年重庆R&D经费及投入强度

资料来源：2010—2019年《全国科技经费投入统计公报》。

（二）绿色发展是高质量发展的生态本底

绿色发展是全球经济发展中人类对传统生产和生活方式的重大改变及突破（佘颖、刘耀彬，2018）[92]，并着力于实现经济社会发展与生态环境保护目标双赢的环境友好型发展（郇庆治，2012）[93]。国际上关于绿色发展的相关会议及提法逐渐增多且表现出深化趋势（表4-3），可见绿色发展已成为当下全球经济发展的大趋势。

表4-3　国际上关于绿色发展的会议及提法

年份	会议名称	关于绿色发展的提法
1987	世界环境与发展委员会第八次会议	发表《我们共同的未来》，将人们从单纯考虑环境保护引导到把环境保护与人类发展切实结合起来，成为绿色发展相关制度体系的纲领文件①
1992	联合国环境与发展大会	提出"可持续发展理念"，把公众的绿色意识上升为绿色价值观
1992	联合国可持续发展大会	推出"绿色经济"的主题
2002	联合国可持续发展世界首脑会议	绿色发展最初关注的主要是经济增长的资源与生态可持续性（承认自然/生态极限），但随后逐渐扩展到如何创建一种可持续的经济、社会和生态系统
2008	联合国气候变化大会	提出"全球绿色新政"倡议，试图通过政府强化绿色投资，从而催生新的产业革命②
2011	德班世界气候大会	实施《京都议定书》第二承诺期，启动绿色气候基金
2016	联合国气候变化马拉喀什会议	对如何走绿色低碳发展道路做出安排
2018	全球气候行动峰会	五大关键领域：健康能源系统、包容性经济增长、可持续社区、土地和海洋管理和气候变化投资
2020	环境政策与绿色发展国际会议	环境政策评估、环境健康风险管理、环境经济与管理、绿色城市发展模式

资料来源：笔者根据相关网站信息整理。

　　高质量发展本质上要求在生态环境方面，由高排放、高污染的发展方式向循环经济和环境友好型的发展方式转变，强调节能环保、生态绿色，是一种绿色发展形式。绿水青山就是金山银山，生态环境既是财富也是生产力，习近平总书记提出，新时代绿色发展是我国生态文明建设的必然要求，代表当前科技

---

① WCED UN. Our Common Future [M]. Oxford：Oxford University Press，1987.

② UNEP. Towards a Green Economy：Pathways to Sustainable Development and Poverty Reduction [EB/OL]. http://www.unep.org/greeneconomy/Home/test/tabid/29808/Default.aspx.

和产业转型的方向，也是最有前景的发展领域（邓宏兵，2018）[94]。优质的绿色生态产品、环境，既是经济绿色发展的重要体现，又是人民日益增长的美好生活的需要（金乐琴，2018）[95]。

然而，重庆市经济高速增长的代价，主要表现在：能源过度消耗、不可再生资源减少，工业废水排放导致水污染、水资源短缺，工业废气废物排放污染生态环境，资源生态环境承载能力下降等方面。这些都导致了环境保护治理成本显著提高，影响了重庆的经济效益、生态效益和社会效益。重庆在经济高质量发展的过程中，必须重视绿色发展、保护生态环境，追求经济发展与生态环境和谐共生。

（三）融合发展是高质量发展的产业抓手

以信息技术为核心的高新技术的快速发展和推广，促进了产业融合的产生及发展。产业融合不是几个产业的简单相加，而是通过相互作用融为一体，凸显出新的生机和活力（岭言，2001）[96]。周振华（2003）认为，产业融合将是传统产业边界模糊化和经济服务化的大趋势，意味着产业间新型竞争协同关系的建立及复合经济效应的产生[97]。产业融合不仅是我国现代产业发展的新趋势，而且是推动我国城乡融合发展的新动力（颜培霞，2018）[98]。

产业融合作为一种新兴经济活动，能有效促进产业技术创新、降低经营运作成本、提高经济效率。目前，我国现代农业已经与教育文化、休闲旅游、健康养老等产业深度融合；先进制造业逐步向智能化、柔性化和服务化发展，卖产品与卖服务得到融合发展；旅游业的发展新增文化、体育、教育、养老、健康、观光等功能。阿里巴巴公司作为有影响力的文化产业巨头，业务内容涉及电影、数字娱乐、音乐、网络视频、体育、互联网地图等文娱领域；百度正积极拓展高科技领域，加快布局互联网金融、人工智能、无人车等创新型领域（陈文杰，2017）[99]。

重庆市正在积极推动旅游与城镇化、工业、商贸业、文化产业等多元融合发展，大力发展观光休闲农业，培育阳台农艺、田园艺术景观等创意农业，推进文化创意和设计服务（专业设计服务、文化软件服务、广告服务等）与工业制造、商务流通、城市建设、旅游、特色农业等相关产业深度融合发展，培育新的经济增长点。2013年以来，在三次产业融合发展方面，重庆市各区县也在牵头促进三次产业融合发展，产业融合项目正陆续开展建设（表4-4）。融合发展作为经济高质量发展的产业抓手，重庆应加强资源的高度融合，贯彻新发展理念，立足生态发展区定位，坚持三次产业融合发展，推动经济高质量发展。2020年12月，重庆市经济工作会议提出，要扎实推动城乡融合发展，着力推进城市更新，全面推进乡村振兴，巩固脱贫攻坚成果，持续推进"一区两群"协调发展。

表 4-4　重庆市三次产业融合发展重大项目建设情况

序号	项目名称	建设起止年限	建设规模及主要内容	2018 年工作任务	牵头协调责任单位
1	鲁能美丽乡村首开区	2017—2020 年	占地 5 000 亩①，主要实施绿色、有机种植，田园乐园、活力营地、特色民宿，主题农庄等项目	建设有机农场、生态牧场、田园乐园、主题农庄等项目	江津区人民政府
2	天坪山农旅融合项目	2017—2020 年	建设白象山茶园、月亮湾渔村、天坪山农旅融合等项目	土建施工	巴南区人民政府
3	重庆紫薇花海农旅结合项目	2016—2019 年	建设 5 400 亩紫薇苗圃基地，栽植 8 800 万株紫薇种苗，年产 80 万米紫薇生态活体栅栏	完成紫薇苗圃基地建设；打造 3 600 亩生态景观带，建设 300 亩主题花园	长寿区人民政府
4	重庆四季香海芳香产业项目	2013—2020 年	建设 10 000 亩芳香植物规模种植基地、1 200 亩芳香花海核心观光区、25 000 平方米农产品加工中心、31 000 万平方米科研基地	芳香植物规模种植增至 10 000 亩、加工厂一期建成投用、建成 1 200 亩芳香花海核心观光区	大足区人民政府

资料来源：笔者根据重庆市人民政府网整理。

（四）集聚发展是高质量发展的战略要求

"转向高质量发展"就是要求我国经济从主要依靠物质资源消耗实现的粗放型高速增长，转变为主要依靠科技创新、提高劳动者素质和改善管理实现的集约型增长。集聚发展主要表现为土地集约利用，资源要素空间集聚，企业、高校、科研机构等主体集群发展。2018 年 1 月，重庆市经济工作会议中明确提出，全市要围绕推动高质量发展，深入贯彻新发展理念，大力推进产业绿色化、智能化、集约化、特色化发展。

在土地集约发展方面，重庆市耕地集约利用整体呈上升趋势，耕地集约利用强度随重庆市经济发展水平的提高而增强（赵伟 等，2013）[100]。重庆市城市土地集约利用与城镇化之间，存在一定的协调性和动态性（向为民、甘蕾，2018）[101]。在要素资源集聚和企业集群发展方面，重庆正围绕汽车、装备制造、电子信息等传统领域与新能源、生物、新材料等新兴领域，推进布局集聚化、企业集群化、产品和技术集成化发展。

---

① 1 亩≈666.667 平方米，下同。

同时，重庆具有长江黄金水道优势，正加快推动全市港口资源整合集约发展，截至 2017 年 6 月，四大枢纽港累计完成投资 100 亿元。集聚发展既具有明显的经济效益（如交易成本下降、学习效应溢出等），又具有非常特别的社会黏性效应，可以将不同产业链、价值链、创新链和生态链上的各类主体组织形成相应网络。这就要求重庆市要加快推进产业集聚、人口集中、资源节约和优化配置，大规模提升企业科技创新能力，坚持走集约化、集聚化和集群化的发展道路。

（五）高效发展是高质量发展的变革目标

党的十九大报告指出，我国经济高质量发展要坚持质量第一、效益优先，推动我国经济发展的质量变革、效率变革和动力变革。从经济高速增长向高质量发展转变中，积极促进劳动力、土地、资本和技术等生产要素从低效率、低附加值和高消耗的产业链环节转向高效率、高附加值和低消耗的产业链环节，大力推进制造业向信息化、智能化、绿色化和服务化方向升级。

重庆市高质量发展应包括经济高效益和高效率两方面。一方面，高效益是高质量的重要内涵，从经济角度可知，高效益体现的是投资回报，即生产企业要有利润、员工要有收入、政府要有税收。宏观层面的效益表现为人民对美好生活需求的满足程度，经济效益越高则满足程度也越高，意味着质量也越高。另一方面，高质量发展意味着要素资源利用的高效率，表现为资本效率、劳动效率、土地效率、资源效率、能源效率及环境效率的显著提高，即用较少的要素投入形成更多的有效产出。因此，重庆市在经济高质量发展中，最终将追求经济高效益、高效率发展。

三、高质量发展与"两化"的关系

党的十九大报告提出，我国在经济转向高质量发展过程中，建设现代化经济体系是跨越关口的迫切要求和我国发展的战略目标，我国应该着力构建实体经济、现代金融、科技创新、人力资源协同发展的现代产业体系。新发展理念是高质量发展的先导，在构建现代产业体系的同时，必须注重绿色发展，实现人与自然的和谐发展。

（一）高质量发展是推进"两化"的最终目的

高质量发展与生态发展不是矛盾对立的关系，而是辩证统一的关系。重庆在实施生态优先绿色发展行动计划中，要学好用好绿水青山就是金山银山的"两山论"，走深走实产业生态化、生态产业化的"两化路"（唐良智，2020）[102]，最终实现重庆经济的高质量绿色发展。

创新发展作为高质量绿色发展的核心动力，重庆市已开始着手多方面提升与布局。2018 年，重庆出台的《重庆市科技创新基地优化整合方案》中，提出将布局建设市级技术创新中心，计划到 2020 年初步形成重庆市科技创新基地建设发展体系。从相关经费投入来看，重庆市科技经费投入持续增长，2010—2019 年 R&D 经费投入年均增速 18.71%，2019 年 R&D 经费投入强度达 1.99%（图 4-5）。粗放型增长的发展方式使资源环境的承载力下降，新时代重庆经济高质量发展必须转变发展方式，将创新作为第一动力，积极推进产业生态化、生态产业化发展，实现集约集聚乃至集群型经济增长，全面提高绿色全要素生产率，提高经济发展质量、效率，最终实现经济高质量可持续发展。

（二）"两化"是实现高质量发展的关键路径

2016 年 1 月，习近平总书记在推动长江经济带发展座谈会上特别强调，推动长江经济带发展必须走生态优先、绿色发展之路，要把修复长江生态环境摆在压倒性位置，共抓大保护，不搞大开发。在生态环境方面，长江经济带主要城市处于生态环境质量"良好"的边缘范围，多数城市处于"宜维持当前规模"的边缘范围（钟茂初，2018）[103]。以"生态优先、绿色发展"为核心理念的长江经济带发展战略，为在长江经济带形成绿色发展方式和生活方式，提供了科学的思想指引和行动指南。

重庆市作为长江经济带上游地区的经济中心，可谓长江上游生态屏障建设的关键，要推动长江经济带高质量发展，必须优化"生态优先，绿色发展"的顶层设计和实施路径（唐龙，2018）[104]。生态环境既是资源，又是生产力，应坚定不移推进重庆全域绿色发展之路，探索经济与产业生态化、生态产业化协调发展，围绕"生态优先、绿色发展"的新要求，以"创新、协调、绿色、开放、共享"的新发展理念引领产业生态化、生态产业化发展。

第二节　重庆经济社会发展新定位的现实要求

重庆地处长江上游和三峡库区腹心地带，作为长江上游地区的经济中心，必须遵循长江经济带"生态优先、绿色发展"的发展战略，转变经济发展方式，追求创新为第一动力、协调为内生特点、绿色为普遍形态、开放为必由之路、共享为根本目的的高质量发展（唐燕 等，2020）[105]。同时，围绕习近平总书记对重庆提出的"两点"定位、"两地"建设、"两高"目标和"三个作用"要求，重庆市正积极营造良好生态环境，坚持新发展理念，让绿色成为重庆全域发展的底色，推动经济高质量发展。

一、两点：西部大开发的重要战略支点、一带一路与长江经济带联结点

重庆作为中西部唯一直辖市，是中国西部大开发的重要战略支点，处在"一带一路"与长江经济带的联结点上，其经济社会发展的新定位要求应符合重庆的"两点"战略定位。

（一）西部大开发的重要战略支点

2016年习近平总书记视察重庆时特别强调，重庆是西部大开发的重要战略支点，处在"一带一路"与长江经济带的联结点上，在国家区域发展和对外开放格局中具有独特而重要的作用（张果，2018）[106]。我国在加快西部大开发建设中，必须加强生态环境建设和保护，做到生态效益和经济效益相统一，努力实现协调可持续发展。作为西部大开发的重要战略支点，重庆市深入贯彻"绿水青山就是金山银山"理念，坚定不移走生态优先、绿色发展新路，在西部大开发中持续实施"碧水、蓝天、绿地、田园、宁静"五大环保行动。

2015—2019年，重庆市万元地区生产总值能耗和电耗均呈现波动性下降趋势。2019年规模以上工业天然气消费量同比降低2.05%、电力消费量同比上升2.42%，清洁能源消费占比上升（表4-5）。可见，环境质量已开始出现改善提升。重庆市始终坚持协调可持续发展战略，正以生态环境保护建设为重点，加快新时代推进西部大开发形成新格局。

表4-5 2015—2019年重庆市能耗及电耗情况

年份	万元地区生产总值能耗上升或下降/%	万元地区生产总值电耗上升或下降/%	规模以上工业天然气消费量/万立方米	规模以上工业电力消费量/万千瓦时
2015	-6.31	-9.06	622 184	6 246 045
2016	-6.9	-5.14	710 780	6 246 652
2017	-5.12	-1.81	706 604	6 224 272
2018	-2.52	+5.45	668 469	6 278 906
2019	-2.21	-2.40	654 757	6 431 158

资料来源：2015—2019年分省（自治区、直辖市）万元地区生产总值能耗降低率等指标公报及《重庆统计年鉴》。

（二）一带一路与长江经济带联结点

"一带一路"建设为重庆提供"走出去"的更大平台。重庆作为"一带一路"与长江经济带联结点，近几年重庆江北国际机场国际航线及项目变化显著（表4-6）。截至2018年8月，重庆江北国际机场拥有基地航空公司7家（中国国际航空、重庆航空、西部航空、四川航空、厦门航空、山东航空和华夏航空）。同时，截至2018年12月，重庆江北国际机场开通航线总数达329条，通航城市203个。其中，国内航线达247条（客运244条、货运3条），通航城市142个；国际和地区航线82条（客运68条、货运14条），通航城市61个，直飞航线73条，占比89%①。到2040年，重庆江北国际机场的年旅客吞吐量将达到7 000万人次、年货邮吞吐量将达到300万吨，这意味着重庆江北国际机场将建设成为内陆复合型航空枢纽，并成为"世界一流、亚洲领先"的大型枢纽机场。

表4-6　重庆江北国际机场国际航线及项目变化情况

时间	国际航线及项目变化情况
1997年2月	机场开通了重庆至曼谷包机航线，成为其第一条国际航线
2009年12月	重庆机场集团与新加坡樟宜国际机场集团签署战略合作协议，重庆机场和樟宜机场缔结为友好合作机场
2011年11月	重庆机场开通了至多哈航线，成为其第一条远程定期航班
2012年5月	重庆开通至赫尔辛基航线，成为重庆机场第一条定期洲际航线
2017年1月	重庆机场集团与新加坡樟宜机场管理投资公司签约机场商业合作项目
2017年8月	重庆江北国际机场T3A航站楼及第三跑道正式启用，这使该机场成为中国中西部地区首个拥有三座航站楼、实现三条跑道同时运行的机场
2019年12月	重庆江北国际机场发布跨航司中转升级产品暨"重庆飞常旅客计划"，全球首创5Es中转机场服务标准
2020年11月	国家发展和改革委员会已正式批复重庆江北国际机场T3B航站楼及第四跑道项目可行性研究报告；重庆江北国际机场T3B航站楼及第四跑道工程正式开工

资料来源：笔者根据相关资料搜集整理。

　　推动长江经济带发展为重庆市更好地串联东部和中部地区提供了重要载体。重庆市所处的地理区位承东启西、连接南北，区位重要性十分显著。重庆市遵循"共商、共建、共享"原则，以深化政策沟通、拓展设施联通、强化贸易畅通、扩大资金融通、促进民心相通"五通"为重点，积极参与"一带

---

① 数据来源于"重庆市交通局"官网。

一路"建设（张义学，2018）[107]。

从自然环境来看，重庆市地处长江上游和三峡库区腹心地带，生态环境较为脆弱。2016 年习近平总书记视察重庆时特别强调，要建设长江上游重要生态屏障，使重庆成为山清水秀美丽之地，依托"渝新欧"国际铁路联运大通道、渝昆泛亚铁路大通道和长江黄金水道，让重庆在长江经济带发展中形成乘法效应，发挥枢纽作用。中国（重庆）自由贸易试验区成为新时代改革开放新高地，中新互联互通示范项目集聚辐射能力不断增强，其中"西部陆海贸易新通道"上升为国家战略，中新金融峰会成功举办并累计签约项目 156 个，总金额高达 224 亿美元（《重庆商报》，2019）[108]。中新互联互通示范项目框架下"南向通道"成功开行，可覆盖全球 55 个国家、107 个港口，在重庆与中欧班列相衔接中初步实现"一带"和"一路"。"一带一路"与长江经济带及我国西部和东盟国家的有机连接和联动，将有助于重庆加快形成"陆海内外联动、东西双向互济"的全面开放新格局。

二、两地：建设内陆开放高地、成为山清水秀美丽之地

2016 年，习近平总书记对重庆提出的"两地"建设，建设内陆开放高地、成为山清水秀美丽之地。这既是重庆的机遇，又是重庆的责任。因此，重庆经济社会发展的现实要求，应遵循顺应"两地"战略目标。

（一）建设内陆开放高地

习近平总书记要求重庆建设内陆开放高地，成为山清水秀美丽之地。重庆建设内陆开放高地，要在内陆地区带动带头开放，在我国区域发展和对外开放格局中发挥独特而重要的作用。当前，重庆基本构建了东向、西向、南向、北向和航空五大国际物流通道体系，形成了联结"一带一路"与长江经济带的立体大通道网络。此外，重庆市正在持续实施"内陆开放高地建设行动计划"，以开放带动经济高质量发展。其中，南向方面，正加快中新互联互通项目"陆海新通道"建设，联动沿线省区打造重庆运营中心、运营平台和物流枢纽；西向方面，正完善中欧班列（重庆）功能和网络体系，新增一批境内外集结分拨点，增开中亚班列；东向方面，正加密渝甬（重庆—宁波）铁海联运班列，推动落实长江黄金水道优先过闸机制；北向方面，加快"渝满俄"班列常态化开行（唐良智，2019）[109]。

从图 4-6 可以看出，2011 年重庆对外贸易发展较快，之后呈现波动性下降趋势，但在 2015 年后开始出现回升，2019 年重庆对外贸易进出口总值同比增长 6.23%。其中，出口同比增长 4.71%、进口同比增长 9.04%。根据 2020

年重庆外贸进出口情况新闻发布会可知，2020 年重庆对外贸易进出口总值 6 513.4 亿元人民币，同比增长 12.5%。其中，出口 4 187.5 亿元，同比增长 12.8%；进口 2 325.9 亿元，同比增长 11.9%。不难看出，新时代重庆对外贸易发展呈现出持续增长趋势。

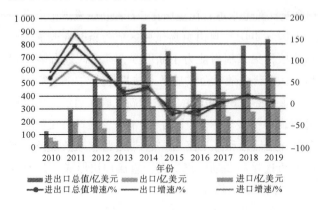

图 4-6 的彩色高清图

图 4-6　2010—2019 年重庆进出口总值及增速情况

资料来源：《重庆统计年鉴》。

注：扫描旁边的二维码可查看图 4-6 的彩色高清图。

近年来，重庆市在建设内陆开放高地中取得了明显成效。重庆市中新示范项目管理局在金融服务、交通物流、信息通信、航空产业等合作领域及教育、旅游、医疗、养老等领域，推进跨境融资、"陆海新通道"、中新数据通道及新加坡国立大学重庆研究院等一批开放项目落地重庆，为重庆建设内陆开放高地注入了新活力。同时，重庆市加工贸易支撑作用日益明显，2015 年后加工贸易呈上升趋势，2019 年加工贸易进出口总值同比增长 8.24%，其中出口同比增长 7.48%、进口同比增长 12.82%（图 4-7）。根据 2020 年重庆外贸进出口情况新闻发布会可知，2020 年重庆市加工贸易进出口总值 3 182.9 亿元，同比增长 7%。

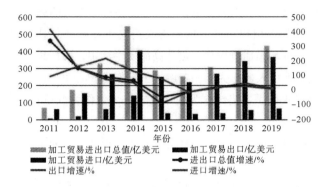

图 4-7　2010—2019 年重庆加工贸易进出口总值及增速情况　图 4-7 的彩色高清图

资料来源：《重庆统计年鉴》。

注：扫描旁边的二维码可查看图 4-7 的彩色高清图。

（二）成为山清水秀美丽之地

重庆建设山清水秀美丽之地，必须坚持生态优先、绿色发展，在现代化建设中实现人与自然的和谐发展，以绿色生态新发展理念构建重庆全域现代生态产业体系。2019 年，重庆市将继续实施国土绿化提升行动，计划完成营造林600 万亩以上，建设 500 万亩国家储备林（《中国绿色时报》，2019）[110]。2021年《重庆市政府工作报告》提出，优化生态保护格局，开展生态保护红线和自然保护地评估优化调整，促进生态保护与经济发展相协调，加快建设山清水秀美丽之地。同时，落实"共抓大保护、不搞大开发"方针，全面实施《中华人民共和国长江保护法》，筑牢长江上游重要生态屏障。力争全市森林覆盖率达到 57%，深入打好污染防治攻坚战，强化多污染物协同控制和区域协同治理，长江干流重庆段水质优良比例达到 100%，空气质量优良天数比例在 88%以上。坚持生态优先绿色发展，加快建设山清水秀美丽之地。

三、两高：推动高质量发展、创造高品质生活

重庆市在经济下行压力大、资源环境承载力下降的情况下，如何实现高质量发展、高品质生活是目前亟须解决的现实难题。人才作为发展的第一资源，创新作为发展的核心动力，重庆经济社会发展应重视人才的引进培养及创新发展，以绿色化、生态化创新驱动实现重庆"两高"战略目标。

（一）推动高质量发展

2018 年 3 月，习近平总书记在参加十三届全国人大一次会议重庆代表团审议时特别强调，要求重庆加快建设内陆开放高地、山清水秀美丽之地，努力

推动高质量发展、创造高品质生活。人力资本作为推动经济社会发展的第一资源，在发达市场经济下的劳动力结构将会依据平均收益规律发展（刘伟、蔡志洲，2018）[111]。重庆市在推动高质量发展、创造高品质生活中，同样离不开人才的引进与培养，必须坚持把人才作为第一资源、创新作为核心动力、绿色作为生态本底、融合作为产业抓手、集约作为战略要求、高效作为变革目标，为重庆带来新一轮的经济发展。

高端人才稀缺、创新能力不足是重庆经济社会发展的短板之一，为了解决重庆产业发展中人才短缺等问题、实现高端人才聚集在渝，近年来重庆实施启动了一系列人才引进政策及计划（表4-7）。重庆市将继续实施"重庆英才计划"，完善"一站式"人才服务体系，加快引进一流科学家、产业技术人才、学科领军人才及高水平创新团队，推动重庆经济高质量发展。

表 4-7　重庆市近年来人才引进政策及计划

序号	政策及计划	启动时间	主要计划目标
1	重庆市百名海外高层次人才集聚计划	2009 年	计划用 5 年时间在重点创新项目、重点学科和重点实验室、重点企业、重点园区等，引进 100 名左右海外高层次人才来渝创新创业
2	海内外英才"鸿雁计划"	2017 年	计划用 5 年左右时间，每年引进 1 000~2 000 名海内外人才及团队，为全市产业创新发展提供人才支撑
3	巴渝工匠 2020 计划	2017 年	计划到 2020 年培养 2 000 名具有全球化视野、掌握国际一流技术标准、比肩国际先进工艺水平的中国工匠，引进海外高层次技能人才 500 名、急需紧缺高技能人才 5 000 名
4	重庆市留学人员回国创业创新支持计划实施办法	2018 年	每年择优资助一批创业创新项目，鼓励和支持留学人员以创业带动就业，加大高端人才的吸引力度
5	重庆科教兴市和人才强市行动计划（2018—2020 年）	2018 年	到 2020 年，科技、教育和人才发展体制机制改革取得突破性进展，政策服务体系更加完善，区域集聚辐射能力明显增强，初步建成西部创新中心、教育强市和内陆开放型人才高地
6	百万英才兴重庆引才活动	2019 年	通过分层分类开展"专业化、小型化、区域化和市场化"的引才活动，搭建用人单位引进人才的服务平台，切实帮助用人单位引进各类"高精尖缺"人才

表4-7(续)

序号	政策及计划	启动时间	主要计划目标
7	2020 重庆人才引进政策	2020 年	大力推行线上服务；精准做好高层次人才服务；积极开展线上引才；实施线上引才激励等

资料来源：重庆市人民政府网等相关官方网站。

（二）创造高品质生活

2021 年重庆市政府工作报告中提出，重庆将加快推进科技创新，西部（重庆）科学城启动建设，两江协同创新区建设取得重要进展，中科院重庆科学中心项目签约，超瞬态实验装置加快建设，获批国家应用数学中心，新引进高端创新资源 23 家、紧缺优秀人才 2.5 万余名，6 个环大学创新生态圈入孵企业团队超过 3 000 个。人才为重庆经济发展注入了活力。2011—2018 年，重庆 R&D 人员总数和规模以上工业企业 R&D 人员数增速呈波动性上升趋势，而大中型工业企业 R&D 人员数量明显增加但增速呈现出波动性下降趋势。2018 年，重庆 R&D 人员总数高达 15.11 万人，同比增长 14.50%，其中大中型工业企业 R&D 人员同比增长 5.14%，规模以上工业企业 R&D 人员同比增长 13.54%（图 4-8）。根据 2019 年重庆市科技投入统计公报可知，2019 年重庆市 R&D 人员 16.07 万人，比上年增加 0.96 万人，同比增长 6.3%。近年来重庆研究与实验发展（R&D）人员持续增长，可见重庆实施的一系列人才引进计划或政策为重庆市引进高新技术人才起到了相应的作用，而重庆创造的高品质生活和环境更能留住高技术人才，让更多的创新人才留在重庆。

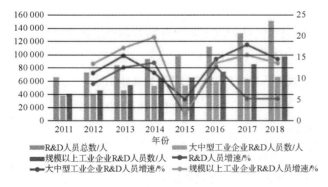

图 4-8 2011—2018 年重庆研究与实验发展（R&D）人员情况 图 4-8 的彩色高清图

资料来源：《重庆统计年鉴》。

注：扫描旁边的二维码可查看图 4-8 的彩色高清图。

四、三大作用：发挥支撑、带动、示范作用

2019 年 4 月，习近平总书记视察重庆时指出，要更加注重从全局谋划一域、以一域服务全局，努力在推进新时代西部大开发中发挥支撑作用、在推进共建"一带一路"中发挥带动作用、在推进长江经济带绿色发展中发挥示范作用。这是继"两点"定位、"两地"建设、"两高"目标之后，以习近平同志为核心的党中央对重庆提出新的战略定位和要求，为重庆市经济社会发展再次导航定向，也意味着重庆将在西部地区乃至全国肩负更多的使命和更大的责任。

（一）在推进新时代西部大开发中发挥支撑作用

重庆市本身的区位优势、生态优势、产业优势、体制优势十分突出，在我国区域发展和推进新时代西部大开发形成新格局中，重庆发挥的支撑作用尤为重要。西部大开发战略的实施，标志着我国区域经济政策从非均衡发展战略逐步向区域协调发展战略转变（张波、李敬，2009）[112]。在西部大开发中，重庆不仅率先开通中欧班列，还探索开通了陆海新通道，在推进新时代西部大开发中发挥的支撑作用主要包括以下三个方面。

（1）经济基础。2020 年重庆地区生产总值达 25 002.79 亿元，同比增长 3.9%，人均地区生产总值突破 80 000 元，超过了全国平均水平，位列全国第八。若按照高收入国家 1.3 万美元的标准，重庆正接近更高水平，其经济实力正逐步增强。

（2）产业基础。重庆在传统"6+1"产业的基础上，增加了战略新兴产业和高技术产业。

（3）开放基础。重庆率先在内陆开放中走出新路并取得了显著成绩，已形成"1+2+7+8"的开放平台体系（表4-8）。

表 4-8　重庆"1+2+7+8"的开放平台体系分布

编号	重庆"1+2+7+8"开放平台体系具体分布
1	重庆两江新区
2	中国（重庆）自贸试验区、中新互联互通示范项目
7	3 个国家级经开区、4 个国家级高新区
8	1 个保税港区、3 个综合保税区、3 个保税物流中心（B 型）、1 个国家级检验检疫综合改革试验区

资料来源：张智奎（2019）[113]。

（二）在推进共建"一带一路"中发挥带动作用

习近平总书记指出，重庆要在推进共建"一带一路"中发挥带动作用，这为重庆融入"一带一路"建设指明了方向。重庆市要发挥其带动作用，就必须积极融入"一带一路"建设，积极打造内陆开放高地，扩大开放程度，并通过进一步建设大平台，整合要素资源，增强集聚辐射能力。2018年重庆外贸进出口总值突破5 200亿元，同比增长15.9%；服务贸易进出口总额为315亿美元，同比增长20.7%；实际利用外资达到102.7亿美元，外商直接投资同比增长43.8%，位列中西部第一（张智奎，2019）[114]。2018年年底，重庆市开放平台进出口额占全市外贸进出口总值的80%，外商直接投资占总投资额的比例超过70%，已形成显著的集聚效应。2020年重庆对外贸易进出口总值6 513.4亿元人民币，同比增长12.5%。其中，出口同比增长12.8%，进口同比增长11.9%。重庆还需营造好大环境，激发市场活力，增强发展动力，积极打造内陆国际物流枢纽，积极与"一带一路"沿线国家进行合作（杨骏，2019）[115]。

（三）在推进长江经济带绿色发展中发挥示范作用

在推动长江经济带绿色发展中，重庆必须深刻领会把握"发挥示范作用"的精神实质与内涵要求，坚定不移走生态优先、绿色发展的道路，争取在生态环境上勇争一流、在绿色发展中勇做表率、在生态文明制度建设上先行先试。从表4-9来看，重庆在绿色发展方面示范作用的发挥，可以从逻辑起点、着力重点和实践落点三方面出发，带头落实好习近平总书记在2019年中国北京世界园艺博览会开幕式上提出的"追求人与自然和谐""追求绿色发展繁荣""追求热爱自然情怀""追求科学治理精神""追求携手合作应对"的共同追求（罗静雯，2019）[116]。

表4-9　重庆市发挥示范作用的具体做法

序号	出发点	实质含义	具体示范作用
1	逻辑起点	坚决守牢关口	强化上游意识、担起上游责任，筑牢长江上游重要生态屏障
2	着力重点	坚持上中下游协同	促进沿线地区协同发展，推动形成长江经济带发展整体合力
3	实践落点	探索发展新路子	加快探索以生态优先、绿色发展为导向的高质量发展新路子

资料来源：罗静雯（2019）[116]。

重庆在推进长江经济带绿色发展中发挥示范作用，其实现路径可以从以下三个方面着手考虑。一是推进绿色发展的制度创新。加强并完善绿色发展制度体系改革，进一步推进重庆绿色生产、绿色消费、绿色金融等领域的绿色制度创新设计，提升各领域及全产业链的绿色发展水平。二是坚定不移走生态产业化、产业生态化的绿色发展之路，让绿色成为重庆发展底色，努力建设为国家级"全域绿色发展示范区"和三峡库区"国家生态经济综合改革试验区"。三是统筹"三生"空间，积极促进生产空间、生活空间与生态空间的协调融合发展（文传浩，2019）[117]。

第三节　重庆产业发展的新时代特征趋向

在新时代发展的新阶段，重庆产业发展也具有新特征，同时也面临着一些前所未有的新挑战。未来产业发展中将呈现新趋势。重庆在"产业生态化、生态产业化"的国家战略要求下，继续实施生态优先、绿色发展的行动计划，重视大数据智能化、数字经济发展，推动大数据、互联网、人工智能与实体经济的深度融合发展。

一、国家战略要求：产业生态化、生态产业化

2018 年 5 月，习近平总书记在全国生态环境保护大会上强调，要加快构建生态文明体系，加快建立健全以产业生态化和生态产业化为主体的生态经济体系，推动生态文明建设迈上新台阶，确保到 2035 年生态环境质量实现根本好转，基本实现美丽中国目标。

新时代重庆市产业发展面临国家生态要求和长江经济带"生态优先、绿色发展"的发展战略。2018 年 5 月召开的深入推动长江经济带发展加快建设山清水秀美丽之地领导小组第一次会议指出，要认真落实"共抓大保护、不搞大开发"方针，坚定不移走"生态优先、绿色发展"道路。2021 年重庆市政府工作报告提出，加强规划统筹和分类指导，主城都市区带动作用进一步提升，"两群"产业生态化、生态产业化发展态势良好。

2018 年 6 月，重庆市委、市政府出台《重庆市实施生态优先绿色发展行动计划（2018—2020 年）》（以下简称《行动计划》），其计划共实施 4 个方面共 28 项重点工程（表 4-10）。同时，《行动计划》提出，到 2020 年全市要初步构建节约资源和保护环境的空间格局、形成绿色产业结构和生产生活方式，生态文明建设水平要与全面建成小康社会相适应，让全市生态文明建设工作走在全国前

列。除此之外，重庆市还将继续改善城市和农村人居环境，加大力度构建主城区和渝西片区山清水秀现代化都市圈、渝东北长江经济带生态优先绿色发展示范区、渝东南特色生态经济走廊。

表 4-10　《行动计划》中的 28 项重点工程

序号	实施方面	重点工程
1	筑牢长江上游重要生态屏障	主体功能定位工程、生态保护红线管控工程、产业准入控制工程、环境质量提升工程、重要生态系统保护工程、长江两岸绿化提升工程、城市立体绿化工程、"山水林田湖草"生态保护修复工程、重庆"生态岛"建设工程、长江岸线整治保护工程、自然灾害防治工程
2	推动形成人与自然和谐发展现代化建设新格局	产业结构调整工程、绿色生产工程、低碳循环再生工程、资源节约集约利用工程、创新分享经济工程、智能化驱动工程、内陆开放高地建设工程、绿色金融工程、生态经济工程
3	构建政府企业公众共治的绿色行动体系	生态文明意识提升工程、公共节能工程、美丽乡村建设工程、生态文化培育工程、生态文明建设主题年工程
4	完善生态文明制度体系	源头严防工程、过程严管工程、后果严惩工程

资料来源：《重庆市实施生态优先绿色发展行动计划（2018—2020 年）》。

二、技术革命趋向：产业数字化、数字产业化

2018 年，首届中国国际智能产业博览会在重庆成功举办，习近平总书记在开幕致贺信中强调，我国正处于新一轮科技革命和产业变革蓄势待发期，我们必须高度重视创新驱动发展，坚定贯彻新发展理念，加快推进产业数字化、数字产业化，不断推动以大数据、互联网、人工智能为代表的新信息技术的发展。当前，数字经济已成为世界公认的新经济、新业态、新动能，是我国经济高质量发展的新引擎。

重庆市高度重视大数据智能化、数字经济发展。2017 年下半年以来，市委常委会多次开展专题会研究推动大数据智能化发展，并要求深入贯彻实施国家大数据发展战略，坚定不移实施以大数据智能化为引领的创新驱动发展战略行动计划，推进产业数字化、数字产业化发展。重庆市市长唐良智在 2018 智博会新闻发布会上提到，重庆市发展大数据智能化方面依靠"三个支撑"的基础和优势（表 4-11），加快实现"重庆制造"向"重庆创造"和"重庆智造"转变，努力建成全国一流智能化应用示范城、国家重要智能产业基地和数字经济先行示范区，推动重庆产业转型升级，加快建设现代化经济体系

（陈国栋，2018）[118]。

表 4 11　重庆市发展大数据智能化方面的"二个支撑"

序号	支撑项目	支撑内容
1	产业支撑	截至 2018 年 6 月，重庆已有智能产业企业 3 000 多家，2017 年电子信息产业规模达到 5 400 多亿元
2	平台支撑	已拥有国家大数据综合试验区、互联网与工业融合创新试点省市、两江数字经济产业园等重要平台
3	设施支撑	已建成国家互联网骨干直联点，正积极打造 5G 规模化商用试点城市

资料来源：陈国栋（2018）[118]。

重庆按照国家产业政策导向和产业变革方向，以"中国制造 2025""互联网+""人工智能+"等为方向，加速改造传统产业，着力培育大数据智能产业，加快推动经济转型升级，以大数据智能产业带动西部大开发，并支撑"一带一路"与长江经济带发展。重庆以电子信息、装备制造、汽车等为重点，在全市全面启动传统产业智能化改造工作。2018 年，重庆市为推动汽车产业迈向智能化发展，重点围绕构建新能源汽车产业体系，引导汽车工业与信息科技跨界融合，并发起规模近 50 亿元的产业投资基金，累计投资相关项目 19 个，为企业输入超过 15 亿元（崔佳，2018）[119]。重庆川仪自动化股份有限公司凭借"工业仪表智能制造试点示范项目"入选 2018 年智能制造试点示范项目。

2018 年 3 月，重庆印发的《重庆市以大数据智能化为引领的创新驱动发展战略行动计划（2018—2020 年）》，明确围绕大数据、物联网、人工智能、集成电路、智能超算、汽车电子、软件服务、智能机器人、智能硬件、智能制造装备、智能网联汽车、数字内容等产业，积极打造重庆智能产业集群。同时，重庆两江新区积极打造国家级数字经济产业集聚区；重点打造重庆高新技术产业开发区、重庆西永微电子产业园区和重庆经济开发区等一批国家级智能产业集聚区；沙坪坝、江北、渝北及北碚等主城区大力发展智能集成和软件服务等产业（表4-12）。2018 年重庆大数据智能化创新提速，其中智能产业实现销售收入 4 640亿元，增长了 19.2%，预计重庆全社会研发经费支出同比增长 9%，占重庆市地区生产总值的比例达 1.95%。

表 4-12 重庆市各智能产业园区建设情况

序号	产业园区	建设目标	建设情况
1	重庆两江新区数字经济产业园	国家级数字经济产业集聚区	由照母山、水土、龙兴三大片区组成，总规划面积40.8平方千米。预计到2020年，产业园生产总值达500亿元，同时数字经济直接产业增加值实现1.5倍增长，达340亿元
2	重庆西永微电子产业园区	国家级智能产业集聚区	2005年8月正式设立，规划面积30平方千米，2009年6月被认定为"重庆台资信息产业园"，2010年2月设立"重庆西永综合保税区"
3	重庆高新技术产业开发区	国家级智能产业集聚区	于1991年3月成立，2010年10月重新组建新规划面积70平方千米，2011年4月成为西南地区首个"国家高新技术产业标准化示范区"，2012年荣获高新区工业企业十强和优秀科技企业
4	重庆经济开发区	国家级智能产业集聚区	由南部园区和北部新区经开园组成，南部园区规划面积为9.6平方千米，已形成信息产业工业区、综合贸易区等；北部新区经开园规划面积83.7平方千米，将建成出口加工区、环保产业园区、科技产业区等
5	沙坪坝、江北、渝北及北碚等主城区	发展智能集成和软件服务等产业	依托科技、教育、人才等方面的优势，大力发展软件服务、智能集成等产业

资料来源：2019年《重庆市人民政府工作报告》及查询相关网站的数据。

三、产业发展模式：产业融合化、融合产业化

党的十九大报告提出，建设现代化经济体系，要加快发展先进制造业，推动大数据、互联网、人工智能与实体经济的深度融合，构建以企业为主体、市场为导向、产学研深度融合的技术创新体系，推动农村三次产业的融合发展。产业融合是经济发展潮流和产业发展趋势，对产业链的延伸、产业结构的重塑和优化、产业竞争力的提升都具有重要意义（方世敏、王海艳，2018）[120]。

融合发展作为高质量发展的产业抓手，重庆积极加强资源的高度融合，贯彻新发展理念，立足生态发展区定位，坚持三次产业融合，推动经济高质量发展。2018年，重庆市在产业融合发展方面，新经济、新业态、新模式不断发展。其中战略性新兴制造业增加值增长13.1%，高技术产业增加值增长13.7%，服务业增加值增长9.1%，限额以上法人企业网上零售额增长28.6%，

信息服务收入增长 16.7%。

一方面，新经济、新业态不断涌现，这是重庆市大数据智能化发展的一大亮点。截至 2018 年 1 月底，重庆市已形成以猪八戒网为代表的知识技能分享、以盼达用车为代表的新能源汽车出行等分享经济品牌。以战略性新兴产业为代表的京东方、惠科等企业形成，破解了重庆在国内电子产业"缺芯少屏"的困局，提升了重庆在全球电子产业的地位。重庆大力发展航空航天战略性新兴产业，并实现了航空产业从无到有，推动战略性新兴产业成为重庆经济发展新的增长点（郭晓静，2018)[121]。同时，重庆市积极发展商旅融合的新经济、新业态，例如，在沙坪坝产业结构调整的实践中打造"泛沙坪坝大商圈"。未来该商圈将辐射至磁器口后街、融汇温泉里小镇及沙磁巷，在满足本地市民"购不出城"的同时，也能为市民和游客提供集"吃、住、购、乐、游"等一站式的商旅服务需求。

另一方面，重庆市推动产业融合发展，打造经济新模式。2018 年 7 月，《关于促进全域旅游发展指导意见重点任务分工》提到，要围绕产业融合、加强环境保护、服务提升、完善基础配套设施、系统营销与科学规划等内容，加快推进全市全域旅游发展。2019 年 2 月，重庆 4 个国家农村产业融合发展示范园被认定入选首批 100 个示范园名单（表 4-13）。重庆市继续推进研发机构建设、创新生态培育和新产品研发推广等，努力实现重大技术领域、关键技术环节及重点新产品突破，发展一批具有自主知识产权的新技术、新产品，提升产业集群创新能力。

表 4-13　重庆 4 个国家农村产业融合发展示范园

序号	示范园	主要建设情况
1	潼南区国家农村产业融合发展示范园	建设柠檬脱毒种苗繁育中心、智慧柠檬精品园、标准化种植基地、无菌冷灌装饮料生产线、柠檬深加工 NFC 柠檬果汁生产线等项目
2	梁平区国家农村产业融合发展示范园	2018 年已建成高标准农田 2 000 亩、标准化柚园 3 000 亩，累计完成投资 6 800 万元，建成各项景观景点 20 余个。以梁平柚产业为核心，以双桂田园综合体为依托，推动现代农业与乡村旅游融合发展
3	万州区国家农村产业融合发展示范园	万州大瀑布等自然景观、特色红橘、千层梯田等产业旅游资源，建设古红橘主题公园、金菜篮生态农业园、凤凰花果山景区等
4	永川区国家农村产业融合发展示范园	构建"4+N"现代农业园区体系，发展茶叶、食用菌等特色产业基地；打造茶山竹海、黄瓜山等 11 个观光农业示范基地

第四节　本章小结

在我国新时代发展的新阶段，重庆产业发展面临着一些前所未有的新挑战，并呈现出一系列"新时代"特征趋向。本章首先从经济逻辑和生态逻辑两个方面，分析高质量发展转向的内在逻辑，分析高质量发展在创新发展、绿色发展、融合发展、集聚发展和高效发展这五个方面的外在表现特征，并得出高质量发展是推进"两化"的最终目的，"两化"又是实现高质量发展的关键路径这一结论。

其次，笔者围绕习近平总书记对重庆提出的"两点"定位、"两地"建设、"两高"目标和"三个作用"要求，并基于重庆作为长江上游地区的经济中心、长江经济带"生态优先、绿色发展"的现实发展状况，分析重庆经济社会发展新定位的现实要求。

最后，基于新时代背景下重庆产业发展状况，笔者通过分析得出重庆产业发展在国家战略要求上呈现"产业生态化、生态产业化"发展趋势，在技术革命趋向上呈现"产业数字化、数字产业化"发展趋势，在产业发展模式上呈现"产业融合化、融合产业化"发展趋势。

第五章　重庆现有产业体系的
生态化评估[①②]

第一节　产业生态化的界定标准

一、产业生态化的内涵特征

20 世纪 90 年代，随着可持续发展战略在世界范围内的普遍实施，产业生态化的研究开始在发达国家兴起；国内关于产业生态化的研究起步相对较晚，在 21 世纪初才开始对产业生态化进行广泛的研究。产业生态化实质上是产业生态学系统理论在产业发展过程中的具体实践。从另一个侧面来看，产业生态化也是循环经济的表现。关于产业生态化的内涵，学者们对产业生态化的研究侧重点和视角有所不同，大致可以分为以下三个方面。

（一）产业生态化的实现目的角度

Erkman（1997）指出产业生态化是研究产业系统如何运作、规制以及其与生物圈的相互作用，并基于对生态系统的认知，决定如何进行产业调整，以使其与自然生态系统的运行相协调[122]。黄志斌（2000）认为，产业生态化就是将物质生产过程的产业活动纳入生态系统循环之中，从而实现产业系统同生态系统的良性循环与可持续发展，并且循环性、群落性、增值性是其区别于传统生态环境保护的显著特征[123]。厉无畏、王慧敏（2002）认为，产业生态化是不同企业重新组合产业生态链从而实现资源充分利用[124]。陈洪波（2018）认为，产业生态化是从产业组织管理的角度出发，进行生产流程的生态化改

---

① 本章主要研究内容已公开发表于《统计与决策》2021 年第 6 期，具体文献信息如下：周映伶，罗胤晨，文传浩. 城市产业生态化水平指标体系构建与综合评价［J］. 统计与决策，2021，37（6）：73-77.

② 本章为数据更新后版本。

造，引入环境友好型新技术，通过各类资源循环利用，在实现产出增加的同时保持良好的生态环境效益[125]。

（二）产业生态化的实现过程的角度

郭守前（2002）认为，产业生态化不仅强调生产过程中的生态化，而且强调产前、产后环节的生态化，使生态化过程向前、向后延伸，实现全程生态化，从而达到资源利用从摇篮到坟墓的全过程[126]。黎祖交（2018）认为产业生态化是将已有或新建的产业、企业仿照自然生态系统的运行机理转化为相互依存、相互作用的产业生态系统的过程，而这个过程可以视为推动循环经济发展的过程[127]。

（三）产业生态化系统的角度

Allenby（1994）认为产业生态化是通过模仿自然生态系统闭路循环的模式构建产业生态系统，按照生态规律和经济规律来安排生产活动，实现产业系统的生态化，从而达到资源循环利用、减少或消除环境破坏、最终实现产业与自然协调、可持续发展的过程[128]。Lombardi 和 Laybourn（2012）认为产业生态化是指产业系统内部以及与产业自然系统之间能够有效率相互作用的生物生态系统[129]。陈柳钦（2006）提出，产业生态化是指依据产业自然生态有机循环机理，在自然系统承载能力内，对特定地域空间内产业系统、自然系统与社会系统之间进行耦合优化，实现充分利用资源、消除环境破坏的目标，协调自然、社会与经济的可持续发展[130]。陈长（2018）指出，产业生态化是指按照"绿色、循环、低碳"的产业发展要求，把物质生产过程主要内容的产业活动纳入生态系统循环中，利用先进生态技术，培育发展资源利用率高、能耗低、生态效益好的新兴产业[131]。刘曙光等（2018）认为，产业生态化是在生态经济学和产业经济学理论指导下，通过模拟自然生态系统构建产业生态系统，实现产业生产由单向线性开放式的生产模式向循环反馈封闭式的生产模式转变，最终实现产业生态系统经济、社会和生态效益的有机统一，推动产业系统和环境系统的协调发展[132]。

（四）研究述评

通过对已有文献的梳理，学者们从不同角度对产业生态化的内涵有不同的理解。但可以发现的是，学者们都一致认同产业生态化包含了自然、社会和经济发展三者之间的协调发展关系。因此，本研究认为产业生态化是产业的发展围绕着"绿色、高效、可持续"的目标进行，即通过将特定区域内利益相关的产业、企业主体纳入一个封闭的生态循环系统，在生态经济和循环经济理论的指导下，产业生态系统内部创新融合发展，实现产业生产的资源吸收和产业活动废物自我代谢的循环过程。由此可见，"低消耗、可循环、少排放、无污染、清洁化、高效率、有创新、多融合、显集约"是产业生态化的显著特征。

二、产业生态化的测度方式

产业生态化的测度方式,是指能够测度某一地区不同产业或同一产业在不同时间段的生态化发展水平,辨别产业生态系统内部的可持续发展程度的方式、方法、指标。当前,国内外学者关于产业生态化测度方式,主要包括生态效率法、物质流分析法、能值分析法、指标体系法以及其他测量方法。

(一)生态效率法

生态效率(eco-efficiency)的概念,是由 Schaltegger 和 Sturn 于 1990 年首次提出的[133]。世界可持续发展工商理事会(WBCSD)对生态效率的定义是:通过提供有价格优势的商品和服务来满足人们的需求并提高生活品质,同时将逐渐减少整个生命周期的生态问题和资源紧张状态,减少到至少保持在地球预估承载能力范围内(Stefan et al.,1990)[134]。目前普遍接受的关于生态效率的计算方法为"价值-影响"比值(Stigson,2000)[135],即:

$$生态效率 = \frac{商品和服务的价值}{环境影响} = \frac{商品或服务的增量}{环境影响的增量} \tag{1}$$

随着国内外学者对生态效率研究的深入,生态效率作为研究可持续发展的理论基础之一,是最能进行定量分析的方法之一(Willison,2009)[136],该指标最大的优点在于把环境因素考虑到经济的投入与产出的过程中,更好地对产业发展的生态化效率进行评价(付德申,2017)[137]。其核算方法主要包括两种,第一种是经济/环境单一比值法(Nieminen et al.,2007)[138],第二种为指标体系法,这类核算方法又分为专家打分赋权的方式(田炯 等,2009;耿涌等,2010)[139][140]和客观获得权重的方式,主要包括数据包络分析法(DEA)(王晶、孔凡斌,2012;刘钊,2019;于伟 等,2021)[141]-[143]和理想解法(TOPSIS 法)(常新锋、管鑫,2020)[144],其中数据包络分析法是应用最为广泛的一种赋权方式。

(二)物质流分析法

物质流分析法(substance flow analysis,SFA)是在工业代谢理论和社会代谢理论基础上提出的,是一种对工业过程物质代谢进行定量分析的一种方法(张玲 等,2009)[145]。该方法把社会经济系统看成是生态环境系统的一个子系统,通过对进入社会经济系统的自然资源及排放到生态环境系统的污染物的考察来衡量人类活动对自然环境造成的影响(戴铁军 等,2017)[146]。

20 世纪 80 年代,Udo de Haes et al.(1988)首次明确提出物质流分析的概念[147],随后 Ayres(1989)提出"工业代谢"的概念[148],即把原材料、能源和劳动在一种（或多或少）稳态条件下转化为最终产品和废物的所有物理过程的完整集合[149]。物质流分析的相关理论研究的不断深化，为产业生态学提供了重要的分析工具。2001年，欧盟统计局公布的《经济系统物质流分析研究指导手册》为物流分析提供了一个方法指南。国内学者沈万斌等（2009），万宇艳、苏瑜（2009）、谷平华、刘志成（2017）在结合研究对象和研究领域的基础上继续深化了物质流分析框架研究[150]-[152]。

物质流分析的相关指标主要包括直接物质输入量（direct material input, DMI），指具有一些经济价值的物质流输入到产业经济系统中参与经济生产，这些物质流包括生物质、化石燃料、金属矿物和非金属矿物等；生产过程输出量（domestic processed output, OPT），即产业经济系统运行过程中所产生的大气污染物、水体污染物、工业固体废弃物等各种废弃物（戴铁军、赵迪，2016）[153]；物质需求总量（total material requiremennt, TMR），即进入产业经济系统运行的所有外界环境投入的物质流，不仅包括有经济价值的直接物质输入量，而且包括一经产生就没有经济价值的物质流，也称为"隐流"，这类物质流是由于开采、生产自然资源及其他经济行为不可避免而产生的。例如，工业生产过程中的碎料和损失（谷平华、刘志成，2017）[154]。物质流分析框架如图5-1所示。

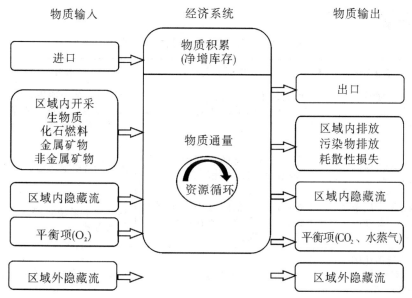

图5-1　物质流分析框架图

注：本图参考的文献信息为戴铁军，刘瑞，王婉君. 物质流分析视角下北京市物质代谢研究［J］. 环境科学学报，2017，37（8）：3220-3228.

（三）能值分析法

能值分析法（emergy analysis, EA）是由 Odum（1996）在能量系统分析的基础上首次创立的能值系统理论和分析方法[156]，并将"能值"定义为某种流动或储存的能量包含另一种类别的能量的数量，在实际运用中，以太阳能值（solar emergy）来度量不同类型能量的能值，即任何资源、产品或服务在形成过程中应用太阳能量的量。其计算公式表示如下（蓝盛芳 等，2002）[157]。

$$E_M = S_C \times E \tag{2}$$

上式中，E_M 表示总能量的能值（单位：Sej）；S_C 为能值转换率（单位：Sej/J）；E 为物质或产品所包含的能量（单位：J）。

能值可以衡量自然资源财富、人类经济活动、产品价值以及产品生产的各种投入等（张萌萌、王广成，2018）[158]。能值分析法被国内外广泛用于评价生态经济系统的可持续发展程度的研究（Ulgiati et al., 1994；Nelson et al. 2001；Vassallo et al., 2007；韩增林 等，2017；杨灿、朱玉林，2016）[159]-[163]。虽然关于利用能值分析法评估生态经济系统的文献采用不同的能值分析指标，但该方法分析的主要指标包括能值转换率、能值投入率、净能值产出率、能值货币比例、能值投资率、能值密度、能值生态承载力、能值生态足迹、可持续发展指数（表5-1）。

表 5-1　能值分析的主要指标[164]-[169]

能值指标	指标定义	作用
能值转换率（隋春花 等，1999）[164]	形成每单位某种能力所需的另一种能量的量，单位为 S_{ej}/J 或 S_{ej}/g	度量某种能力能值的尺度，值越大表示该能量在能量等级中阶层越高
能值投入率（隋春花 等，1999）[165]	人类经济系统的反馈值与自然环境系统的投入能值之比	衡量经济系统的竞争程度
净能值产出率（隋春花 等，1999）[164]	系统产出能值除以来自包括燃料、化肥以及劳务在内的经济系统反馈能值	衡量整个系统对经济活动的净贡献
能值货币比例（陆宏芳 等，2005）[165]	总能值除以 GDP 的比例	衡量 GDP 创造的能值价值
能值投资率（李首涵 等，2018）[166]	生态经济系统的反馈能值与环境无偿能值之比	衡量经济发展程度和环境负载程度

表5-1(续)

能值指标	指标定义	作用
能值密度 (马赫 等, 2018)[167]	全球/区域一年中的自然能值数量与全球/区域土地面积之比	衡量全球/区域集约利用强度和社会经济发展的程度
能值生态承载力 (李首涵 等, 2018)[166]	系统购买能值和系统不可更新环境资源能值之和除以系统可更新环境资源能值	衡量生态经济系统的环境承载能力
能值生态足迹 (张芳怡 等, 2006)[168]	系统资源人均能值与区域能值密度之比	衡量区域的生态足迹和生态承载力
可持续发展指数 (刘钦普、林振山, 2009)[169]	系统净能值产出率与能值生态承载力的比值	衡量系统的活力和发展潜力

资料来源:笔者根据相关文献搜集整理。

（四）指标体系法

随着学术界对产业生态评价方法研究的不断深化,学者们从不同角度、运用不同方法对产业生态化水平进行了多指标体系的构建,对产业生态化水平进行更加全面、综合的评价。例如,从效益最大化的角度（袁增伟 等,2004)[170],产业生态化系统的角度（苏章全,2011)[171],考量经济社会环境与生态环境耦合性（刘淑茹、韩世芳,2017;刘曙光 等,2018;张国俊 等,2018)[172]-[174],动态或静态分析（陆根尧 等,2012;陈晓雪、潘海芹,2014;秦曼 等,2018)[175]-[177]产业生态协调度（邹伟进、陈伟,2010)[178]。具体指标见表5-2。

表 5-2 指标体系法代表性文献的具体评价指标梳理

作者	一级评价指标	二级评价指标
袁增伟等 （2004 年）	经济效益指标、环境效益指标、社会效益指标	产业效率指标、产业结构指标;清洁生产指标、污染控制指标、废物资源化指标;工人安全健康指标、社会贡献指标
苏章全等 （2011 年）	社会经济发展指标、旅游业运行状况指标、生态环境指标	经济发展指标、生活水平指标;旅游业发展指标、旅游业消耗指标;生态环境状况、生态治理状况指标

表5-2(续)

作者	一级评价指标	二级评价指标
刘淑茹、韩世芳（2014年）	经济发展、生态环境保护	经济社会发展水平；生态保护水平、资源消耗水平、资源再利用水平、污染排放水平、污染减排水平
刘曙光（2018年）	产业系统、生态环境系统	产业结构水平、产业规模化水平、产业高级化水平、产业外向力水平；生态环境水平、生态环境污染压力、生态环境、生态环境效率
张国俊等（2018年）	产业效率、生态效率	产业发展基础、产业发展速度；资源消耗、污染排放、循环利用
陆根尧（2012年）	产业生态化水平	经济社会发展水平、生态保护水平、资源消耗水平、污染排放水平、资源循环利用水平
陈晓雪、潘海芹（2014年）	微观层面支持力、中观层面支持力、宏观层面支持力	产业发展的低碳性、产业发展的生态性；产业发展的现代性、产业发展的高级性；产业发展的持续性、人民生活的宜居性
秦曼等（2018年）	海洋产业生态化	海洋产业结构生态化、海洋产业组织生态化、海洋生产方式生态化、海洋产业技术生态化
邹伟进、陈伟（2010年）	资源利用协调性、环境保护协调性、经济发展协调性、社会发展协调性	资源消耗强度、高效工艺水平、资源综合利用强度；污染排放强度、污染处理强度、环境保护机制；产业结构特征、产业竞争能力；产业发展的社会危害性、产业发展的社会和谐性

资料来源：笔者根据相关文献搜集整理。

（五）其他测量方法

除了以上主要的测度方式以外，学者们还从其他角度对产业生态化水平的测度方式进行了研究，张福庆、胡海胜（2010）构建了区域经济与生态产业的耦合模型及指标体系，评价区域经济产业生态化的耦合度、耦合协调度及其内部结构排序[179]。刘传江等（2016）将产业生态化作为一个动态发展过程，通过对传统经济增长模型约束条件的扩展，引入生态包袱的概念，建立产业生态化过程及阶段的 IOOE 模型[180]。颜建军等（2017）运用向量协整关系分析、脉冲响应分析方法，从资源约束条件和环境约束条件两个视角，探讨湖南产业生态化的发展路径[181]。

总体而言，国内外关于产业生态化水平的主要的测算方法都各有重点，并融合了不同学科的分析方法，如从某一特定的角度，以生态效率、物质流分析、能值分析等方法来评价产业生态化的发展程度。有的研究将产业生态化发展当作一个系统来建立评价指标体系，对产业生态化进行综合评价，有的研究将产业生态化发展作为一个动态发展进程来构建产业生态化发展的过程和阶段的模型。这些测算方法各有其优点，并且深化和拓展了产业生态化的理论内容，每种方法也有各自的特色，具体见表5-3。

表5-3 产业生态化水平评价方法对比

评价方法	特色
生态效率法	主要考察经济环境系统中的投入与产出效率，通常直接应用于产业生态效率的测度
物质流分析法	只考虑物质的质量，弱化了物质流指标与物质流动带来的环境影响之间的联系（薛婕 等，2009）[182]，通常应用于城市或区域循环经济发展状况的评价（戴铁军 等，2017）[183]
能值分析法	将生态经济系统中流动和储存的各种不同类别和性质的能量和物质转换为统一标准的太阳能值（王一超 等，2018）[184]，多用于测量工农业生态效率
指标体系法	多指标、多角度综合评价产业生态化水平，多应用于产业生态水平的测度

资料来源：笔者根据相关文献搜集整理。

第二节　产业生态化的评价体系

不同的研究角度、不同的研究目的，导致了多样化的产业生态化的测量方式。国内外已有的关于产业生态化的测量方式包括生态效率法、物质流分析法、能值分析法、指标体系法这四种主流方法。其中，生态效率法主要是从产业生态系统中投入与产出之间的关系出发，对产业生态效率进行评价研究，所以产业生态效率衡量的核心是"投入-产出"关系。同时产业生态化一词本身就有产业生态化发展的趋势和方向的含义，若仅仅用产业生态效率表示产业生态化水平，则需要斟酌使用。物质流分析法衍生于代谢理论，主要用来衡量进入社会经济系统的物质及其所产生的污染物对自然环境的影响，这种方法只反映工业过程中物质代谢的结果，并没有考察产业发展的经济效率。能值分析法主要是将生态经济系统中不同类型的能量转化为统一标准太阳能值，主要用于衡量工农业生态效率。指标体系法主要通过建立与产业生态化水平相关的多层级指标，多角度、系统性地考察产业生态化水平。相较于前三种方式，指标体系法的可操作性更强，更适合本书全面评价重庆市产业生态化水平，所以我们将采取指标体系法对重庆市的产业生态化水平进行评价。

一、产业生态化的评价指标构建

(一) 指标设计原则

1. 客观性原则

为了保证评价结果的真实有效，我们应当从实际出发，建立科学合理的指标体系。这些指标集合能够基本反映生态产业系统在发展过程中阶段性目标的实现情况。我们通过这些指标能够客观地对其所处阶段、发展水平进行评价，从中发现生态产业系统在发展过程中存在的问题，找到解决问题的方向，更好地为政府部门提供理论依据。

2. 全面性原则

产业生态化中的"化"，本身就包含了一种趋势的含义，因此我们应该将产业生态化的评价看成一个动态的过程。产业生态化绝对不是单纯的指标罗列，我们需要系统考量和分析影响产业生态化水平的方方面面，从多方面、多角度进行指标的设计，从而立体呈现产业生态化现状。当然，全面的设计指标并不是指设计出面面俱到、种类繁多或是重叠的指标集，而是从众多指标中提炼出最具有代表性的重要指标。

3. 层次性原则

产业生态化是指产业系统内部以及与产业自然系统之间有效率的相互作用过程。产业生态化涉及的指标较多，我们在建立指标体系的时候容易出现主次不分、逻辑混乱的情况。所以，我们需要充分考虑影响产业生态化发展水平的各个要素之间的复杂关系，通过分层次、分重点地选取指标，建立一个层次分明、逻辑清晰的指标体系，以便于科学地评价产业生态化所处阶段。

4. 动态性原则

产业生态化是一个动态发展的过程，同一种要素在不同的发展阶段，对于产业生态化水平的影响大小、方向都有可能不同，因此我们需要一定的时间尺度指标，才能反映产业生态化的完整动态过程。从纵向角度评价产业生态化水平，有利于更好地对产业生态化发展趋势进行预测和指导，分类引导生态产业系统有效运转。

5. 可行性原则

评价指标体系中各要素应当简明地表现出产业生态化过程中的各个特征，可行性原则要求指标体系的各个要素能够切实反映影响产业生态化过程中的方方面面，因此所选指标应尽可能是能够定量测量的指标。定性指标需要量化，一般通过民意测评获得，但是这种方式主观性强，不适合客观评价产业生态化水平。除此之外，我们还需要保证各个指标对应的数据容易获得，方便获得最终结论和评价，这样才能对评价产业生态化水平的指标体系进行推广和使用。

（二）指标体系的具体构建

1. 指标体系的设置思路

结合本书对产业生态化的定义和产业生态化的特征，产业生态化的评价指标体系的建立应当明晰以下四个方面的内容：第一，产业生态化处于一个封闭的生态循环系统中；第二，产业生态化是产业生态系统吸收资源和代谢废物的过程；第三，产业生态化包含了自然、社会和经济之间的协调发展的关系；第四，产业生态化应当具备低消耗、可循环、少排放、无污染、清洁化、高效率、有创新、多融合、显集约这九大特征。因此，本书认为产业生态化发展水平大体上可以用以下函数形式来表达（周映伶 等，2021）[185]。

$$IE = F(Re, Ec, Wa, Ci, It, In, Is) \qquad (3)$$

其中，IE 表示产业生态化水平；Re 表示资源投入；Ec 表示经济效率；Wa 表示废物排放；Ci 表示代谢循环；It 表示融合发展；In 表示创新发展；Is 表示集约发展。

由于产业生态化应当有自然、社会和经济之间的协调发展的含义，在评价产业生态化的同时，本书将结合产业生态化的内涵特征，采用压力-状态-响应（PSR）模型，构建产业生态化评价指标体系的框架模式。压力-状态-响应（PSR）模型是经济合作发展组织（OECD）为评价世界环境状况提出的[186]，该理论以因果关系为基础，即人类活动对资源环境和社会施加的压力（P）；导致改变环境的质量或自然资源的数量（S）；人类社会采取一定的措施对这些变化做出反应，以恢复环境质量或防止环境退化（R）。如此循环，使得人类经济活动、自然环境与社会活动之间存在"压力-状态-响应"三个环节相互作用的关系。本书关于产业生态化指标体系框架模式可见图5-2。

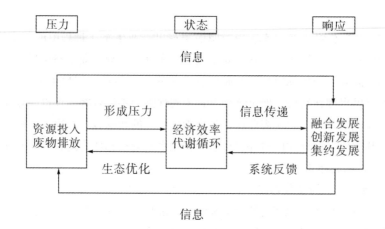

图 5-2 产业生态化评价指标体系框架模式

资料来源：笔者绘制。

在图 5-2 中，产业在发展过程中通过投入劳动力、资本、自然资源等生产要素，形成废水、废气、固体废弃物等污染，对产业生态子系统造成的不确定性的压力（P）的增加带来系统不确定的经济效率、代谢循环等状态（S）的增加，系统通过调整产业政策、企业发展目标、政府政策等行动响应（R），实现产业生态系统的融合发展、创新发展、集约发展。压力、状态、响应三者之间相互影响，相互作用，实现压力-状态-响应（PSR）的循环反馈。

2. 指标体系层次划分及指标说明

本书遵循产业生态化评价指标体系的构建思路和构建原则，将指标体系分为目标层（A）、准则层（B）、指标层（C）、具体指标层（D）四个层次，具体来看：

（1）目标层：为产业生态化水平（A），综合表达产业生态化总水平。

（2）准则层：依据产业生态化评价指标体系框架模式，将目标区分为压力（B1）、状态（B2）、响应（B3）三个方面的指标。

（3）指标层：为准则层的指标类别，依据产业生态化的定义和特征，设计包含资源投入（C1）、废物排放（C2）、经济效率（C3）、代谢循环（C4）、融合发展（C5）、创新发展（C6）、集约发展（C7）七个方面的指标。

（4）具体指标层：为指标层的具体变量。结合数据可获得性，基于对具有代表性的15篇文献的梳理，我们综合考虑现有使用频率较高的通用性指标以及重庆市产业生态化发展自身的特点，对指标进行整合和剔除，最终采用反映指标层响应的指标。表5-4为产业生态化水平评价指标体系。

表 5-4　产业生态化水平评价指标体系

目标层	准则层	指标层	具体指标层	方向
产业生态化水平 A	压力（B1）	资源投入（C1）	固定资产投资额（D1）	+
			地区综合能源消费量（D2）	+
			城市建成区面积（D3）	+
		废物排放（C2）	单位 GDP 工业废水排放量（D4）	−
			单位 GDP 工业废气排放量（D5）	−
			单位 GDP 工业固体废物排放量（D6）	−
	状态（B2）	经济效率（C3）	GDP 增长率（D7）	+
			失业率（D8）	−
			人均公共绿地面积（D9）	+
		代谢循环（C4）	工业固体废物综合利用率（D10）	+
			工业用气处理率（D11）	+
			城市污水处理率（D12）	+
	响应（B3）	融合发展（C5）	第三产业产值占 GDP 比重（D13）	+
			产业关联度（D14）	+
			高新技术产业产值占 GDP 比重（D15）	+
		创新发展（C6）	R&D 经费占 GDP 比重（D16）	+
			教育经费占 GDP 比重（D17）	+
			高技术产品产值占工业生产总值比重（D18）	+
		集约发展（C7）	产业集聚度（D19）	+
			能源消费弹性系数（D20）	−

资料来源：笔者绘制。

主要指标设计说明如下。

①资源投入（C1）。

资源投入指标反映产业生态化发展过程中的资源投入情况，表现为产业生态化过程施加压力的来源，包括资本、劳动力、土地等资源投入，具体指标以固定资产投资额、地区综合能源消费量、城市建成区面积来代表。

②废物排放（C2）。

废物排放指标反映产业生态化发展的直接结果，表现为对生态环境造成的污染压力，具体指标主要以"三废"排放情况表示，包括单位 GDP 工业废水排放量、单位 GDP 工业废气排放量、单位 GDP 工业固体废物排放量。

③经济效率（C3）。

经济效益指标反映产业生态化对经济社会的贡献度，表现为产业生态化子系统的压力所带来的经济状态，包括 GDP 增长率、失业率、人均公共绿地面积。

④代谢循环（C4）。

代谢循环指标反映资源整合和循环利用情况，表现为产业生态化子系统的压力所带来的资源代谢及循环利用状态，包括工业固体废弃物综合利用率、工业用气处理率、城市污水处理率。

⑤融合发展（C5）。

融合发展指标反映产业间或产业内各部门间技术、产品、市场等交叉、共融的情况（孟晓哲，2014）[187]，表现为产业生态系统通过调整相关政策对不同状态的响应结果，包括第三产业产值占 GDP 比重①、高新技术产业产值占 GDP 比重、产业关联度。

⑥创新发展（C6）。

创新发展指标反映产业生态化发展的创新程度，表现为产业生态系统通过调整相关政策对不同状态的响应结果，包括 R&D 经费占 GDP 比重、教育经费占 GDP 比重、高技术产品产值占工业生产总值比重。

⑦集约发展（C7）。

集约发展指标反映产业生态化发展的集约程度，表现为产业生态系统通过调整相关政策对不同状态的响应结果。由于产业集约化发展不仅包括产业及其相关发展要素的集聚，而且包括资源节约或低消耗情况，所以该指标包括产业集聚度和能源消费弹性系数。

二、产业生态化的评价方法说明

本书运用主成分分析法对产业生态化评价指标进行降维处理，找出影响产业生态化水平的主要成分；利用熵值法对主成分分析法确定的新指标进行客观

---

① 由于第三产业产值占 GDP 比重表示产业结构的优化和产业链条的延伸，能间接反映第三产业与第一、二产业融合的可能性。

赋权评价，最后计算出产业生态化评价指标体系的综合得分。这两种方法的有益结合，能够避免人为判断的片面性和主观性，使得评价结果更加客观和科学。

（一）基于主成分分析法的降维处理

主成分分析就是将多个变量指标，通过线性变换浓缩为少数几个主成分指标的多元统计分析方法。它的基本思想是，把原来多个相关性较强的变量，重新整合为一组互不相关的新的综合指标来代替原来的变量（冯岩松，2015）[188]。基于主成分分析法的降维处理的具体步骤如下。

（1）设有 n 个评价对象，m 个评价指标，构成一个 $n×m$ 阶原始矩阵。

$$X = \begin{bmatrix} x_{11} & \cdots & x_{1m} \\ \vdots & \ddots & \vdots \\ x_{n1} & \cdots & x_{nm} \end{bmatrix} \tag{4}$$

（2）指标正向化处理。

由于负向指标需要转换成正向指标才能进行测度和比较，本书用倒数法将负向指标进行正向化处理。

$$X_{ij}^{'} = \frac{1}{X_{ijj}} \tag{5}$$

（3）采用 Z-score 法对矩阵数据进行标准化处理。

$$Z = \frac{x_{ij} - \mu_{ij}}{S_j} \tag{6}$$

x_{ij} 为原始矩阵第 i 个样本中第 j 个指标；μ_{ij} 为第 i 个样本 j 个指标的均值，即 $\mu_{ij} = \frac{1}{n} \sum_{i=1}^{n} x_{ij}$；$S_j$ 为第 i 个样本 j 个指标的标准差，即 $S_j = \sqrt{\sum_{i=1}^{m} (x_{ij} - \mu_{ij})^2 / m - 1}$。

（4）计算标准化矩阵 Z 的相关系数矩阵 R。

$$R = \begin{bmatrix} r_{11} & \cdots & r_{1m} \\ \vdots & \ddots & \vdots \\ r_{n1} & \cdots & r_{nm} \end{bmatrix} \tag{7}$$

其中，$r_{ij} = \dfrac{\sum_{s=1}^{n} (x_{si} - \bar{x_i})(x_{sj} - \bar{x_j})}{\sqrt{\sum_{s=1}^{n} (x_{si} - \bar{x_i})^2 \sum_{s=1}^{n} (x_{sj} - \bar{x_j})^2}}$。

（5）确定主成分个数：计算矩阵 R 的特征根 λ_i（$i = 1, 2, \cdots, p$），确定

主成分的个数 p。矩阵 R 的特征值为 $\lambda_1 > \lambda_2 > \cdots > \lambda_p \geqslant 0$，$\lambda_i$ 为各主成分的方差，根据主成分选取原则，将累计贡献率 $\alpha \geqslant 80\%$ 的成分提取为主成分。

$$\alpha = \frac{\sum_{n=1}^{i} \lambda_k}{\sum_{n=1}^{p} \lambda_k} \tag{8}$$

（6）计算主成分分值。

$$F_i = A_{1i} Z_1 + A_{2i} Z_2 + \cdots + A_{Pi} Z_P \tag{9}$$

其中，$i = 1, 2, \cdots, k$；A 为特征向量；Z 为标准化处理后的数据。

上述各步骤均可以通过 SPSS 软件完成。

（二）基于熵值法的赋权

尽管主成分分析法可总结出产业生态化的主要因子，但是我们在确定指标权重过程中以方差贡献率为系数，这会导致主观性较强。而熵表征的是对系统无序程度的度量，能较好地克服指标赋权的主观性（张国俊 等，2018）[189]。一般来说，信息熵越大，表示不确定性越大，指标权重就越小；信息熵越小，表示不确定越小，指标权重就越大。基于熵值法的赋权的具体步骤如下（田雪莹，2018）[190]。

（1）数据标准化处理和非负化处理。在对主成分分析法确定的成分得分系数矩阵进行标准化处理；同时由于标准化处理的数据仍然有负数，这将不利于计算熵值，因此我们需要对标准化数据矩阵进行数据平移。

（2）确定单指标贡献度。

$$p_{ij} = \frac{y_{ij}}{\sum_{i=1}^{m} y_{ij}} \tag{10}$$

p_{ij} 为第 i 个指标值在第 j 项指标下所占比重，y_{ij} 为平移后的标准化数据矩阵。

（3）计算熵值。

$$e_j = -\frac{1}{\ln m} \sum_{i=1}^{m} p_{ij} \ln p_{ij} \tag{11}$$

e_j 为第 j 项指标的熵值（$0 \leqslant e_j \leqslant 1$），$m$ 为评价对象个数。

（4）权重计算。

$$w_j = \frac{g_i}{\sum_{i=1}^{n} g_i} \tag{12}$$

w_j 为第 j 项指标的权重，g_i 为第 j 项指标的差异性系数，其中 $g_i = 1 - e_j$。

以上步骤通过 EXCEL 实现。

（5）基于主成分分析法—熵值法的综合评价。

$$S_i = \sum_{j=1}^{n} w_j F_i \qquad (13)$$

S_i 值为第 i 个指标产业生态化综合分值；S_i 值越大，表示产业生态化水平越高。

第三节　现有产业体系的生态化评价

一、数据说明及样本选取

本书选取重庆市 1997—2019 年有关的数据，来考察重庆市产业生态化水平。数据主要来源于《重庆统计年鉴》《中国高技术产业统计年鉴》《中国统计年鉴》。由于部分数据缺失，1997 年高技术产业产值占地区生产总值的比重数据由平均值方法获得。值得说明的是，产业关联度可以用产业拉动率、产业贡献率、三次产业产值等表示。本书采用产业拉动率表示产业关联度。由于目前重庆市以第三产业为主导发展产业，因此产业关联度以第三产业拉动率为表征；产业集聚度主要是对工业集聚度的测度，本书选取各年工业生产总值排名前十位的区县数据，计算赫芬达尔－赫希曼指数（HHI 指数）。具体指标选择及计算见表 5-5。

表 5-5　具体评价指标选择及计算

具体指标层	指标选择
固定资产投资额（D1）	全社会固定资产投资额（万元）
地区综合能源消费量（D2）	终端能源消费量+能源加工转换损失量+能源损失量（万吨标准煤）
城市建成区面积（D3）	城市建成区面积（平方千米）
单位 GDP 工业废水排放量（D4）	工业废水排放量/GDP（万吨/亿元）
单位 GDP 工业废气排放量（D5）	工业废气排放量/GDP（亿标立方米/亿元）
单位 GDP 工业固体废物排放量（D6）	工业固体废物排放量/GDP（万吨/亿元）
GDP 增长率（D7）	GDP 增长率（%）
失业率（D8）	城镇登记失业率
人均公共绿地面积（D9）	人均公共绿地面积（平方米）

表5-5(续)

具体指标层	指标选择
工业固体废物综合利用率（D10）	工业固体废物综合利用率（%）
工业用气处理率（D11）	当年竣工项目设计处理利用废气能力（万标立方米/时）
城市污水处理率（D12）	污水处理厂集中处理率（%）
第三产业产值占 GDP 比重（D13）	第三产业产值/GDP（%）
产业关联度（D14）	第三产业拉动率（%）
高新技术产业产值占 GDP 比重（D15）	高技术产业主营业务收入/GDP（%）
R&D 经费占 GDP 比重（D16）	R&D 经费内部支出/GDP（%）
教育经费占 GDP 比重（D17）	教育支出/GDP（%）
高技术产品产值占工业生产总值比重（D18）	高技术产品出口交货值/工业总产值（%）
产业集聚度（D19）	赫芬达尔-赫希曼指数（HHI 指数）
能源消费弹性系数（D20）	能源消费弹性系数（%）

二、重庆市产业生态化评价实证分析

（一）主成分分析法确定新的综合指标和分值

本书用前文所述的产业生态化评价指标体系，作为考察 1997—2019 年重庆市产业生态化水平动态发展的评价框架。依据式（5）对数据矩阵进行非负化处理后，借助 SPSS 22.0 软件对其进行主成分分析，计算得出 KMO 为 0.713，通过了 Bartlett's 球形度检验，说明该指标体系基本适合进行主成分分析。KMO 和 Bartlett's 球形度检验结果如表 5-6 所示。

表 5-6　KMO 和 Bartlett's 球形度检验结果

项目	值
取样足够度的 KMO 度量	0.713
Bartlett's 球形度检验	
近似卡方	872.345
Df	190
Sig	0.000

表 5-7 是各成分的方差贡献率和累计贡献率，由于前 3 个特征根大于 1，则提取前三个主成分，前三个主成分的方差贡献率分别为 66.131%、14.735%、5.239%，累计达到 86.105%。因此，提取前三个主成分已足够描述重庆市产业生态化水平。

表 5-7　各成分的方差贡献率和累计贡献率

成分	初始特征值			提取载荷平方和		
	总计	方差贡献率/%	累积贡献率/%	总计	方差贡献率/%	累积贡献率/%
1	13.226	66.131	66.131	13.226	66.131	66.131
2	2.947	14.735	80.866	2.947	14.735	80.866
3	1.048	5.239	86.105	1.048	5.239	86.105
4	1.001	5.007	91.112			
5	0.519	2.596	93.708			
6	0.372	1.859	95.568			
7	0.357	1.784	97.352			
8	0.176	0.878	98.230			
9	0.114	0.570	98.800			
10	0.099	0.494	99.294			
11	0.052	0.258	99.552			
12	0.030	0.149	99.701			
13	0.023	0.115	99.816			
14	0.017	0.087	99.903			
15	0.013	0.065	99.968			
16	0.004	0.018	99.986			
17	0.001	0.007	99.993			
18	0.001	0.005	99.998			
19	0.000	0.002	99.999			
20	0.000	0.001	100.000			

注：提取方法为主成分分析法。

由表 5-8 可知，主成分 1 起主要作用的是 D1~D6、D9、D11~D18 和 D20，

上述 16 个指标有较高载荷。由于这些指标包含了产业生态化投入、排放、产出、代谢整个过程，因此我们将主成分 1 命名为生态产业动态发展（F1）。主成分 2 起主要作用的是 GDP 增长率（D7）、失业率（D8）和工业固体废物综合利用率（D10），上述 3 个指标有较高荷载，因此我们将主成分 2 命名为经济发展效率（F2）。主成分 3 起主要作用的是产业集聚（D19），因此我们将主成分 3 命名为产业集聚发展（F3）。

表 5-8　特征向量矩阵

指标	主成分 1	主成分 2	主成分 3
全社会固定资产投资（D1）	0.982	-0.094	0.016
综合能源消费量（D2）	0.944	0.230	-0.117
城市建成区面积（D3）	0.977	0.165	0.043
单位 GDP 工业废水排放（D4）	0.923	-0.313	0.036
单位 GDP 工业废气排放（D5）	0.812	-0.478	0.131
单位 GDP 工业固体废物排放（D6）	0.507	-0.523	0.090
GDP 增长率（D7）	-0.168	0.916	-0.046
失业率（D8）	-0.660	0.494	0.267
人均公园绿地面积（D9）	0.957	0.245	-0.067
工业固体废物综合利用率（D10）	0.552	0.667	0.245
工业用气处理率（D11）	0.974	-0.142	0.037
城市污水处理率（D12）	0.894	0.405	0.012
第三产业产值占 GDP 比重（D13）	0.933	0.043	0.107
产业关联度（D14）	0.698	0.293	0.082
高技术产业产值占 GDP 比重（D15）	0.908	-0.365	0.081
R&D 经费占 GDP 比重（D16）	0.931	0.039	0.014
教育经费占 GDP 比重（D17）	0.866	0.454	0.061
高技术产品产值占工业生产总值比重（D18）	0.939	-0.169	0.045
产业集聚①（D19）	-0.355	-0.102	0.901
能源消费弹性系数（D20）	0.638	0.137	-0.157

我们根据特征向量矩阵得到主成分的计算公式（8），并计算各主成分得分。

---

① 假设以工业集聚度表示的产业集聚对产业生态化影响为负，本书已做了非负化处理。

$F_1 = 0.982Z_1 + 0.944Z_2 + 0.977Z_3 + 0.923Z_4 + 0.812Z_5 + 0.507Z_6 - 0.168Z_7 - 0.660Z_8 + 0.957Z_9 + 0.552Z_{10} + 0.974Z_{11} + 0.894Z_{12} + 0.933Z_{13} + 0.698Z_{14} + 0.908Z_{15} + 0.931Z_{16} + 0.866Z_{17} + 0.939Z_{18} - 0.355Z_{19} + 0.638Z_{20}$

$F_2 = -0.094Z_1 + 0.230Z_2 + 0.165Z_3 - 0.313Z_4 - 0.478Z_5 - 0.523Z_6 + 0.916Z_7 + 0.494Z_8 + 0.245Z_9 + 0.667Z_{10} - 0.142Z_{11} + 0.405Z_{12} + 0.043Z_{13} + 0.293Z_{14} - 0.365Z_{15} + 0.039Z_{16} + 0.454Z_{17} - 0.169Z_{18} - 0.102Z_{19} + 0.137Z_{20}$

$F_3 = 0.016Z_1 - 0.117Z_2 + 0.043Z_3 + 0.036Z_4 + 0.131Z_5 + 0.090Z_6 - 0.046Z_7 + 0.267Z_8 - 0.067Z_9 + 0.245Z_{10} + 0.037Z_{11} + 0.012Z_{12} + 0.107Z_{13} + 0.082Z_{14} + 0.081Z_{15} + 0.014Z_{16} + 0.061Z_{17} + 0.045Z_{18} + 0.901Z_{19} - 0.157Z_{20}$

最后，我们求得1997—2019年主成分得分矩阵，如表5-9所示。

表5-9　1997—2019年主成分得分矩阵

年份	F1	F2	F3
1997 年	−1.179 8	−1.027 2	−1.189 9
1998 年	−0.976 1	−1.020 6	−0.600 8
1999 年	−1.010 5	−1.157 1	−2.686 0
2000 年	−0.897 8	−0.798 4	−0.433 6
2001 年	−0.946 0	−0.513 4	2.125 5
2002 年	−0.977 4	−0.476 7	1.498 5
2003 年	−0.931 8	−0.330 5	−0.130 9
2004 年	−0.959 0	−0.054 7	0.769 1
2005 年	−0.748 5	0.085 0	0.578 5
2006 年	−0.584 4	0.475 3	0.908 5
2007 年	−0.632 9	1.038 6	0.986 0
2008 年	−0.218 7	1.110 0	−0.250 1
2009 年	−0.094 3	1.446 2	−0.514 8
2010 年	0.043 4	1.586 8	−0.729 4
2011 年	0.474 5	1.271 1	−0.913 2
2012 年	0.831 9	0.906 3	−0.358 6

表5-9(续)

年份	*F*1	*F*2	*F*3
2013 年	0.830 9	0.640 5	0.371 4
2014 年	0.877 3	0.239 7	0.596 7
2015 年	1.092 4	0.523 4	-0.130 2
2016 年	1.193 6	0.284 6	-0.783 0
2017 年	1.412 6	-0.926 1	0.027 4
2018 年	1.531 7	-1.104 4	0.455 5
2019 年	1.868 7	-2.198 5	0.403 2

（二）熵值法确定新的权重

首先，将表5-9中的数据矩阵向右平移3个单位进行非负化处理，处理后的结果，见表5-10。

表 5-10　标准化和非负化处理的主成分得分矩阵

年份	*F*1	*F*2	*F*3
1997 年	1.820 2	1.972 8	1.810 1
1998 年	2.023 9	1.979 4	2.399 2
1999 年	1.989 6	1.842 9	0.314 1
2000 年	2.102 2	2.201 6	2.566 4
2001 年	2.054 0	2.486 6	5.125 5
2002 年	2.022 6	2.523 3	4.498 5
2003 年	2.068 2	2.669 5	2.869 1
2004 年	2.041 0	2.945 3	3.769 1
2005 年	2.251 5	3.085 0	3.578 5
2006 年	2.415 6	3.475 3	3.908 5
2007 年	2.367 2	4.038 6	3.986 0
2008 年	2.781 3	4.110 0	2.749 9
2009 年	2.905 7	4.446 2	2.485 2

表5-10(续)

年份	F1	F2	F3
2010 年	3.043 4	4.586 8	2.270 6
2011 年	3.474 5	4.271 1	2.086 8
2012 年	3.831 9	3.906 3	2.641 4
2013 年	3.830 9	3.640 5	3.371 4
2014 年	3.877 3	3.239 7	3.596 7
2015 年	4.092 4	3.523 4	2.869 8
2016 年	4.193 6	3.284 6	2.217 0
2017 年	4.412 6	2.073 9	3.027 4
2018 年	4.531 7	1.895 6	3.455 5
2019 年	4.868 7	0.801 5	3.403 2

然后利用公式（9）~（12）分别计算单指标贡献度 p_{ij}、熵值 e_j、差异性系数 g_i 和权重 w_j，具体计算结果见表5-11。

表5-11　单指标贡献度、熵值、差异性系数和权重值

指标	F1	F2	F3
e_j	0.983 4	0.981 7	0.980 1
g_i	0.016 6	0.018 3	0.019 9
w_j	0.303 3	0.333 9	0.362 8

从表5-11可以看出，生态产业动态发展（F1）、经济发展效率（F2）和产业集聚发展（F3）权重分别为0.303 3、0.333 9、0.362 8。产业结集聚发展和权重最高，这说明产业集聚发展是产业生态化发展的重要基础，对其影响最大。而F1和F2也是不容忽视的方面，两者的权重均在0.3以上。

（三）重庆市产业生态化的综合分值

根据表5-9和表5-11的数据，结合公式（13）计算出重庆市1997—2019年产业生态化发展的综合评分，并对其进行排序。其中，2013年是所有年份中产业生态化水平最高的一年，综合得分达到0.600 6，1999年是所有年份中

产业生态化水平最低的一年，综合得分为-1.667 3，具体结果见表5-12。

表5-12　重庆市1997—2019年产业生态化水平得分及排序

年份	综合得分	排序
1997年	-1.132 5	22
1998年	-0.854 8	21
1999年	-1.667 3	23
2000年	-0.696 2	20
2001年	0.312 9	6
2002年	0.088 1	15
2003年	-0.440 5	19
2004年	-0.030 1	18
2005年	0.011 3	16
2006年	0.311 1	7
2007年	0.512 5	3
2008年	0.213 5	12
2009年	0.267 4	9
2010年	0.278 3	8
2011年	0.236 9	11
2012年	0.424 8	5
2013年	0.600 6	1
2014年	0.562 6	2
2015年	0.458 9	4
2016年	0.172 9	13
2017年	0.129 2	14
2018年	0.261 2	10
2019年	-0.020 9	17

（四）重庆市产业生态化水平分析

1. 重庆市产业生态化水平整体呈波动式上升的态势

通过对比重庆市1997—2019年产业生态化水平的综合得分（图5-3），我

们可以发现重庆市产业生态化水平呈现波动式上升的趋势。其具体大致可以分
为三个阶段。

第一个阶段是 1997—2000 年，这个阶段产业生态化水平主要呈现出先降
低后提高的趋势。第二个阶段是 2001—2005 年，这个阶段产业生态化水平呈
现出先降低后提高的趋势。第三个阶段是 2006—2019 年，这个阶段产业生态
化水平呈现出波动提高的趋势，特别是从 2006 年开始，重庆市产业生态化水
平综合得分由负数转为正数。这说明近年来在政府引导产业生态化发展和市场
需求推动的共同作用下，产业经济效率不断提高，产业生产过程中的排放物得
到不断抑制，生态资源循环利用效率也逐渐提升，产业不断朝着融合化、创新
化、集约化方向发展。

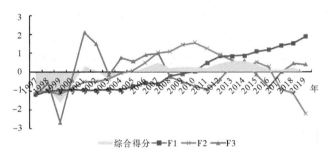

图 5-3　重庆市 1997—2019 年产业生态化
水平综合得分和评价指标得分图

注：扫描旁边的二维码可查看图 5-3 的彩色高清图。

图 5-3 的彩色高清图

2. 重庆市产业生态化各评价值得分差异明显

1997—2019 年重庆市产业生态化各评价值得分差异明显（图 5-3），具体
体现为以下三点。

（1）生态产业动态发展（$F1$）总体上呈现出上升的态势，这一指标涵盖
了产业生态化投入、排放、产出、代谢整个过程。自 1997 年直辖以来，重庆
市加快改造老工业基地的步伐，积极推进高新技术和先进适用技术改造传统产
业（杨华 等，2003）[191]，为重庆产业生态化发展奠定了基础。2002 年重庆市政
府颁布了《关于加快建设特色工业园区的意见》（渝委发〔2002〕28 号文），根
据各区域的主体功能和发展的战略定位，建成了九龙园区、空港园区、茶园园
区、绅鹏园区、港城园区等一系列特色工业园区，产业发展的生态环境得到显
著改善。近年来，随着重庆市"十二五"规划、"十三五"规划的颁布和施
行，重庆市在优化产业结构、推进新型工业化以及推进绿色低碳循环发展方面
取得持续成果。

（2）经济发展效率（$F2$）主要由 GDP 增长率（D7）、失业率（D8）和工业固体废物综合利用率（D10）这三个指标决定。具体来讲，GDP 增长率原始数据波动较大且占了较大的荷载；工业固体废物综合利用率呈稳定小幅上升的趋势；相较于其他两个指标，失业率较为稳定，因此我们可以认为经济发展效率（$F2$）主要是受到 GDP 增长率的影响。自 1997 年重庆市直辖以来，GDP 增长率总体上呈先上升后下降的态势，特别是在 2010 年达到最高值（17.1%）。近年来经济增长速度逐渐减缓，重庆市经济增长由高速发展转向了高质量发展的阶段。

（3）产业集聚发展（$F3$）较 $F1$、$F2$ 而言波动大，这主要是由产业集聚所决定的。值得说明的是，由于本书是以工业集聚表示产业集聚这一指标，假设当工业集聚对资源消耗与环境污染的影响超过其承载力的阈值时，就会出现资源枯竭与环境恶化现象（朱英明，2012；秦炳涛、黄羽迪，2019；赵增耀，2020）[192]-[194]，从而不利于产业生态化发展。因此，本书指标体系中的工业集聚度反而会对产业生态化发展产生负向影响。

第四节　本章小结

首先，由于国内目前对于产业生态化的评价并没有一个统一的标准，基于对已有文献的梳理，本书以客观性、全面性、层次性、可行性为原则，结合产业生态化的定义特征和压力-状态-响应（PSR）模型，尝试建立产业生态化水平的评价指标体系。由于数据的可获得性，本书最后选取了 20 个具体指标作为代表产业生态化水平的评价测量指标。

其次，本书利用主成分分析法对指标体系进行降维处理，实现了排除指标重叠的可能，达到了简化指标的目的。同时，本书引入熵值法来获得各指标的权重，这在一定程度上避免了赋权过程中的主观性和片面性。本书求得生态产业动态发展（$F1$）、经济发展效率（$F2$）和产业集聚发展（$F3$）的权重，分别为 0.303 3、0.333 9、0.362 8。

再次，本书根据主成分分析法求得的成分因子得分矩阵和通过熵值法确定的权重，得出重庆市 1997—2019 年产业生态化水平的综合得分。从 2006 年开始，重庆市产业生态化水平综合得分由负数转为正数。2013 年是所有年份中产业生态化发展水平最高的一年，综合得分达到 0.600 6，1999 年是所有年份中产业生态化水平最低的一年，综合得分为 -1.667 3。

最后，本书通过对比重庆市 1997—2019 年产业生态化水平的综合得分和生态产业动态发展（$F1$）、经济发展效率（$F2$）、产业集聚发展（$F3$）三个指标，发现重庆市产业生态化水平受生态产业动态发展、经济发展效率和产业集聚发展这三个指标的共同影响。

综上所述，在生态文明建设和经济发展步入新常态的背景下，要实现经济从高速发展转向高质量发展，需要不断完善产业发展模式，合理控制产业集聚度，构建全域现代化生态产业体系，推动产业向低消耗、可循环、少排放、无污染、清洁化、高效率、有创新、多融合、显集约方向发展，不断提升重庆市产业生态化发展水平。

第六章 重庆推进生态产业发展的基础条件①

本章从两个方面分析重庆推进生态产业发展的基础条件，首先从国家战略的叠加优势、得天独厚的区位优势、全域绿色的生态优势、良好基础的产业优势等方面分析重庆推进生态产业发展的优势条件；其次，从产业发展方式、体制、人才等方面，分析重庆推进生态产业发展存在的短板。

第一节 推进生态产业发展的优势条件

一、国家战略的叠加优势

2019年4月，习近平总书记来到重庆实地考察，主持召开座谈会并发表重要讲话，指出重庆要更加注重从全局谋划一域、以一域服务全局，努力在推进新时代西部大开发中发挥支撑作用、在推进共建"一带一路"中发挥带动作用、在推进长江经济带绿色发展中发挥示范作用。回顾习近平总书记对重庆战略定位及要求的相关阐述（表6-1），不难看出"三大作用"的新提法和"两点"定位、"两地""两高"目标是一脉相承的，是新时代党中央赋予重庆的新的历史使命，重庆的战略地位愈发凸显。

---

① 本章主要内容已公开发表与《重庆文理学院学报（社会科学版）》2021年第1期，具体文献信息如下：谭美容，罗胤晨，文传浩. 重庆市推进生态产业发展：优势、短板及因应策略[J]. 重庆文理学院学报（社会科学版），2021，40（1）：56-67.

表 6-1　习近平总书记对重庆战略定位的阐述

时　间	事　件	战略定位
2016 年 1 月	习近平总书记视察重庆	"两点"定位：西部大开发的重要战略支点、"一带一路"和长江经济带联结点
		"两地"目标：内陆开放高地、山清水秀美丽之地
2018 年 3 月	全国两会期间习近平总书记参加重庆代表团审议	"两高"目标：推动高质量发展、创造高品质生活
2019 年 4 月	习近平总书记再次视察重庆	"三大作用"：西部大开发中发挥支撑作用、"一带一路"中发挥带动作用、推进长江经济带绿色发展中发挥示范作用

资料来源：笔者通过网络资料搜集整理。

鉴于上述背景，国家战略的叠加优势在重庆逐渐显现和明晰。在当前国家战略布局中，重庆既是西部大开发重要的战略支点，又是"一带一路"和长江经济带重要联结点，在推动内陆地区对外开放发展和带动区域协调发展的大棋盘中，发挥着承东启西、牵引南北、通达江海的重要作用。相关国家、区域和地方政策也将向重庆倾斜，有望产生"政策高地"的汇集效应。

（一）西部大开发战略

首先，重庆作为西部地区唯一的直辖市，是西部大开发重要的战略支点。国家实施西部大开发的主要目的是推动区域协调发展，依托亚欧大陆桥、长江水道、西南出海大通道等交通干线，发挥中心城市作用，以线串点，以点带面，逐步形成中国西部具有特色的、有活力的西陇海兰新线、长江上游、南（宁）贵、成昆（明）等跨行政区域的西部经济带，带动其他地区发展，以求实现有步骤、有重点地推进西部大开发。笔者梳理了西部大开发的决策历程，如表 6-2 所示。

表 6-2　西部大开发的决策历程

时　间	文　件	内　容
2000 年 10 月	《中共中央关于制定国民经济和社会发展第十个五年计划的建议》	把实施西部大开发、促进地区协调发展作为一项战略任务
2001 年 3 月	《中华人民共和国国民经济和社会发展第十个五年计划纲要》	对实施西部大开发战略再次进行了具体部署

表6-2(续)

时间	文件	内容
2006 年 12 月	《西部大开发"十一五"规划》	努力实现西部地区经济又好又快发展，基础设施和生态环境建设取得新突破
2012 年 2 月	《西部大开发"十二五"规划》	西部地区到 2020 年要实现生态环境保护上一个大台阶的总体要求，在综合经济、基础设施、生态环境、特色产业、公共服务、人民生活、改革开放 7 个方面，提出了奋斗目标
2016 年 12 月	《西部大开发"十三五"规划》	西部大开发要增强可持续发展支撑能力，必须紧紧抓住基础设施和生态环保两大关键
2019 年 3 月	《关于新时代推进西部大开发形成新格局的指导意见》	要围绕抓重点、补短板、强弱项，更加注重抓好大保护，从中华民族长远利益考虑，把生态环境保护放到重要位置，坚持走生态优先、绿色发展的新路子
2020 年 5 月	《中共中央、国务院关于新时代推进西部大开发形成新格局的指导意见》	强化举措抓重点、补短板、强弱项，形成大保护、大开放、高质量发展的新格局，推动经济发展质量变革、效率变革、动力变革，促进西部地区经济发展与人口、资源、环境相协调，实现更高质量、更有效率、更加公平、更可持续发展

资料来源：笔者通过网络资料搜集整理。

习近平总书记来渝考察时还强调，重庆要抓好贯彻落实，在推进西部大开发形成新格局中展现新作为、实现新突破，努力在西部地区带头开放、带动开放。这一要求，进一步明确了重庆在西部大开发中的战略支撑作用。

(二)"一带一路"倡议

2013 年 9 月和 10 月，我国先后提出"丝绸之路经济带"和"21 世纪海上丝绸之路"的重大战略，简称"一带一路"倡议，而重庆凭借其特殊的地理位置，已成为"一带一路"的重要战略支点。丝绸之路经济带是通过"渝新欧"国际铁路联运大通道连接起来的，海上丝绸之路经济带是通过中南半岛经济走廊连接起来的。重庆依靠天然的水、陆、空交通优势，在"一带一路"倡议中发挥中心枢纽作用。

第一，从铁路运输来看，重庆主城区目前有三大铁路枢纽客运系统，铁路沿线覆盖 27 个区县，形成 10 个对外通道，这进一步带动了重庆及周边地区的发展。"渝新欧"国际货运专列的开通，也为重庆铁路运输注入新的增长活力。

第二，从水路运输来看，重庆是国家确定的长江三大航运中心之一。目前，重庆已基本建成以长江、嘉陵江、乌江为骨架的"一干两支"叶脉型航道体系。重庆港口货物吞吐能力突破 1.8 亿吨，集装箱吞吐量超过 400 万标箱，且全市 90% 以上的外贸集装箱通过水运完成，这标志着重庆航运能力的影响日益显著（陈倩，2017）[195]。

第三，从公路运输来看，2016 年 4 月，重庆开通面向东盟的首条国际公路物流大通道，拓宽了重庆及西南地区对东盟的交流渠道。

第四，从航空运输来看，重庆目前有 3 个民用机场，航空运输呈现"一大两小"的格局，即以重庆江北国际机场为主，其他两个机场为辅，共同为重庆航空运输发挥作用。

重庆利用铁路、水路、公路、航空等多种运输方式，向北与中欧班列连接，通过"渝新欧"国际铁路联运大通道、兰渝铁路及西北地区主要物流节点，通达中亚、南亚、欧洲等区域，不断推动重庆及周边地区的发展；向南形成"西部陆海新通道"，由重庆经贵州等地，通过广西北部湾等沿海沿边口岸，通达新加坡及东盟主要物流节点。重庆铁路、水路、公路、航空四大运输方式共同发展，"多式联运"的方式进一步降低了企业运营成本、缩短货物运输时间，日益凸显了重庆作为长江经济带西部中心枢纽的独特位置。

（三）长江经济带战略

长江经济带覆盖上海、江苏、浙江、安徽、江西、湖北、湖南、重庆、四川、云南、贵州 11 个省份，人口和经济总量均超过全国的 40%，是我国综合实力最强、战略支撑作用最大的区域之一。推动长江经济带发展，是党中央做出的重大决策，是关系国家发展全局的重大战略。笔者梳理了国家推动长江经济带发展的重大决定，如表 6-3 所示。

表 6-3　国家推动长江经济带发展的重大决定

时间	事件/文件	主要内容
2014 年 9 月	《关于依托黄金水道推动长江经济带发展的指导意见》	将长江经济带建设成具有全球影响力的内河经济带、东中西互动合作的协调发展带、沿海沿江沿边全面推进的对内对外开放带和生态文明建设的先行示范带
2016 年 1 月	推动长江经济带发展座谈会	把修复长江生态环境摆在压倒性位置，共抓大保护、不搞大开发；推动绿色循环低碳发展

表6-3(续)

时间	事件/文件	主要内容
2016年3月	《长江经济带发展规划纲要》	确立了长江经济带"一轴、两翼、三极、多点"的发展新格局
2018年4月	第二次长江经济带发展座谈会	长江经济带努力探索出生态优先、绿色发展新路子
2020年11月	习近平总书记主持召开全面推动长江经济带发展座谈会	强调坚定不移贯彻新发展理念，推动长江经济带高质量发展，谱写生态优先绿色发展新篇章，打造区域协调发展新样板，构筑高水平对外开放新高地，塑造创新驱动发展新优势，绘就山水人城和谐相融新画卷，使长江经济带成为我国生态优先绿色发展主战场、畅通国内国际双循环主动脉、引领经济高质量发展主力军

资料来源：笔者通过网络资料搜集整理。

重庆市地处长江上游和三峡库区腹心地带，作为长江经济带11个省份的重要组成成员，在国家推动长江经济带发展中肩负着重大使命。2016年1月，习近平总书记在重庆调研时指出，要建设长江上游重要生态屏障，推动城乡自然资本加快增值，使重庆成为山清水秀美丽之地。2019年4月，习近平总书记再次来渝考察强调，要深入抓好生态文明建设，坚持上中下游协同，加强生态保护与修复，筑牢长江上游重要生态屏障，并要求重庆努力在推进长江经济带绿色发展中发挥示范作用。

从"建设长江上游重要生态屏障"到"筑牢长江上游重要生态屏障"，从"构建山清水秀美丽之地"到"加快建设山清水秀美丽之地"，再到"推进长江经济带在绿色发展中发挥示范作用"，习近平总书记对重庆的绿色发展提出了更高的要求、更多的期盼，也把重庆在西部大开发、长江经济带等国家发展战略中的重要作用更加突显出来（文传浩，2019）[117]。

二、得天独厚的区位优势

（一）立体式的交通枢纽地

从地理位置上看，重庆处在"一带一路"和长江经济带的"Y"字形节点上，是两大战略的联结点，起着承东启西的中心枢纽作用，具备非常好的区位战略优势。具体来看，重庆地处长江上游，位于嘉陵江、长江两江交汇地带，是长江上游的重要港口和物资集散地。另外，重庆处在中西部地区的结合部，是西部地区具备公路、铁路、水路、航空、管道五种运输方式的综合交通运输枢纽。横贯中国大陆东西和纵穿南北的多条铁路干线、高速公路干线在重庆交汇，3 000 吨级船队可由长江溯江至重庆港，重庆江北国际机场是国家重点发展的干线机场。

经过 10 余年的快速发展，重庆依托铁路、高速公路、长江黄金水道等重要的交通基础设施，形成了承东启西、连通南北、畅联国际的"五主五辅"国家级对外物流通道，促进了"一带一路"和长江经济带在重庆融合贯通，支撑重庆构建内陆开放高地和国际物流枢纽。根据第 288 次中国工程科技论坛——交通强国战略研讨会，笔者梳理了关于重庆对内外通道的建设情况，如表6-4 所示。

表6-4　重庆市五大国际物流通道

通道名称	发展概况
航空物流通道	开通国内外航线 258 条，通航城市 158 个。其中，国内定期航线 199 条，国际及地区航线 59 条。已基本构建起至欧洲、北美、中亚、东南亚等地较为完善的货运航线网络
西北向至欧洲的"渝新欧"国际铁路联运大通道	"五定"班列的运费低于航空运输的运费、运达时限短于海运运输，其安全性高、通关便捷。2017 年开行双向班列 650 列，货值占整个中欧班列（经阿拉山口）的 80%
东向至太平洋的江海联运物流通道	东向至太平洋的江海联运物流通道向东通过长江黄金水道，经上海进入太平洋，抵达世界主要港口。承担重庆市约 97% 的进出口货物运输量和约 90% 以上集装箱。其在国际物流中水运占据主导地位，是目前重庆国际物流运输的主导方式
东南向至太平洋的陆海物流通道	东南向渝深方向的铁海联运、公海联运，经深圳盐田港通达世界主要港口，已实现常态化、高频率公共班列运行
南向至东盟印度洋的陆海物流通道	南向至东南亚、印度洋通道为公路运输通道，是对接贵州、广西，衔接东南亚、印度洋的国际运输大通道。2016 年 6 月 13 日，开通陆海联运"五定"公路班车，实现由广西钦州转海运抵达东盟，运输费用比陆路运输节省 1.7 万元/趟/车，目前尚处于初步发展阶段

资料来源：根据第 288 次中国工程科技论坛——交通强国战略研讨会资料整理。

"五辅"国内物流通道包括渝蓉藏通道（重庆—四川—西藏）、渝陕包通道（重庆—陕西—内蒙古）、渝郑京通道（重庆—河南—北京）、渝湘闽通道（重庆—湖北—福建）和渝滇通道（重庆—云南），覆盖范围包括京津冀城市群、成渝城市群、东北经济区、海西经济区、关中天水经济区等国内经济繁荣区域。

例如，通过"渝新欧"国际铁路联运大通道出口欧洲的产品主要包括笔记本电脑、石油钻探设备和中国制造的轻工业产品，进口的产品主要包括汽车、食品以及一些生产资料。在"一带一路"重要节点城市系列报道——山城重庆的开放之路指出，截至2016年，惠普电脑通过"渝新欧"国际铁路联运大通道运输的物流成本从开通之初的23元/台降低至15元/台。同时，重庆邻近我国最大咖啡产地云南，依靠"一带一路"和长江经济带联结点的区位优势，现已成为我国最大的咖啡现货交易平台。2017年重庆咖啡交易额达到97.69亿元，同比增加56.59亿元人民币，增幅137.7%。

（二）全方位的区域协作地

处于"一带一路"和长江经济带联结点的重庆，在持续推进内陆开放的过程中，积极加强与周边地区的合作。重庆向西加强与四川、青海的合作，向南积极与贵州、云南合作；向东与广西共建"西部陆海新通道"的全新探索，打造中国西部（重庆）东盟商品、农副产品分拨中心和重庆—东盟商品（五金机电）出口集采中心。重庆利用自身优势，不断拓展开放大通道、构建开放大平台、推进贸易大通关、加强产业大协作、推进多元化交流。笔者梳理了近年来重庆与周边地区签署的合作协议/项目，如表6-5所示。

表6-5　重庆与周边地区签署的合作协议/项目

合作地区	时间	协议/项目
川、渝	2015年5月	《关于加强两省市合作共筑成渝城市群工作备忘录》
	2016年6月	《深化川渝务实合作2016年重点工作方案》及10个系列合作协议
	2018年6月	《深化川渝合作深入推动长江经济带发展行动计划（2018—2022年）》
渝、黔	2018年4月	《重庆市人民政府、贵州省人民政府合作框架协议》
	2019年3月	《渝黔合作先行示范区建设实施方案》
渝、桂	2018年12月	渝桂共建"陆海新通道"的新探索重庆江津-广西防城港跨区域合作示范项目启动
渝、青	2019年4月	《重庆市人民政府、青海省人民政府战略合作框架协议重点任务分工方案》
渝、桂、黔、陇	2017年8月	《关于合作共建中新互联互通项目南向通道的框架协议》
渝、桂、黔、陇、宁、滇、青、新	2019年1月	"陆海新通道"框架协议

资料来源：笔者通过网络资料搜集整理。

三、全域绿色的生态优势

重庆拥有独特魅力的山水资源，是一座典型的山水城市。重庆主城区两江环抱，依山而建、临水而居，又以桥相连，依托山水资源，融合本地文化，形成了具有鲜明特色的城市景观。

（一）山地森林资源

首先，重庆拥有类型多样的山地资源。重庆属于我国陆地地势的第二级阶梯，从西向东拥有缙云山山脉、中梁山山脉、铜锣山山脉、明月山山脉。除了南面的四面山、黑山之外，大多山脉呈东北—西南走向，形成一条条平行线。根据重庆市地理信息和遥感应用中心的统计，山地占了重庆全市70%以上的面积。

其次，重庆拥有丰富的森林资源。根据重庆市林业局发布的《重庆市森林资源公报》，截至2015年年底，重庆市林地面积为446.61万公顷，森林面积374.07万公顷，全市森林覆盖率达到45.4%，是全国平均森林覆盖率的两倍多，位列西部地区第三。依托森林资源优势，重庆积极开发森林旅游地，如开发小三峡国家森林公园、重庆酉阳桃花源国家森林公园、武隆仙女山等15处森林公园，以及缙云山国家级自然保护区、长寿湖风景名胜区、江津四面山国家级风景名胜区等18处森林旅游目的地。

（二）江河岸线资源

重庆中心城区为长江、嘉陵江所怀抱，形成独特的"两江四岸"景观，"两江四岸"指长江、嘉陵江的江岸线。主城区"两江四岸"地区纵向范围如下：长江上起九龙坡区西彭镇，下至江北区五家镇；嘉陵江上起北碚城区，下至渝中区朝天门，河道中心线长约180千米，两侧岸线长约394千米，沿江腹地面积近231平方千米。主城区"两江四岸"地区横向范围如下：枯水期水位线至滨江路内侧腹地第一条与滨江路平行的市政道路，包括江心岛。2019年1月，重庆以"一岛两江三谷四山"获批国家重点工程山水林田湖草生态保护修复项目试点区域。重庆通过对试点区进行修复，能系统性、整体性解决突出的生态环境问题，对长江流域生态保护修复具有带动性、示范性。

（三）人文资源：生态潜能

首先，在历史文化方面，习近平总书记在参加十三届全国人大一次会议重庆代表团审议时，对重庆市悠久的历史文化传统和优秀的人文精神积淀给予了高度评价，对重庆人民坚韧顽强、开放包容、豪爽耿直的个性和文化给予充分肯定。重庆是一座历史悠久之城，从历史和文化上看，曾经四次对世界做出过重要贡献，如表 6-6 所示。

表 6-6　重庆曾经四次对世界做出的重要贡献

序列	时间	事件
第一次	两百万年前	巫山人出现，东方大陆出现了人类，这改变了人类起源和世界人口布局
第二次	宋代	佛教从汉代传入中国千年之后，以宋代石刻为主体的大足石刻完成了佛教教义与佛教艺术的中国化
第三次	宋元之际	钓鱼城是重庆保卫战的前哨阵地。1259 年，击伤蒙古大汗蒙哥并致死于北温泉，使蒙古最高领导权形成真空，引起成吉思汗家族对欧亚战局做出调整，世界格局为之改变
第四次	第二次世界大战与抗日战争时期	重庆作为战时首都，成为世界反法西斯统一战线与中国抗日民族统一战线的交汇点，在第二次世界大战与抗日战争中发挥了不可替代的作用

资料来源：笔者根据《重庆日报》整理而得。

因历史和时代的需要，1997 年重庆成为直辖市。直辖后的重庆按照党中央和全国人民的要求，努力奋进，硕果累累，正朝着习近平总书记对重庆的定位目标阔步迈进。重庆这个拥有光荣历史的城市，孕育了既丰富厚重又多彩鲜活的文化。重庆文化细分则有巴文化、三峡文化、移民文化、大后方抗战文化、革命文化和以工商发展为动力的近现代都市文化。从旧民主主义革命到新民主主义的过程中，重庆的革命文化彪炳史册。

总体而言，重庆文化多种合流，可用"巴渝文化"来统称。它主要有以下特征：一是悠久厚重，开放前行，与时俱进；二是重商厚工，终成大城；三是英雄情怀，道义担当，敢为天下先；四是大山大水，喜山乐水，且仁且智，与山水共和谐。

其次，在科技创新方面，2017 年 12 月 13 日，由重庆市科学技术局与沙坪坝区共同打造的重庆科技创新城正式启幕，拟采取"科技创新城+高新产业园"的联动模式，利用沙坪坝区"一核三园两区"区域人才、智力、产业、开放资源优势，重点发展以物联网、集成电路、云计算为代表的电子信息产业，以高端装备、人工智能为代表的智能制造产业，以能源汽车、智能汽车为发展方向的汽车产业。同时，重庆将把以"文化+科技"跨界融合、"服务+科技"创新为代表的文化创意服务产业发展为重点产业，形成"3+1"产业体系，建成重庆市的"创新智核"（罗芸，2019）[196]。

（四）绿色政策：生态支撑

2016 年习近平总书记来重庆视察，要求重庆建设内陆开放高地，成为山清水秀美丽之地。2019 年 4 月，习近平总书记再次来重庆考察，希望重庆在推进长江经济带绿色发展中发挥示范作用。为深入贯彻落实党的十九大精神、习近平总书记在推动长江经济带发展座谈会上的重要讲话和视察重庆重要讲话精神，笔者梳理了重庆市先后出台关于生态优先、绿色发展的重大规划和政策，如表 6-7 所示。

表 6-7　关于重庆市生态文明建设的重大规划

时间	事件	主要内容
2015 年 3 月	《关于加快推进生态文明建设的意见》	明确加快生态文明建设总体要求、主要任务、组织保障
2015 年 12 月	重庆市 2015 年生态文明建设重点工作安排	深入贯彻实施新修订的《中华人民共和国环境保护法》，适应经济新常态，形成环保新思维
2016 年 8 月	《重庆市生态文明建设"十三五"规划》	到 2020 年，建成长江上游生态文明先行示范带的核心区，基本建成碧水青山、绿色低碳、人文厚重、和谐宜居的生态文明城市，使绿色成为重庆发展的本底，使重庆成为山清水秀美丽之地
2016 年 12 月	重庆市 2016 年生态文明建设重点工作安排	充分发挥环境保护在生态文明建设中的主阵地作用，着力构建政府、企业、社会共治的环境治理体系，努力建设长江上游重要生态屏障，推动城乡自然资本加快增值，使重庆成为山清水秀美丽之地
2017 年 8 月	渝东北片区各区县工作座谈会	陈敏尔书记强调渝东北片区各区县要适应把握经济发展新常态，坚定走向生态文明新时代，守住守好发展和生态两条底线，进一步处理好生态环境保护和发展的关系
2018 年 5 月	陈敏尔书记在永川区调研	坚决打好污染防治攻坚战，坚定不移走生态优先、绿色发展之路
2018 年 6 月	《重庆市实施生态优先绿色发展行动计划（2018—2020 年）》	2020 年，全市初步构建起节约资源和保护环境的空间格局、形成绿色产业结构和生产生活方式，生态文明建设水平与全面建成小康社会相适应，生态文明建设工作走在全国前列，筑牢长江上游重要生态屏障，彰显浑然天成自然之美和悠久厚重人文之美取得积极成效的总体目标

表6-7(续)

时间	事件	主要内容
2019年1月	陈敏尔书记参加重庆市政协五届二次会议第一联组讨论	陈敏尔书记强调,要坚持因地制宜、因势利导,积极探索产业生态化、生态产业化新路子
2019年7月	陈敏尔书记前往江北区、北碚区,调研重庆市生态环境保护	陈敏尔书记强调,切实加强生态保护与修复,推动城乡绿色发展,筑牢长江上游重要生态屏障,努力在推进长江经济带绿色发展中发挥示范作用
2020年3月	陈敏尔书记、唐良智市长调研南岸区广阳岛生态环保工程项目复工	强调坚定不移贯彻"共抓大保护、不搞大开发"方针,持续推进长江生态环境保护修复
2020年7月	陈敏尔书记前往忠县就渝东北三峡库区城镇群规划建设工作进行调研	强调坚持共抓大保护、不搞大开发,坚定不移护生态、因地制宜谋发展,探索生态优先、绿色发展新路子,开创城乡融合发展新局面,加快推动渝东北三峡库区城镇群高质量发展

资料来源:笔者通过网络资料搜集整理。

　　重庆地处长江上游,长江横贯全境,并与嘉陵江、乌江等河流交汇,既是长江上游地区经济中心,又是长江上游生态屏障的重要区域。因此,"在推进长江经济带绿色发展中发挥示范作用"是习近平总书记对重庆提出的重要战略任务。同时,重庆又是中国西部、长江上游唯一的直辖市。因而,重庆在推进生态产业发展上有优势,在推进长江上游生态环境建设上有责任,重庆要充分利用直辖市的体制优势、政策的优惠优势和区位、资源禀赋的先天优势推进重庆建设山清水秀美丽之地,以更大责任担当建设好长江上游的绿水青山,创建长江上游绿色发展中心,把习近平总书记的殷殷嘱托和党的十九大精神全面落实在重庆大地上。

四、良好基础的产业优势

　　重庆市是我国重要的国防科研生产基地和六大老工业基地之一,工业在重庆市国民经济发展中具有举足轻重的地位,是重庆经济增长的主要动力和财政收入的主要来源(覃世利,2013)[197]。重庆工业经过上百年的历史发展,已经形成了较为完善的体系,具有较强的综合配套能力。重庆市工业大体经历了五个发展阶段,见表6-8。

表 6-8　重庆市工业的历史演进

阶段	时间	特征
第一阶段	1891 年至抗日战争前	重庆近代民族工业创建时期
第二阶段	抗日战争至中华人民共和国成立前	奠定了重庆工业的基础
第三阶段	中华人民共和国成立后至"三线"建设时期	奠定了重庆老工业基地的地位
第四阶段	1979 年至直辖前	重庆工业取得长足进步
第五阶段	直辖后	重庆工业进入新的发展阶段

资料来源：笔者参考相关文献整理。

重庆市工业源于明末清初的手工业工场。19 世纪末，重庆被迫开埠通商，近代工业萌芽，民族工业起步。在抗日战争时期，大批工商企业内迁重庆，促进了重庆工业第一次跳跃式发展，形成了以兵器和军需生产为中心，机械、轻纺、冶金、采矿、电力等为主体，轻工业和重工业兼备、门类较全的产业结构。中华人民共和国成立后，经过 10 多年的"三线"建设时期，重庆成为全国重要的兵器、民用机械、医药、化工、仪器仪表工业生产基地。

20 世纪 80 年代初，重庆成为首批全国综合经济体制改革试点城市，推动了重庆工业快速发展；军工企业首开全国"军转民"先河，嘉陵、建设摩托和长安汽车等得到快速发展。

直辖后，重庆的支柱产业也在不断发生变化，由最初的汽车摩托车行业、化工、冶金三大支柱产业逐渐发展壮大为"6+1"支柱产业体系。为清楚了解重庆产业发展情况，笔者梳理了近几年重庆支柱产业的产值，如表 6-9 所示。

表 6-9　2013—2020 年重庆市支柱产业产值　　　单位：亿元

年份	汽车制造业	电子信息产品制造业	装备制造业	化工医药产业	材料产业	消费品行业	能源工业
2013	2 969.3	2 934.67	1 498.13	1 195.75	2 332.15	—	—
2014	3 846.94	3 683.62	1 797.63	1 388.82	2 636.34	—	—
2015	4 707.87	4 075.56	3 390.73	1 629.48	2 910.73	3 275.73	1 414.56
2016	5 391	4 999	3 711	1 767	3 070	3 727	1 386
2017	5 725	6 384	4 056	1 990	3 303	4 074	1 308
2018	4 752	7 252	4 186	—	3 666	4 151	1 330
2019	4 557	8 289	4 470	—	4 205	4 404	1 400
2020	5 017	9 441	4 599	—	4 553	4 756	1 526

资料来源：历年《重庆统计年鉴》《重庆市国民经济和社会发展公报》。

从表6-10可以发现，汽车制造业一直是重庆经济增长的主要动力。重庆是中国长安汽车集团总部所在地，主要汽车生产厂家有重庆力帆、长安福特、长安铃木、北京现代、通用五菱、北奔重卡、迪马汽车、东风小康、上汽依维柯红岩等。根据2016年《重庆市国民经济和社会发展公报》发布的数据，2016年重庆汽车产量就超过了300万辆。虽然近两年重庆汽车产量有一定下滑，但汽车制造业仍是重庆经济增长的主要动力。

重庆汽车制造业领先全国，随着"渝新欧"国际铁路联运大通道的建设，重庆借助国家"一带一路"倡议和长江经济带的联结点优势，积极调整产业结构，出台了一系列鼓励电子产业发展的政策，电子信息产业实现了从玻璃基板、液晶面板、显示模组到终端产品的全链条发展，成为重庆市经济发展的又一大驱动力。2017年，重庆市电子信息产品制造业产值首次超过汽车制造业产业，成为重庆市产业的领头羊，形成了我国西部地区世界级的电子产业基地。

目前，重庆市已形成汽车、电子产业双轮驱动，装备、材料、化工医药、消费品、能源等产业多点支撑的发展格局。但重庆市作为老工业基地，经济快速发展带来的资源储备、环境容量和生态承载力等问题以及快速的经济发展对脆弱的生态环境系统造成的破坏，使得重庆经济、资源和环境之间的矛盾愈发突出。重庆要突破资源环境约束、实现可持续发展，就必须走生态优先、绿色发展的道路。

第二节　推进生态产业发展的短板

一、产业仍存在传统粗放痕迹

经济发展水平与生态发展水平正相关，仅依靠经济的增长并不能带动区域产业的生态发展，粗放的经济发展模式更不能提高区域产业生态发展水平。当前重庆虽已实现产业结构"三、二、一"的发展模式，但与发达国家（地区）和沿海发达省市相比，其产业内部结构欠优，产业生态化发展水平还不高。借鉴李琳和楚紫穗构建的我国区域产业绿色发展指数评价指标体系，笔者选取了单位GDP能耗、工业污染治理投资和环境污染治理投资占GDP的比重来分析重庆目前产业生态化的发展水平（李琳、楚紫穗，2015）[198]。

（一）单位GDP能耗较高

单位GDP能耗是单位国内（地区）生产总值能耗的简称，是指一定时期内一个国家（地区）每生产一个单位的国内（地区）生产总值所消耗的能源。当国内（地区）生产总值单位为万元时，即为万元国内（地区）生产总值能耗①。根据国家统计局、国家发展和改革委员会、国家能源局公布的 2018 年各省份万元地区生产总值能耗降低率可计算 2017—2018 年各省份单位 GDP 能耗，本章主要计算了四川、重庆、上海、江苏、浙江、安徽六个省份的单位 GDP 能耗，如图 6-1 所示。

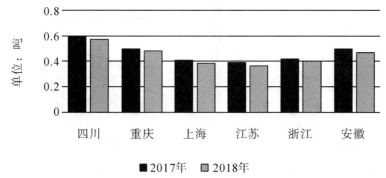

图 6-1　四川、重庆、上海、江苏、浙江、安徽单位 GDP 能耗对比

资料来源：笔者自制。

从图 6-1 可以看到，近年来重庆单位 GDP 能耗呈下降趋势，这是重庆主动调整产业结构，积极淘汰落后产能，努力发展第三产业的结果。虽然重庆单位 GDP 能耗在下降，但与上海、江苏、浙江的单位 GDP 能耗还有很大差距，这一结论也与田泽等得出的 2011—2015 年各省份区域产业绿色发展指数总得分排名相符（田泽 等，2018）[199]。

（二）工业污染治理投资偏少

工业污染治理投资对区域生态产业发展具有正向影响，工业污染治理投资额越大，意味着政府越重视环境保护，越能促进区域产业绿色转型，进一步提高绿色生产效率，促进产业生态发展。笔者梳理了 2018 年部分省份工业污染治理投资和环境污染治理投资占地区生产总值的比重，如图 6-2 所示。

从图 6-2 可以看到，相比其他省份，重庆的工业污染治理投资较少。目前重庆正处于向高技术、低消耗的集约型发展方式转变时期，需更加注重经济发展质量，更加注重生态环境与经济社会协调发展，在经济发展过程中应减少环境污染，优先发展高效率、低污染产业，提升区域产业生态发展水平。

---

① 单位 GDP 能耗（吨标准煤/万元）＝能源消费总量（吨标准煤）/国内（地区）生产总值（万元）。

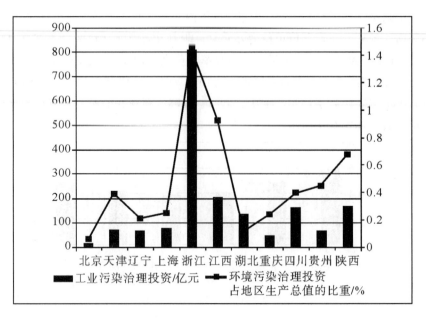

图 6-2 2018 年重庆与其他省份工业污染治理投资比较

资料来源：《中国环境年鉴》。

二、产业人才资源较为欠缺

余雅洁在 2015 年研究重庆生态功能区发展战略的人才支撑体系中指出，重庆生态功能区存在人才总量不足、人才专业结构不合理、产业人才分布不均衡等问题（余雅洁，2015）[200]。经过 5 年的发展，这些问题有所改善，但与其他地区相比，重庆的人才资源欠缺的问题仍然较为突出。

（一）人才总量不足

根据 2020 年各省份的《国民经济和社会发展统计公报》，重庆共有普通高校 68 所，四川共有普通高校 134 所，北京共有 58 所普通高校和 88 个科研机构培养研究生，上海共有普通高校 63 所和 49 家机构培养研究生。从以上数据不难发现，重庆培养人才的平台明显少于其他省份，这使得重庆人才总量不足，进而导致重庆高层次人才和高技能人才短缺的矛盾突出。笔者收集了 2014—2020 年重庆、北京、上海、四川每年的研究生招生人数，如图 6-3 所示。

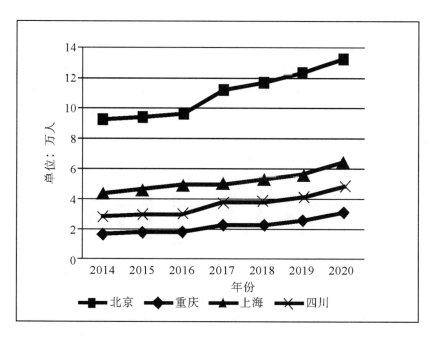

图6-3 重庆、北京、上海、四川每年招收的研究生人数对比

资料来源：《国民经济和社会发展统计公报》。

从图6-3可知，重庆每年招收的研究生人数明显少于北京、上海、四川，因此，其培养出来的高层次人才总数就较少。许小苍和刘俊丽明确指出目前重庆有五类相关人才比较紧缺：一是高层次国际化经营管理型人才；二是高层次创新型科技领军型领头人；三是熟悉高新技术知识，经过严格科研训练的高层次研发型人才；四是了解相关基础理论、基础知识及基础技能，善于综合利用自身学过的知识及技术技能处理实际问题的复合型和应用型人才；五是拥有很高专门技能、能够完成高难度的实际操作的复合型人才（许小苍和刘俊丽）[201]。

（二）人才结构不合理

一方面，人才专业结构不合理。要大力发展生态产业，急需生态环保人才、生态农业人才、绿色工业人才、生态旅游人才、农产品加工人才、服务业人才。虽然重庆地区高等学校较多，但存在专业设置与产业结构转变不匹配、专业层结构与产业经济的技术结构不匹配、人才培育方式和产业经济发展与不同创新人才的需求不匹配等问题。笔者梳理了2019年重庆普通高等学校分科毕业生人数，如图6-4所示。从图6-4可知，重庆市毕业生人数较多的专业为文学、工学、管理学。除工学外，生态产业急需的农学、理学类毕业生人数较少。

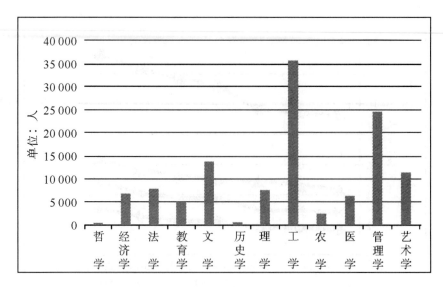

图 6-4　2019 年重庆普通高等学校分科毕业生人数

资料来源：《重庆统计年鉴》。

另一方面，产业人才分布不均衡。其主要表现为：①人才行业、产业布局不均衡，与重庆现代生态产业体系建设目标比较，高新技术和复合型人才普遍不足，从事新材料、新能源、现代医药、现代农业等新型产业的人才严重不足；②所有制人才分布不均衡，人才主要集中在科研院所、大专院校等事业单位，企业人才偏少，从事科技成果推广转化的人才更少。

三、生态创新体系相对滞后

生态创新是我国由传统工业高投入、高污染、低产出粗放的发展模式，向绿色化、生态化和可持续的发展方式转变的必然选择。尹艳冰、赵宏认为，生态化技术创新体系应是具有相应功能的企业、高校、科研机构、政府和公众在一定运行机制保障下组成的网络系统，应主要从创新主体、创新运行机制和创新网络三方面构建生态化技术创新体系（尹艳冰、赵宏，2010）[202]。相较于国内其他省份，重庆目前生态创新体系相对滞后，主要表现在以下几个方面。

（一）企业竞争力弱

企业是产业生态创新的技术主体，是生态创新体系的核心。本章通过分析企业发展的内、外部影响因素，来剖析重庆生态创新体系的现状。内部因素主要包括研究人员、R&D 经费内部支出。人才是企业的灵魂，而相较于国内其他部分省份，重庆规模以上工业企业研究人员明显较少，2019 年重庆规模以上工业企业研究人员为 62 424 人，北京、上海、四川分别为 44 241 人、80 694 人、78 289 人。除了研究人员较少之外，重庆规模以上工业企业的 R&D 经费投入较少。笔者梳理了重庆、北京、上海、四川规模以上工业企业 R&D 经费内部支出（2019 年）中政府资金、企业资金情况，如图 6-8 所示。

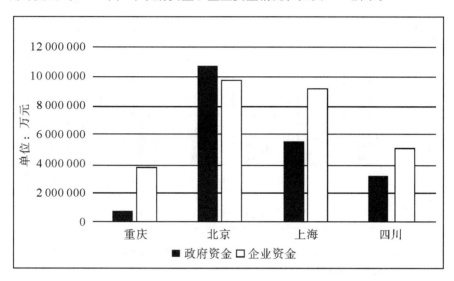

**图 6-5　2019 年重庆、北京、上海、四川规模以上工业企业
R&D 经费内部支出中政府资金、企业资金比较**

资料来源：《中国科技统计年鉴》。

如图 6-5 所示，重庆规模以上工业企业 R&D 经费内部支出少于其他部分省市，尤其是政府资金。除了企业自身局限，重庆的企业与科研机构的合作，即产学研用"四位一体"的合作模式也不成熟。企业、高校及科研机构信息不对称，研究开发人员所参与的研发活动与作为生态创新主体企业及其需求没有构建起紧密的联系，这导致高校及科研机构的生态创新成果因无法适应企业需求而没有办法转化为现实生产力。

（二）政府投入不足

重庆市政府在研发方面的投入不够，加之重庆实力雄厚的大中型企业不多，因此受规模、经济实力的限制，重庆市政府对于研发的投入有限。笔者收集了近几年重庆、四川、上海、北京每年投入研究与试验发展（R&D）经费的数据，如图 6-6 所示。

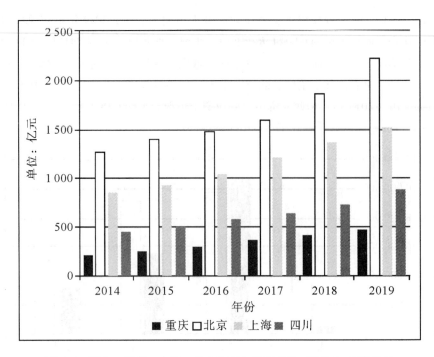

图6-6　重庆、四川、上海、北京研究与试验发展（R&D）经费比较

资料来源：《全国科技经费投入统计公报》。

从图6-6可以看出，重庆每年投入研究与试验发展经费远低于其他各省份。政府财政投入不足，导致高校和科研机构投入研发的资金有限。科研成果不易转化、难以获得企业资助、陷入恶性循环，使得重庆生态创新体系构建速度缓慢（谭美容 等，2021）[203]。

四、产业空间布局有待优化

重庆是长江上游的经济中心，区域之外广大腹地要求其发挥中心城市的服务功能。加之国家政策的倾斜，重庆市近年来的投资环境得到很大改善，国外资金的引进、对外贸易的扩大、国际分工的参与以及GDP总量的不断增长等因素，使重庆的产业结构得到改善，以工业园区为中心的产业得到了快速发展，产业竞争能力显著提高（刘宝发、张晓玲，2010）[204]。但在发展过程中，重庆的产业布局仍存在一些问题，这主要体现在以下三个方面。

（1）工业园区产业同质化现象突出。目前重庆三大经济圈基本形成，即都市产业圈、渝西产业走廊、三峡库区生态产业区。在这三大产业圈中，重庆市的重点产业，即工业产业均在工业园区。重庆市目前有近50个工业园区，其中有 23 个市级工业园区，几乎包含所有工业类型的产业。借鉴相关文献，笔者梳理了重庆市级工业园区的区位及产业，如表 6-10 所示。

表 6-10　重庆市级工业园区的区位及产业

区位	工业园名称	重点产业
巴南区	花溪工业园区	汽车、摩托车及主要零部件生产为主的机械制造业、轻纺服装业
九龙坡区	九龙工业园区	科技、汽摩零部件、印刷、新材料、装备制造业及都市新型工业产业群、重型汽车、摩托车及配套产业、机电一体化产业集群
	西彭工业园区	铝业深精度加工
南岸区	南岸区工业园	消费类电子和装备制造
江北区	港城工业园区	以无污染或清污工业为主的现代化工业园区，主要工业门类为机械电子、通信、仪表、生物工程、化工等
渝北区	空港工业园区	摩托车汽车加工、电子信息、印刷包装、现代物流等
大渡口区	建桥工业园区	新材料技术、生物技术、新医药技术、先进制造业、信息技术等
沙坪坝区	井口工业园区	电子信息技术及其产品生产为主，并辅之生物工程技术、环保节能、摩托车、机电设备及其配件的制造
	西永微电子产业园区	微电子、信息产业
北碚区	同兴工业园区	机械制造、生物制药、仪器仪表、机械制造、包装等产业
铜梁区	金龙工业园区	服装、羽绒、制造、机械电子、食品加工等产业
江津区	德感工业园区	机械电子工业为主、纺织印染、医药化工、物流行业
	朝阳工业园区	电子、电器、机械、食品、医药、轻纺服装等
永川区	大安工业园区	机械加工制造、电子电器、精细化工、建材、食品加工等产业
合川区	江城工业园区	医药、食品、机电等产业
	银翔新城工业园	摩托车零配件及汽车零配件产业
大足区	龙水工业园	五金加工、汽摩零部件、铸造、建材等产业

表6-10(续)

区位	工业园名称	重点产业
万盛经济技术开发区	万盛产业园	新材料加工、煤化工、镁合金及其他材料加工业、生物制药、现代农业、机械零部件加工、新型材料、农副产业加工、观光农业等产业
潼南区	凉风垭工业园区	机械加工和农副产品深加工
双桥区	车城工业园区	重型汽车整车、期末零部件、机械、电子、饲料和轻纺等产业
长寿区	晏家工业园区	冶金及金属压延、新型建材、机械制造、电子电器等产业
涪陵区	李渡工业园区	食品加工、新型建材、精细化工等产业
万州区	万州工业园区	机械、电器、医药、化工、轻纺、农产品深加工产业

从表6-10可以看出,重庆大多工业园区都拥有汽摩零部件、生物医药、电子信息、制造业等企业,工业园区间的产业同质化现象突出,整个产业的空间布局不清晰。

(2)产业发展总体呈现"主干强、分支弱"的格局。从两翼城镇群工业发展来看,渝东北、渝东南两个生态区占重庆市域面积的70%以上,而工业园区的集中度仅为0.45,不足大都市区工业园区集中度的十分之一。这加剧了大都市区过度集中、环境污染等一系列问题,对区域互动、联动发展产生了制约影响。

第三节　本章小结

本章详细分析了重庆推进生态产业发展的优势和劣势,但是重庆的绿色发展不仅事关重庆一域,更关乎西部地区、长江经济带乃至我国生态文明建设全域、全局。因此,在推进全域绿色发展进程中,重庆应充分发挥自身优势,克服短板,转变经济发展方式,努力构建全域现代生态产业体系。

第七章 重庆构建全域现代生态产业
体系的基本框架[①]

第一节 现代生态产业体系的基本内涵

一、生态的基本内涵

对"生态"一词的理解，可以从其古代词义与现代词义出发。笔者查阅《现代汉语词典》后对比了"生态"的古代词义和现代词义，如表7-1所示。

表7-1 "生态"的古代词义和现代词义

分类	解释	举例
古代 词义	显露美好的姿态	南朝梁简文帝《筝赋》："丹荑成叶，翠阴如黛。佳人采掇，动容生态。"
	生动的意态	杜甫《晓发公安》诗："邻鸡野哭如昨日，物色生态能几时。"
	生物的生理特性和生活习性	秦牧《艺海拾贝·虾趣》："我曾经把一只虾养活了一个多月，观察过虾的生态。"
现代 词义	生物的生活状态，指生物在一定的自然环境下生存和发展的状态，也指生物的生理特性和生活习性	生态圈，生态环境

资料来源：《现代汉语词典》。

---

① 文章主要内容已公开发表于《重庆三峡学院学报》2020年第4期，具体文献信息如下：李扬杰，罗胤晨，文传浩. 现代生态产业体系的业态划分及空间布局初探：以重庆市为例 [J].重庆三峡学院学报，2020，36（4）：26-32.

从词源学的角度，生态一词源于古希腊字，意思是指家和生活中的环境。现今，生态是一个更加广泛的概念，被用来定义与人的现实生活相关的各种因素的集合，表达的是一种关系，是人类与自然界共同构成的系统与空间（李校利，2013）[205]。事实上，生态还是描述人类生存、发展环境的和谐与理想状态的形容词，表示生命和环境关系间的一种整体、协同、循环、自生的良好文脉、机理、组织和秩序（王如松、欧阳志云，2012）[206]。

二、"生态产业"的基本内涵

生态产业的基本内涵界定，关键在于理解"生态"所具备的基本特征。从生产过程来看，任何生态产品或服务的产出都需要经历三个环节，即投入环节、生产环节和产出环节（图7-1）。因此，"生态"的基本特征可由上述三个环节提炼而出。

图 7-1　生态产品或服务的投入、生产与产出过程

资料来源：笔者绘制。

第一，从投入端看，应强化对既有资源的有效利用，并由资源、要素的"高消耗"向"低消耗"转变。第二，从生产环节看，需实现中间产品和废物的可循环利用，最大程度减少污染物排放量，并实现排放物的无污染化。第三，从产出端看，要求生产的产品或提供的服务，应以"绿色化、生态化"作为产出标准。第四，从投入-产出全过程看，强调投入、生产和产出的不同环节之间生态价值链的构建，形成"低成本、高效益""少浪费、多产出"的高效率特征。综上所述，我们可提炼和归纳出"生态"具备的六个方面的基本特征，分别为"低消耗、可循环、少排放、无污染、绿色化、高效率"。

因此，生态产业是按生态的基本特征、生态经济原理和知识经济规律，以生态学理论为指导，基于生态系统承载能力，在社会生产活动中应用生态工程的方法，突出整体预防、生态效率、环境战略、全生命周期等重要概念，模拟自然生态系统而建立的一种高效的产业体系（王如松，2003）[207]。生态产业一般包括生态农业、生态工业和生态服务业。

三、"现代生态产业体系"的基本内涵

关于现代生态产业体系的内涵，笔者在梳理生态产业所具备的六大基本特征的基础上，从三个维度（企业、产业和空间）对生态产业进行了系统的阐释（图7-2）。

第一，从空间维度来看，应实现集约利用、集群发展。在空间上，发展土地集约利用的思想，促进产业集聚式、集群式发展，同时对生态、生产和生活空间进行功能界线划分，不同功能空间内的产业实行差异化的生态标准和要求。第二，从产业维度来看，应实现多形式、多类型的产业融合发展。在产业层面，构建并完善生态产业融合体系，以保障生态产业的投入-产出全过程的高效率。三次产业在许多方面拥有融合对接的条件和基础。农业、工业与服务业的生态融合发展是产业生态化转型的重要途径。第三，从企业维度来看，应实现技术、模式、组织、管理、制度等不同领域的创新发展。在企业层面，传统的"高消耗、高污染"企业应向资源节约型、环境友好型企业转型，进行生态化改造；新兴的"清洁化、绿色化"企业应根据地区现实基础，实现企业创新和生态化升级。

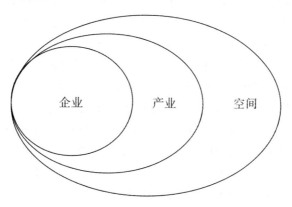

图7-2　"生态"外延拓展的三种维度

资料来源：笔者绘制。

基于此，本书的现代生态产业体系是指：基于上述生态的基本特征和外延特征，强调现代生态产业是生态文明社会最重要的经济基础，依据生态经济学理论，运用生态规律、经济规律和系统工程方法，按照自然生态系统中的生产、消费、分解和还原机制，以生态产品或服务的投入、生产与产出过程中的全空间、全领域、全产业、全过程和全要素为特征的生态产业组织形态集合。

第二节　现代生态产业体系的框架构想

一、"现代生态产业体系"的逻辑分析框架

产业是助力城乡发展的动力和支柱，发展生态产业是生态经济体系构建的内核。传统的生态产业突显"绿色、循环、低碳"的特征。现代生态产业体系，除了具有传统生态产业的各种固有属性外，一方面，要体现哲学辩证的思维导向，以生态资源要素多元创新融合为手段，兼顾生态环境保护与经济社会发展的和谐统一；另一方面，要强调生态产业的全空间、全领域、全产业、全过程和全要素的逻辑内涵，兼顾新时代特征和绿色发展主题，突出生态美和百姓富的有机统一。因此，推进产业生态化和生态产业化是实现构建现代生态产业体系的重要举措。

产业生态化是按照"+生态"的思路发展产业，运用循环、低碳、绿色的理念改造传统产业，培育发展资源利用高效、生态效益良好的新兴产业，实现产业的绿色化发展。生态产业化是按照"生态+"的理念，将生态环境资源作为特殊资本来运营，推动生态产品价值实现保值增值，将绿水青山变成金山银山（李扬杰 等，2020）[208]。将"两化"思想统一便形成了产业生态化与生态产业化协同发展的内涵（徐静 等，2010）[209]。生态产业化与产业生态化的协同发展，一般是指基于生态系统整体循环视角，将产业活动置于生物链循环系统中，构建现代生态产业体系，运用现代技术重组经济结构，在良好环境的基础上实现效益最大化，始终保持产业活动的良性循环和可持续发展（陈长，2019）[210]。在"两化"思想指导下，现代生态产业体系的构建不仅要在认识人与自然、人与社会、人与人的关系上达到新高度，而且要在社会经济建设中逐步实现生产发展、生活富裕、生态美好的新境界。

基于上述分析，我们可将"现代生态产业"进一步定义为：已形成或正在形成具有"低消耗、可循环、少排放、清洁化、无污染、高效率、有创新、多融合、显集聚"九大特征的产业。

二、现代生态产业体系业态类型的构成

基于对现代生态产业体系基本内涵的解读，笔者尝试对重庆现代生态产业进行业态类型划分（表7-2），具体包括生态利用、循环高效、低碳绿色、环境治理、智慧创新、融合集聚六大类型。

表 7-2　重庆现代生态产业的业态类型、界定及细分

序号	业态类型	界定	业态细分（列举）
1	生态利用型	从投入端出发，对现有自然资源进行生态开发利用，转化成可增值的产业，形成绿色资源有效利用的生态利用型产业	第一产业：现代山地特色高效农业、生态林业、生态渔业以及可再生能源产业、清洁能源产业 第二产业：饮用水产业、中药材产业以及再生资源产业、原材料精深加工业、绿色轻工产业、新型建筑建材产业 第三产业：生态旅游业以及特色文化产业、绿色金融产业、文化旅游产业、大健康养生产业
2	循环高效型	是指体现循环经济的理念及要求，发展资源利用率高、污染排放少、废弃物处置量低，实现生态产品及服务的高效率产出。突出在生产、流通和消费等过程中，以减量化（reducing）、再利用（reusing）、再循环（recycling）为主要原则，最终实现资源要素的循环节约使用的产业	第一产业：牲畜生态饲养业、生态循环农业 第二产业：重化工业、材料产业、煤炭产业、石油天然气产业、电力热力产业、金属与非金属矿产业、再生资源产业、原材料精深加业 第三产业：农林牧渔服务业、现代农业服务业、绿色物流业
3	低碳绿色型	是指从产出端出发，体现低碳经济的理念及要求，注重以良好的生态资源条件，吸引集聚亲生态、低碳化、清洁化和绿色化的产业资本、技术、人才等要素，产出符合低碳、清洁、绿色要求的生态产品及服务的产业	第一产业：绿色高效农业 第二产业：新能源汽车产业、绿色建筑建材产业 第三产业：绿色文化产业、民族特色文化产业
4	环境治理型	以保护生态环境为目标，将环保理念融入各类产品与服务，实现对环境生态综合治理、改善与优化的产业	第一产业：水土保持农业 第二产业：节能环保装备制造业 第三产业：节能环保服务业、环境咨询服务业、绿色文化产业、环境管理服务业
5	智慧创新型	以大数据智能化为引领，纵深推进数字产业化、产业数字化，大力发展智能制造产业，从而引领地区制造业的转型升级，最终带动地区智能制造崛起的产业	第一产业：现代智慧农业 第二产业：生物医药产业、物联网产业 第三产业：绿色共享产业、大数据信息产业、互联网产业

表7-2（续）

序号	业态类型	界定	业态细分（列举）
6	产业融合型	以产业生态化、生态产业化为导向，推进生态农业、生态工业和生态服务业的提质增效，并促进三次产业生态融合发展的产业	第一、三产业融合发展：休闲农业、农村电商 第二、三产业融合发展：工业旅游业 第一、二产业融合发展：农产品深加工业

该划分依据主要源于理论和实践两方面。从理论方面而言，任何生态产品或服务的产出，在生产过程中都需要经历三个环节，即投入环节、生产环节和产出环节；同时，融入符合绿色环保理念的科技创新、产业融合和空间集聚等现代市场组织方式，丰富并升级对传统生态产业的认知。从实践方面而言，笔者主要依据重庆当前传统产业、既有生态产业发展现状及未来新旧动能转换中的众多可能涌现出的新业态、新模式、新增长点进行总体构想；此外，笔者也充分借鉴吸收近年来贵州、甘肃、湖北、安徽等省份围绕绿色经济、生态经济在若干产业发展重点领域所开展的实践以及出台的相关规划政策，尤其对于区位邻近、资源条件相似的贵州、甘肃等省份进行了重点研究和思考。

由此，笔者结合重庆生态资源禀赋和生态产业发展现状，进行了适当延伸拓展和优化设计，最终形成以六大业态类型为主要形态的重庆现代生态产业体系。

（一）生态利用型

生态利用型，是指从投入端出发，对重庆市现有自然资源和人文资源进行可持续的综合开发利用。在资源环境承载能力范围内，重庆市借助名山大川、峡江风光、立体气候、历史文化、民俗风情等生态资源，逐步将其转化为可增值的生态产品及服务，形成自然和人文等生态资源有效利用的生态利用型产业（图7-3）。生态利用型产业具体包含：现代山地特色高效农业、生态旅游业、经济林产业、饮用水产业、生态渔业、中药材产业、大健康养生产业等。

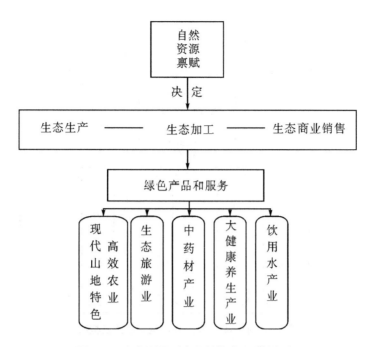

图 7-3　生态利用型产业的构建思路及框架

资料来源：笔者绘制。

（二）循环高效型

循环高效型，是指体现循环经济的理念及要求，发展资源利用率高、污染排放少、废弃物处置量低，实现生态产品及服务的高效率产出。循环高效型产业突出在生产、流通和消费等过程中，以减量化（reducing）、再利用（reusing）、再循环（recycling）为主要原则，促进传统产业的生态化改造升级、废弃物资源回收利用，逐步构建循环利用产业链，最终实现资源要素的循环使用（图 7-4）。循环高效型产业具体包含：重化工业、煤炭产业、石油天然气产业、电力热力产业、金属与非金属矿产业、原材料精深加工产业等。

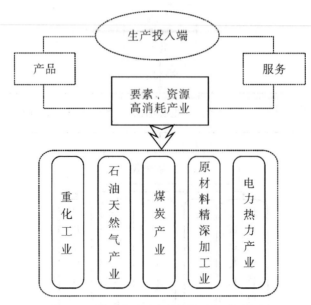

图 7-4 循环高效型产业的构建思路及框架

资料来源：笔者绘制。

（三）低碳绿色型

低碳绿色型，是指从产出端出发，体现低碳经济的理念及要求，促进能源高效利用及清洁能源的推广使用，将污染排放降至最低程度。低碳绿色型产业注重以良好的生态资源条件，吸引集聚亲生态、低碳化、清洁化和绿色化的产业资本、技术、人才等要素，产出符合低碳、清洁、绿色要求的生态产品及服务（图 7-5）。低碳绿色型产业具体包含：清洁能源产业、新能源汽车产业、绿色建筑建材产业、绿色文化产业、民族特色文化产业等。

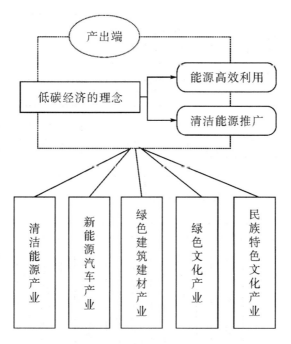

图 7-5　低碳绿色型产业的构建思路及框架

资料来源：笔者绘制。

（四）环境治理型

环境治理型，是指以生态环境保护为目标，将节能环保理念融入各类生态产品及服务，注重高效、优质、可持续推进生态修复、污染防治、环境改善。坚持污染者付费、治理者收益原则，利用市场化手段，走生态产业化发展道路，实现对生态环境进行综合治理、改善与优化的产业（图 7-6）。环境治理型产业具体包含：生态修复产业、节能环保服务业、节能环保装备制造业、环境咨询服务业、环境管理服务业等。

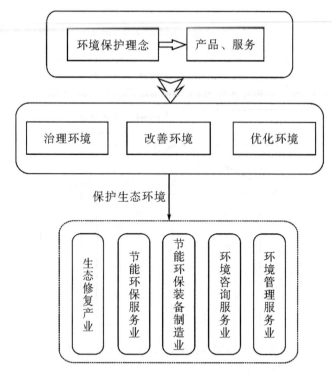

图 7-6 环境治理型生态产业的发展路径框架

资料来源：笔者绘制。

（五）智慧创新型

智慧创新型，是指以大数据智能化为引领，持续实施大数据智能化创新驱动发展战略，纵深推进数字产业化、产业数字化，用智能化"为经济赋能、为生活添彩"，大力发展智能制造产业，从而引领地区制造业的转型升级，最终带动地区智能制造业崛起（图7-7）。智慧创新型产业具体包含：互联网产业、大数据信息产业、物联网产业、绿色共享产业、生物医药产业等。

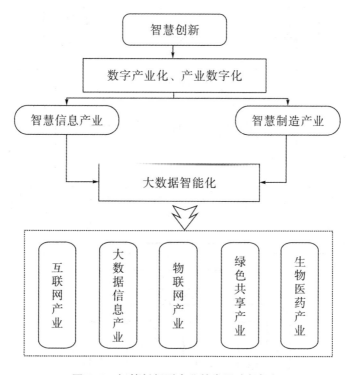

图 7-7　智慧创新型产业的发展路径框架

资料来源：笔者绘制。

（六）融合集聚型

产业融合型，是指以产业生态化、生态产业化为导向，推进生态农业、生态工业和生态服务业的提质增效，并促进三次产业生态融合发展。

融合集聚型产业具体包含：休闲农业、工业旅游业、农产品深加工业、农村电商业等。图 7-8 为融合集聚型生态产业的发展路径框架。

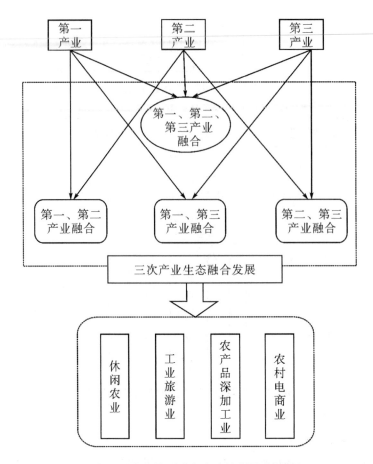

图 7-8　融合集聚型生态产业的发展路径框架

资料来源：笔者绘制。

第三节　全域现代生态产业体系的空间构想

一、全域现代生态产业体系的空间构想依据

行政区划的设置是人为主导的结果，但生态资源之间的连接往往是没有明确的空间或地理边界的，因此对于重庆市整体的发展，应遵循自然规律，聚焦解决区域发展中不平衡和不充分的问题；应密切关注适应发展动力转型及区域创新体系的构建；应高度重视生态红线、资源开发上线、环境容量底线对区域和城市发展的硬约束。基于此，笔者梳理了国家功能区层面、长江经济带层

面、成渝城市群层面关于全域现代生态产业空间的构想依据（表7-3）。

表7-3　全域现代生态产业空间的构想依据

时间	相关文件	关键内容
2017-08-29	《关于完善主体功能区战略和制度的若干意见》	①推进主体功能区建设，是党中央、国务院做出的重大战略部署，是我国经济发展和生态环境保护的大战略； ②发挥主体功能区在推动生态文明建设中的基础性作用和构建国家空间治理体系中的关键性作用； ③完善中国特色国土空间开发保护制度，实现国家空间治理能力现代化； ④在严格执行主体功能区规划基础上，将国家和省级层面主体功能区战略格局在市县层面落地； ⑤按照不同功能区的定位，开展资源环境承载能力和国土空间开发适宜性评价，落实主体功能区战略格局，科学划定空间格局
2016-03-25	《长江经济带发展规划纲要》	①形成了"生态优先、流域互动、集约发展"的思路，提出了"一轴、两翼、三极、多点"的格局； ②"一轴"是指以长江黄金水道为依托，发挥上海、武汉、重庆的核心作用，以沿江主要城镇为节点，构建沿江绿色发展轴； ③"两翼"是指发挥长江主轴线的辐射带动作用，向南北两侧腹地延伸拓展，提升南北两翼支撑力； ④"三极"是指以长江三角洲城市群、长江中游城市群、成渝城市群为主体，发挥辐射带动作用，打造长江经济带三大增长极； ⑤"多点"是指发挥三大城市群以外地级城市的支撑作用，以资源环境承载力为基础，不断完善城市功能，发展优势产业，建设特色城市，加强与中心城市的经济联系与互动，带动地区经济发展
2016-03-30	《成渝城市群发展规划》	①发挥重庆和成都双核带动功能，重点建设成渝发展主轴、沿长江和成德绵乐城市带，促进川南、南遂广、达万城镇密集区加快发展，提高空间利用效率，构建"一轴两带、双核三区"空间发展格局； ②一轴：打造成渝发展主轴；两带：培育沿江城市带，优化成德绵乐带；双核：提升重庆核心功能，提升成都核心功能；三区：培育川南城镇密集区，培育南遂广城镇密集区，培育达万城镇密集区

资料来源：笔者梳理相关文件汇编而成。

二、全域现代生态产业休系的空间功能划分

2020 年 1 月，《重庆市人民政府工作报告》指出，要完善国土空间规划，制定"一区两群"协调发展实施意见，促进各片区发挥优势、彰显特色、协同发展。重庆"一区两群"的区位划分和发展定位，如表 7-4 所示。

表 7-4　重庆市"一区两群"区域协调发展格局

一区两群	片区	具体区县	发展定位
主城都市区（一区）	主城片区	渝中区、大渡口区、江北区、沙坪坝区、九龙坡区、南岸区、北碚区、渝北区、巴南区、两江新区	增强中心城市综合承载能力，完善重要节点城市专业化服务功能，建设具有国际影响力和竞争力的现代化都市区
	渝西片区	永川区、江津区、合川区、大足区、綦江区、南川区、荣昌区、铜梁区、璧山区、潼南区、双桥经开区、万盛经开区	
渝东北城镇群、渝东南城镇群（两群）	渝东北片区	万州区、开州区、梁平区、城口县、丰都县、垫江县、忠县、云阳县、奉节县、巫山县、巫溪县	突出"库区""山区"特点，更加注重生态经济要素集成与协同，建设长江经济带三峡库区生态优先绿色发展先行示范区
	渝东南片区	黔江区、武隆区、石柱县、秀山县、酉阳县、彭水县	突出"山水""民俗"特色，促进生态康养、文化旅游等产业发展，建设武陵山区文旅融合发展示范区

2021 年 1 月，《重庆市人民政府工作报告》指出，要深入推动成渝地区双城经济圈建设，持续释放"一区两群"空间布局优化效应。一是要构建"一区两群"协调发展格局，着力提升主城都市区发展能级和综合竞争力；二是要梯次推动主城新区和中心城区功能互补、同城化发展，扎实推进渝东北三峡库区城镇群生态优先绿色发展、渝东南武陵山区城镇群文旅融合发展，加快形成优势互补、高质量发展的区域经济布局。

为此，基于重庆"一区两群"的发展定位，笔者对"现代生态产业"的发展方向和空间布局进行了初步探索。

（一）总体布局

重庆市地处长江上游，是长江流域的重要生态屏障，构建并完善"生态产业"体系，对实施长江经济带"生态优先、绿色发展"战略具有重要意义。建议对重庆市范围划定"优化开发、重点开发、限制开发、禁止开发"的主体功能区界线；在每个县级行政单元明确主体功能定位的基础上，进一步界定不同主体功能空间的生态功能、环保标准与职责。例如，浙江丽水市实行生态功能区调整创新，制订出差别化的区域开发和环境管理政策，实行生态功能区小区化，分为禁止准入区、限制准入区、重点准入区和优化准入区。

依据各区域的资源禀赋和产业基础，推动差异化、特色化及协同发展；利用产业生态化的"＋生态"、生态产业化的"生态＋"思想，改造和培育"生态产业"，形成生态工业、生态农业和生态服务业协同融合发展的良性机制，由此提供更多优质生态产品和服务。

（二）分区布局

1. 主城片区

主城片区是全市政治经济文化中心和先进产业集聚地，要强化供给侧结构性改革，促进产业发展的"生态化、智能化和融合化"。

重庆主城片区作为全市的政治经济文化中心、商贸物流集聚区和战略性新兴产业基地，在全市经济社会发展中具有举足轻重的作用，必须深入贯彻落实习近平总书记对重庆提出的"两地""两高"目标，按照陈敏尔书记在全市领导干部大会上的讲话要求，提高政治站位、保持战略定力，认真落实政府工作报告要求，确保完成各项目标任务。因此，应运用"减法"思维，依据产业准入负面清单，进一步关闭或搬迁"三高两低"项目，实现钢铁、火电、煤电和化工等重污染企业的"清零"。运用"加法"思维，支持汽摩制造、电子制造、装备制造、医药制造等传统支柱产业，采用新技术、新工艺、新材料、新装备、新模式开展技术改造，提升产业生态化水平；依据不同空间产业准入正面清单的生态环保标准，引入"数字化、智能化、绿色化"的相关生态技术和企业，加速生态产业化进程。

首先，生态农业以高效山地农业、有机农业等为重点，在北碚区、巴南区、九龙坡区规划集中区域规划局部。围绕各区的农业资源禀赋，重点发展柑橘（柠檬）、榨菜、生态畜牧、生态渔业、茶叶、中药材、调味品、特色水果、特色粮油、特色经济林十大山地特色高效产业，延伸拉长农产品精深加工产业链，建设现代农业产业园区，加快构建农村三次产业融合发展的现代农业产业体系。

其次，生态工业以新能源汽车、智能汽车、智能终端装备、节能环保装备制造等为重点，主要在两江新区、渝北区、江北区、南岸区、沙坪坝区、北碚区、巴南区规划。伴随大数据智能化技术的深入应用，创新已成为重庆高质量发展的强大动能，新业态新模式不断涌现，智能产业加速发展，相关地区要紧跟汽车生产绿色化、智能化和共享化趋势，大力发展新能源汽车、快速充电纯电动客车等清洁能源项目，夯实以长安汽车、长安福特等9家乘用车企业，恒通、五洲龙等3家客车企业，庆铃、瑞驰等5家专用车企业，以及30余家重点零部件配套企业为主体的"9+3+5+30"新能源汽车体系。

再次，生态服务业一方面以绿色建材产业、绿色建筑产业等生态建筑业为重点，另一方面以大数据信息产业、绿色会展产业、绿色物流产业、绿色金融产业、文化旅游产业、节能环保服务业等为重点，主要在两江新区、渝北区、渝中区、江北区、南岸区、巴南区等区域集中进行规划。2019年重庆举办的会展场次已达27场（表7-5）。

表 7-5　2019 年重庆市展会信息一览表

序号	展会名称	场馆地址	展会时间
1	2019第十五届中国重庆（春季）珠宝首饰玉石暨盛世收藏博览会	重庆南坪国际会展中心	2019-02-22—2019-02-25
2	第25届重庆（春季）婚博会暨婚纱、珠宝、摄影、婚庆、婚宴、用品、家居采购会	重庆南坪国际会展中心	2019-03-02—2019-03-03
3	2019重庆医药卫生人才春季大型交流会	重庆展览中心	2019-03-16
4	2019看车玩车春季巡展万州站	重庆国际博览中心	2019-03-16—2019-03-17
5	2019重庆春夏品牌服装博览会	重庆展览中心	2019-03-19—2019-04-05
6	2019第十八届中国西部国际广告节	重庆南坪国际会展中心	2019-03-22—2019-03-24
7	2019第23届重庆都市旅游节暨城际旅游交易会	重庆南坪国际会展中心	2019-03-28—2019-03-30
8	2019重庆国际马拉松赛体育博览会	重庆南坪国际会展中心	2019-03-28—2019-03-30
9	重庆药品渠道对接会＆重庆高值耗材渠道对接会	重庆南坪国际会展中心	2019-03-28
10	2019第九届中国（重庆）国际汽车博览会暨新能源·智能汽车展	重庆南坪国际会展中心	2019-04-04—2019-04-07

表7-5(续)

序号	展会名称	场馆地址	展会时间
11	2019中国（重庆）食材节暨火锅连锁加盟展	重庆南坪国际会展中心	2019-04-12—2019-04-14
12	2019看车玩车（春）巡展（重庆站）	重庆展览中心	2019-04-13—2019-04-14
13	第十三届中国餐饮产业大会暨2019中国（重庆）国际美食节/餐饮连锁加盟、食材博览会	重庆南坪国际会展中心	2019-04-27—2019-04-29
14	2019拓众传媒全国巡回展-重庆站	重庆展览中心	2019-05-09
15	2019第十七届中国（重庆）国际绿色建筑装饰材料博览会	重庆南坪国际会展中心	2019-05-10—2019-05-12
16	2019重庆丝绸服装博览会暨第11届重庆端午食品博览会	重庆展览中心	2019-05-29—2019-06-10
17	2019第十六届重庆国际（春季）珠宝首饰玉石及收藏品展览会	重庆南坪国际会展中心	2019-05-31—2019-06-03
18	第十三届重庆购物狂家居嘉年华	重庆南坪国际会展中心	2019-06-22—2019-06-23
19	2019中国西部教育博览会	重庆展览中心	2019-06-24—2019-06-25
20	第十二届KOD国际街舞大赛——重庆资格赛	重庆南坪国际会展中心	2019-08-02—2019-08-04
21	2019重庆盛夏国际汽车展览会	重庆南坪国际会展中心	2019-08-09—2019-08-11
22	2019看车玩车（夏）巡展（重庆站）	重庆展览中心	2019-08-24—2019-08-25
23	2019中国国际智能产业博览会	重庆国际博览中心	2019-08-26—2019-08-29
24	2019第十七届中国重庆国际珠宝首饰玉石及收藏品展览会	重庆南坪国际会展中心	2019-11-01—2019-11-04
25	2019中国（重庆）国际美容化妆品博览会	重庆南坪国际会展中心	2019-11-22—2019-11-24
26	中国重庆国际职业装·校服博览会	重庆南坪国际会展中心	2019-12-19—2019-12-21
27	2019看车玩车（冬）巡展（重庆站）	重庆展览中心	2019-12-21—2019-12-22

资料来源：根据重庆市会展行业协会信息整理。

最后，以休闲观光型都市生态农业、生态旅游业等为重点的三次产业融合型生态产业也是主城片区规划布局的重点。相关地区要统筹规划、协同布局、优化配置旅游资源及要素，将大山区、大库区、大城市、大农村的自然生态资源优势，转化为类型多样的山水都市游、田园乡村游，实现城乡融合发展，探索建设跨越行政区域、融合城乡发展的全域生态旅游新格局，打造全域旅游发展新格局。

2. 渝西片区

渝西片区是全市工业化、城镇化最活跃的地区，重庆要因地制宜、因势利导构建差异化的生态产业，促进产业发展的"集约化、清洁化和循环化"。

渝西片区作为推进重庆市新型工业化、新型城镇化的主力军，必须切实担负起主力军责任，更好地发挥对全市经济的重要支撑作用，推动重庆经济高质量发展。因此，渝西片区应积极对接主城区高端产业发展需求，承接企业、产业转移，进行相应配套生产和服务，形成协同联动发展。在空间布局上，引导企业向优化开发、重点开发区中的产业园区集聚，实现集约、集群发展。运用"+生态"思想，以"减量化、再利用、再循环"为原则，推动装备制造、化工医药、材料制造、消费品制造等产业向"清洁化、循环化、绿色化"方向转型，推进传统工业园区升级为生态工业园区；运用"生态+"思想，为生态工业的投入、生产和产出过程提供相应的大数据信息、低碳技术、环保治理、绿色物流等生产性服务，形成三次产业之间的生态融合与联动发展。

首先，生态农业以生态蔬菜、生态渔业、牲畜生态养殖业等为重点构建对象，具体在涪陵区、长寿区、南川区、綦江区、荣昌区等区域集中规划布局。相关地区要树立"精品意识"，大力实施品种、品质和品牌建设工程，多渠道推广以"巴味渝珍"为区域公用品牌的特色生态农副产品，扩大特色产品知名度和影响力，打造特色农业品牌；要实施立体种养技术，建立"稻渔共生"、林下种养、循环养殖等生态农业模式，探索实践"一容多业、一物多用、一产多收"的绿色循环高效种养格局。

其次，生态工业以智能装备产业、新材料产业、化工产业、清洁能源产业、节能环保产业为重点，在璧山区、永川区、江津区、合川区、万盛经开区等集中区域合理布局。相关地区要打造环境经济园区、生态工业园区、绿色经济开发区等集聚载体，促进低碳、循环、创新、融合、集约发展。要鼓励支持企业及园区由单一的化工品生产，向更高端的天然精细化工、医药中间体、玻璃纤维等绿色化工品，以及食品级、医药级和电子级新材料产品进行拓展延伸，提升亩产效率和综合效益，探索"产品高端化、产业绿色化、资源集约化、经济循环化"发展新路。

再次，生态服务业应聚焦铜梁区、潼南区、大足区、涪陵区、长寿区等集中区域，重点规划布局以绿色建材产业、绿色建筑产业等为重点的生态建筑业和以环境管理咨询服务、特色会展、绿色物流、生态旅游、文化旅游生态为代表的生态服务业。相关地区要倡导绿色会展，强化对展会现场"生料加工"和"现场涂刷"的管理等，积极探索展会展台撤、清、运一体化服务管理模式，制定绿色管理规范，加强对布展、开展、撤展的固体垃圾产生清运的全过程管理，建设绿色搭建、绿色展台、建筑垃圾清运试点区域。

最后，渝西片区还重点打造以工业旅游等为重点的二次产业融合发展的生态产业。目前，江津的芝麻官食品工业旅游基地、韩氏瓦缸食品工业旅游基地，涪陵的页岩气"旅游+工业"基地，綦江的"四钢记忆"工业旅游等基地发展迅猛。

3. 渝东北片区

渝东北片区具有丰富的自然、人文和生态资源，要充分利用资源多样化特色，宜工则工、宜农则农、宜林则林、宜商则商、宜游则游，推动生态产业化和产业生态化。

渝东北片区地处三峡库区腹心地带，作为重庆深度融入长江经济带发展的重要板块，必须强化"上游意识"，担起"上游责任"，把修复长江生态环境摆在压倒性位置，把"绿色+"融入经济社会发展各方面，努力实现百姓富、生态美的有机统一。因此，优化协调生态、生产和生活空间布局，不同主体功能空间内的产业实行差异化的生态环保标准和要求，加大生态指标在政绩考核中所占比重。突出限制开发区、禁止开发区的生态红线，尤其是在三峡库区土壤保持重要区、秦岭-大巴山生物多样性保护与水源涵养重要区等国家级重要生态功能区，应实行最严格的生态环保制度与标准。深度挖掘生态资源的资产价值和产品特质，探索并创新生态产品实现机制，构建特色化的生态产业体系。

首先，渝东北片区应在万州区、忠县、开县、云阳县、奉节县、巫山县、巫溪县等集中区域，规划布局生态特色效益农业，解决因化肥农药造成的农业污染和农药残留超标问题，生态农业主要以无公害蔬菜、柑橘产业、草食牲畜产业、中药材产业、生态渔业等为主。近年来，巫山脆李、万州红橘、忠县柑橘、梁平蜜柚、垫江晚柚等一大批特色水果产业，赢得了市场青睐。

其次，渝东北片区应在垫江县、梁平区、万州区、忠县、城口县、巫溪县等集中区域，规划布局以可再生能源、页岩气等清洁能源、中药材深加工、牲畜加工、调味品加工等为重点的生态工业。此外，云阳生态工业产业园是渝东北区域发展工业的主战场；相关地区要以循环低碳绿色为导向，通过节能降耗、精细管理、循环发展等改造提升方式，形成天然气化工、石油化工、化工新材料等循环经济产业，支持有条件的化工园区积极创建国家循环经济试点示范园区，实现资源利用最大化。

再次，渝东北片区应在万州区、开县、云阳、忠县、巫溪县等集中区域规划布局以环保建材、环保建筑等为重点的生态建筑业和以生态旅游、电子竞技会展等为重点的生态服务业。近年来，渝东北片区整合营销新思路，聚焦"三峡深度游"，开辟三峡"陆上游"新玩法，全面建立"水陆空"渝东北片区立体旅游生态圈。

最后，渝东北片区还应规划布局以农村电商和品牌农产品为重要特色的三次产业融合发展的生态产业，推动大数据智能化应用于农业生产、经营、管理和服务，探索建立农业综合性及关联产业大数据中心，大力发展农村电子商务，发展现代山地特色高效农业、促进三次产业有机融合发展，从而实现乡村振兴。

4. 渝东南片区

渝东南片区是国家重点生态功能区和重要生物多样性保护区，是建设长江上游生态屏障的核心载体之一。要充分发挥其绿色本底优势，推进生态化产品、模式和业态创新。

渝东南片区作为集少数民族聚居区、贫困地区、偏远山区、革命老区和国家重点生态功能区于一体的特殊地理单元，必须认真落实中央决策部署，按照陈敏尔书记在渝东南片区调研时的指示要求，保持定力、坚定信心，坚持生态优先、绿色发展，加快步入高质量发展轨道。因此，坚持生态优先，在武陵山区生物多样性保护与水源涵养重要区等国家级重要生态功能区，非生态产业实行禁止准入，引导部分生态工业进入环保产业园区形成集聚发展。打造"原生态"产品，加快将生态资源转化为生态产品，推动生态产品发展升级为生态产业，促进水、空气、森林等自然资源加快增值，构建渝东南生态经济走廊。

首先，渝东南片区应在黔江区、武隆区、石柱县、酉阳县、彭水县等集中区域规划布局以高山蔬菜、冷水鱼、茶叶、中药材、食用菌、烟草等为重点的山地特色生态农业。相关地区要发展"山地特色"经济，坚持因地制宜、因势利导，聚力实施产业结构调整、绿色生产、低碳循环再生、资源节约集约利用、分享经济、生态经济、绿色金融七大工程，大力发展绿色循环山地工业、山地特色效益农业。近年来，黔江区积极构建山地特色立体农业示范基地，推动农业"接二连三"；石柱县农业发展坚持走生态路，巧打特色牌。这些地区通过优化产业区域布局，打造特色产业基地，依托科技创新不断延长特色山地农业产业链，提升农业产业附加值。

其次，渝东南片区应在黔江区、武隆区、石柱县、秀山县等集中区域规划布局以特色资源绿色加工产业、节能环保产业等为重点的生态工业。相关地区要围绕建成渝东南工业核心集聚区和产业聚集中心，完善农业"接二连三"链条，加快推进"四大产业园"建设，大力支持民营经济发展，加快构建现代产业体系，推动产业集群发展，增强市场主体活力，扎实推动高质量发展动能培育取得新进展。

再次，渝东南片区应在武隆区、石柱县、秀山县、酉阳县等集中区域规划布局以环保建材、环保建筑等为重点的生态建筑业和以高山休闲纳凉、民俗文化旅游等为重点的生态服务业。相关地区要借助"晒文化、晒风景"双晒推介活动的全民宣传效应，厘清山、水、林、田、湖、草、气候等生态环境要素的规模分布、功能特色，挖掘历史、文化、民俗、体育、艺术、创意等历史人文资源的文化底蕴、精神内涵，推进地区生态服务业发展。

最后，渝东南片区还应规划以乡村民俗文化生态旅游等为重要特色的三次产业融合发展的生态产业。相关地区要创新生态产品价值实现机制，唤醒激活"沉睡"的自然与人文资源，将自然风光、人文风韵、特色风物、民俗风情、城乡风貌进行多渠道融合，深入挖掘文化旅游资源、创新文化旅游产品，通过以文化人、文以载道的方式发展融合型生态产业。

表 7-6 为重庆市全域现代生态产业体系的发展方向和空间布局。

表 7-6　重庆市全域现代生态产业体系的发展方向和空间布局

序号	片区名称	发展定位	空间布局
1	主城都市区：主城片区	促进产业发展的"生态化、智能化和融合化"	①以高效山地农业、有机农业等为重点，以北碚区、巴南区、九龙坡区等为集中区域的生态农业； ②以新能源汽车、智能汽车、智能终端、节能环保装备制造等为重点，以两江新区、渝北区、江北区、南岸区、沙坪坝区、北碚区、巴南区等为集中区域的生态工业； ③以绿色建材产业、绿色建筑产业等为重点的生态建筑业； ④以大数据信息产业、绿色会展产业、绿色物流产业、绿色金融产业、文化旅游产业、节能环保服务业等为重点，以两江新区、渝北区、渝中区、江北区、南岸区、巴南区等为集中区域的生态服务业； ⑤以休闲观光型都市生态农业、生态旅游业等为重点的三次产业融合发展的生态产业

表7-6(续)

序号	片区名称	发展定位	空间布局
2	主城都市区：渝西片区	因地制宜、因势利导构建差异化的生态产业，促进产业发展的"集约化、清洁化和循环化"	①以生态蔬菜、生态渔业、牲畜生态养殖业等为重点，以涪陵区、长寿区、南川区、綦江区、荣昌区等为集中区域的生态农业；②以智能装备产业、新材料产业、化工产业、清洁能源产业、节能环保产业为重点，以璧山区、永川区、江津区、合川区、万盛经开区为集中区域的生态工业；③以绿色建材产业、绿色建筑产业等为重点的生态建筑业；以环境管理咨询服务、特色会展、绿色物流、生态旅游、文化旅游等为重点，以铜梁、潼南、大足、涪陵、长寿等为集中区域的生态服务业；④以工业旅游等为重点的三次产业融合发展的生态产业
3	渝东北片区	充分利用资源多样化特色，宜工则工、宜农则农、宜林则林、宜商则商、宜游则游，推动生态产业化、产业生态化	①以无公害蔬菜、柑橘产业、草食牲畜产业、中药材产业、生态渔业等为重点，以万州区、忠县、开县、云阳县、奉节县、巫山县、巫溪县等为集中区域的生态特色效益农业；②以可再生能源、页岩气等清洁能源、中药材深加工、牲畜加工、调味品加工等为重点，以垫江县、梁平区、万州区、忠县、城口县、巫溪县等为集中区域的生态工业；③以环保建材、环保建筑等为重点的生态建筑业；④以乡村生态旅游、电子竞技会展等为重点，以万州区、开县、云阳县、忠县等为集中区域的生态服务业；⑤以农村电商和品牌农产品为重要特色的三次产业融合发展的生态产业
4	渝东南片区	充分发挥绿色本底优势，推进生态化产品、模式和业态创新同时发展民俗旅游	①以高山蔬菜、冷水鱼、茶叶、中药材、食用菌等为重点，以黔江区、武隆区、石柱县、酉阳县、彭水县等为集中区域的山地特色生态农业；②以特色资源绿色加工产业、节能环保产业等为重点，以黔江区、武隆区、石柱县、秀山县等为集中区域的生态工业；③以环保建材、环保建筑等为重点的生态建筑业；④以高山休闲纳凉、乡村生态民族文化旅游等为重点，以武隆区、石柱县、秀山县、酉阳县等为集中区域的生态服务业；⑤以乡村民俗文化生态旅游等为重要特色的三次产业融合发展的生态产业

第四节　本章小结

生态文明建设关系人民福祉，关乎民族未来，而生态优先、绿色发展是新时代高质量发展的战略选择。重庆市产业基础实、自然禀赋好、生态资源优，比较优势十分突出，可作为高质量生态文明建设的"重庆范本"。本章基于现代生态产业体系的基本内涵，结合重庆市生态资源禀赋和产业发展现状，将生态产业体系划分为六大业态类型，并尝试将现代生态产业体系的业态在重庆主城区、渝西片区、渝东北片区和渝东南片区进行空间布局初探。为更好推进重庆市全域生态产业体系的业态发展，主要的政策启示有：一是突破区域绿色发展碎片化、粗放式状态，将重庆市建设成为全国全域绿色发展示范区域；二是建立跨行政区域的飞地园区生态补偿模式，通过"有钱出钱、有力出力"的方式实现资源互补；三是稳步推进和适度普及推广"确权确股不确地"改革，拓展重庆地票生态功能，拓展宅基地有偿退出机制；四是充分发挥政策性金融机构在绿色信贷、绿色保险方面的作用，对部分绿色项目实行有针对性的利率优惠。

第八章　重庆构建全域现代生态产业体系的现实路径[①]

推动"产业生态化、生态产业化"、构建符合"绿色发展"理念的现代生态产业体系，是构建生态产业体系的重要路径。换言之，在构建现代生态产业体系的过程中，需要考虑并解决区域内拥有的众多不同生态资源和产品，如何开发、转化、升级为现代生态产业，既实现产业生态化，又实现生态产业化。本章基于重庆自身资源禀赋、要素条件和产业基础，坚持因地制宜、因势利导，分别基于生态产业业态类型（智慧创新型、循环高效型、低碳绿色型、环境治理型、生态利用型、融合集聚型）和"两化"发展角度，积极探索重庆构建全域现代化生态产业体系的推进方向和路径。

第一节　构建全域现代生态产业体系的现实方略

重庆市全域现代生态产业体系的构建，是基于"两化"发展提出的。因此，本书将从"产业生态化"和"生态产业化"两个方面，分别提出推进生态产业发展的现实方向。

一、超越"地域界限"，促进全域空间一体化协同

（一）树立"全域化"发展理念

"全域化"是指产业的全区域布局、全领域覆盖、全方位联动、全产业配套、全社会共享。"全域化"发展理念是超越"地域界限"，在局部发展的基

---

① 本章主要内容已公开发表于《改革与战略》2020年第2期，具体文献信息如下：李星林，罗胤晨，文传浩. 产业生态化和生态产业化发展：推进理路及实现路径 [J]. 改革与战略，2020，36（2）：95-104.

础（经验、技术、思路等）上，为了进一步促进各区域间的均衡发展，缩小区域之间的差距，避免区域经济发展的不平衡而提出的全域化整合发展思路。全域化也意味着将对全域资源（各类生产要素资源）进行重新整合配置，以均衡发展为目标，构建一个生产、分配、交换、消费全域化发展的新格局（罗伊玲 等，2016）[211]。重庆市城乡差距明显，地域差异突出，主城区与各区县之间的经济发展水平存在较大差距。因此，在构建重庆市现代化生态产业体系时，更应顾及全局，突出主城区及各区县自身优势，以全域发展为思路，合理配置各区域资源，推动重庆市全域现代化生态产业体系的构建。

（二）推动"一体化"协同发展

产业一体化是指"在市场经济条件下，利用产业结构互补性的特点，促进生产要素自由流动，加速产业的整合与重组，实现区域间的分工与协作，从而以整体优势参与对外竞争。产业一体化的核心内容是各区域产业之间的分工与协作"（刘长虹，2010）[212]。目前，产业一体化的模式主要有两种，即垂直一体化模式和水平一体化模式①。区域间存在的资源禀赋、比较优势、专业分工程度等差异，导致各区域发展水平各异，资源配置和利用水平不一，资源浪费、发展受限等问题普遍存在。因此，为了更好地构建重庆市全域现代化生态产业体系，各区域需要依靠自身产业优势、资源优势等，推动各区域、各产业之间的垂直一体化和水平一体化发展，通过政府引导、市场主导，加大产业分工与协作力度，更好地实现范围经济和规模经济，推动经济发展。

二、重点把握"四量"齐进，深入推动"产业生态化"

（一）存量升级：传统粗放产业的生态化转型

传统粗放产业既指传统产业，又指依靠增加生产要素量的投入来扩大生产规模以实现经济增长的粗放型产业。重庆作为老工业基地，随着经济快速发展，经济、资源和环境之间的矛盾日益突出，产业生态化发展是重庆突破资源环境约束、实现可持续发展的必然选择。从产业情况来看，重庆虽已实现产业结构"三、二、一"的发展模式，但作为老工业基地，其与发达国家（地区）和沿海发达省市相比，传统粗放产业仍普遍存在，产业结构仍需优化，产业生态化水平不高，万元 GDP 能耗、万元 GDP 水耗、主要污染物排放量等节能减

---

① 垂直一体化模式：基于产业链上中下游分工协作的一体化发展模式；水平一体化模式：基于区域之间协同合作的一体化发展模式。

排指标值仍然相对较高①。

因此，要进一步提高重庆经济发展质量，构建重庆全域生态产业体系，当前重要任务之一就是必须对现有传统粗放型农业、工业、服务业进行存量升级，即运用"生态+"思想，推进"高消耗、高排放、高污染"的传统产业加速"生态化"转型升级，减少投入产出过程中资源与要素的消耗；同时，利用技术引进、技术合作和技术创新等方式，对生产技术、生产环节、生产过程及产业园区等进行清洁化、低碳化和循环化改造，实现最终产品或服务的绿色化（李星林 等，2020）[214]，如图 8-1 所示。

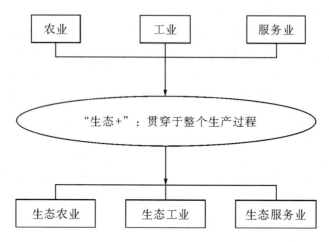

图 8-1　传统粗放产业的生态化转型过程
资料来源：笔者绘制。

（二）增量培育：战略新兴产业的多元化引入

除了注重对传统粗放产业的转型升级，还需进一步培育和引入战略新兴产业。《战略性新兴产业分类（2018）》对战略性新兴产业进行了界定：战略新兴产业是以重大技术突破和重大发展需求为基础，对经济社会全局和长远发展具有重大引领带动作用，知识技术密集、物质资源消耗少、成长潜力大、综合效益好的产业。根据国务院规定，我国的战略性新兴产业有七大类，分别是节能环保产业、新一代信息技术产业、生物产业、高端装备制造产业、新能源产业、新材料产业、新能源汽车产业（任保平、苗新宇，2021）[213]。就重庆目

---

① 根据重庆市、北京市、上海市、广东省 2020 年的统计年鉴数据可知，2019 年重庆市万元 GDP 能耗为 0.407 吨标准煤，北京市、上海市、广东省万元 GDP 能耗分别为 0.230、0.337、0.317 吨标准煤。

前情况来看，自 2011 年出台《重庆市人民政府关于加快发展战略性新兴产业的意见》以来，重庆以做大做强高端装备制造、新能源汽车、节能环保三大优势产业，培育新材料、生物、新能源三大先导产业，实施"2+10"产业链集群建设方案，来大力发展战略性新兴产业（黄庆华、刘建徽，2012）[214]。

根据《重庆市人民政府工作报告（2021 年）》，2020 年重庆市高技术产业和战略性新兴产业对工业增长贡献率分别达到 37.9%、55.7%，战略性新兴产业成了拉动工业经济增长的主要动力。可见，"十二五"规划、"十三五"规划期间，重庆市已大力发展战略性新兴产业，并取得一定成果。但就地方整体经济发展情况而言，战略性新兴产业仍未占主导地位，且主要发展集中在战略性新兴制造业方面，产业多元性不足，对地区绿色发展贡献不足。因此，要推动重庆区域生态产业的发展，还需从新增产业方面进行生态产业培育，尤其是借助"市场拉力-政府推力"进一步培育和发展多元化战略性新兴产业，如图 8-2 所示。

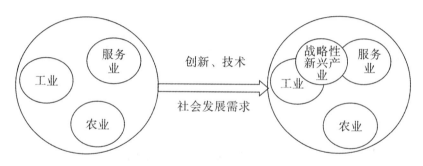

图 8-2　战略性新兴产业的引入

资料来源：笔者绘制。

（三）流量更新：传统与新兴产业的更新替换

重庆是老工业基地，钢铁、汽车等传统产业曾是工业的支撑。因此，重庆在产业生态化发展过程中，一方面需要做好传统产业的"减法"，另一方面还需要做好传统产业的改造提升，尤其是在传统产业的基础上，利用高新技术改造传统产业，引导传统产业向新兴产业更新转变。在更新改造的过程中，并非让传统产业退出历史舞台，而是通过高新技术改造，进一步提升资源整合效率，实现资源优化利用，将传统产业改造为低消耗、低成本、高效益的新兴产业，推动可持续经济的发展。

（四）变量创生：三次产业的市场化融合发展

在现代经济发展过程中，三次产业不仅自身在不断升级完善，而且出现了诸多产业融合发展现状。因此，无论基于市场需求还是供给侧推动，都需在发展三次产业的基础上，注重产业的融合发展，即以产业生态化、生态产业化为导向，推进农业、工业和服务业的相互融合，大力发展"农业+服务业""工业+旅游业""农业+旅游业""农业+工业+服务业"等融合发展的产业。重庆既有青山绿水"山城"特色，又有老工业基地基础，同时又是直辖市，经济发展水平不断提高。重庆的地方特色明显，产业基础较好，在产业融合发展中具有明显优势。因此，在推动重庆全域现代生态产业发展过程中，更应依托要素优势，注重重庆的三次产业市场化融合发展，如图8-3所示。

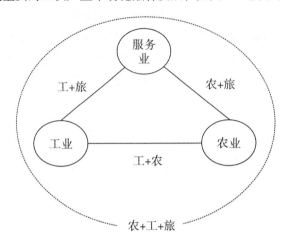

图8-3 三次产业的市场化融合发展

资料来源：笔者绘制。

三、立足现有生态资源，深入推动"生态产业化"

（一）保护、开发、治理多措并举

山水林田湖草是生命共同体，要统筹兼顾、整体施策、多措并举。第一，要建立统一的空间规划体系和协调有序的国土开发保护格局，严守生态保护红线，坚持对山水林田湖草的整体保护、系统修复、区域统筹、综合治理；第二，要在保护生态资源的前提下，挖掘地方生态资源优势，协同推进经济高质量发展和生态环境高水平保护，协同发挥政府主导和企业主体作用，引导开发和培育地方特色的生态产业；第三，在开发和培育生态产业的同时，倡导清洁开发、及时治污、简约适度、绿色低碳的生产和生活方式，反对过度开发、先污染后治理、铺张浪费的生产和消费。

（二）政府、企业、个体协同推进

生态产业化以现有生态资源（自然资源、气候资源、环境资源等）和人文资源为基础，将资源优势转化为经济优势，引入价格机制，实现资源市场化和价值增值。考虑到生态资源增值过程通常存在规模报酬递增，因此在发展主体方面，更需要经济实力相对雄厚或抗风险能力相对较强的主体。基于此，要实现资源优势向经济优势的转化，需要协调政府、企业、个体三大主体作用，政府发挥好其公共部门的引导作用，企业发挥好其市场主体作用，个体发挥好其生产作用，共同推进生态资源市场化和价值增值。

（三）生态、人文、产业融合发展

生态产业化不仅要重视对山水林田湖草等资源的产业化发展，还应结合地方文化特色，传承和弘扬文化，开发多元化产业。因此，生态产业化的发展，一是要依托资源优势开发适宜的生态产业；二是要在开发资源优势产业的同时，结合山水林田湖草文化及地方风俗、民俗文化，寻找生态资源和文化资源的结合点，打造"自然-人文"特色产业；三是立足当前已有产业基础，推动生态资源优势、地方文化特色、现有产业的融合发展。图 8-4 为"产业生态化"推进方向构思图。

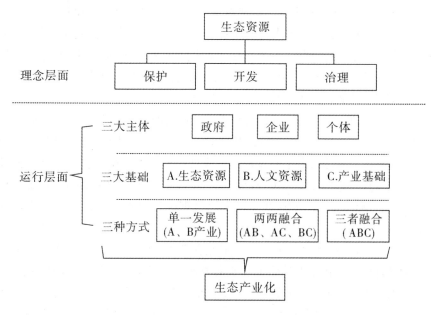

图 8-4　"生态产业化"推进方向构思图

资料来源：笔者绘制。

第二节　构建全域现代生态产业体系的推进路径

构建重庆全域现代生态产业体系，一是要认清各区域产业基础，始终坚持"全域化"发展理念，协同推进全域产业的一体化发展；二是要深入理解"产业生态化、生态产业化"，从"两化"角度，探析构建重庆全域现代生态产业体系的具体推进路径。

一、产业生态化：现行产业生态转型路径

产业生态化是指对现有产业的"生态化"改造过程，以此推动传统产业的绿色发展。产业生态化以既有产业为基础，因此本书将以三次产业为基础，积极探索重庆如何实现第一、二、三产业的生态化改造，即分别对农业、工业和服务业等进行生态化改造，实现生态农业、生态工业、生态服务业等产业转型升级，提升经济效益和生态效益，推动绿色循环低碳经济发展。

（一）现有农业向生态农业转型路径

以实施乡村振兴为核心，实现农业生态化转型升级。农业包含农、林、牧、渔业等，其经营主体是农民或涉农单位（企业、合作社、村集体等）。因此，要引导农业进行生态化转型升级，需从农产品、农产业等多方面推进，使其转型为绿色/生态产品、生态产业。具体推进路径包括以下几种。

1. 发展生态循环农业，生产生态农产品

重庆以山地为主，土地细碎化程度高，小农经营是农业的主要经营模式。因此，在现有农业生产、经营特征基础上，从根本上推动农业生态化发展尤为重要。对此，本书提出走生态循环农业发展路径。生态循环农业是以"循环利用"为发展理念，做到"废弃物-资源-废弃物-资源"不断循环，既能实现节约资源、清洁生产，又能更大程度地合理利用和配置资源，进一步做到"节约、高效"。

其运行原理为：将农、林、牧、渔业有机结合起来，将生产的各类产品和产生的各种废弃物转化为其他类别所需要素，实现相互关联-循环利用过程。目前，农业生产中的典型案例有："农作物-畜牧-沼气""养殖业-沼气-农作物（种植业）""农作物-养殖业-菌类"等。生态循环农业发展路径如图8-5所示。

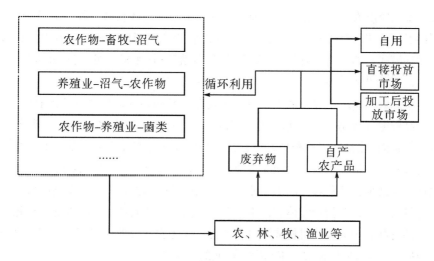

图 8-5　生态循环农业发展路径

资料来源：笔者绘制。

　　重庆可依托各区县独特的生态资源及特色农产品，综合发展柑橘（柠檬）、榨菜、畜牧、渔业、茶叶、中药材、特色水果、特色经济林等循环农业。重庆市循环农业的发展走三大循环模式，分别是以小农户为中心的小循环模式，以家庭农场、合作社、农业企业等为中心的中循环模式，以农业产业园区、地区发展为中心的大循环模式，如图 8-6 所示。

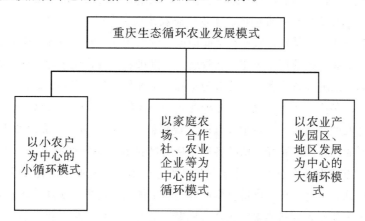

图 8-6　重庆生态循环农业发展模式

资料来源：笔者绘制。

　　重庆生态循环农业发展模式具体表现为：①以小农户为中心的中小循环发展模式，如"猪-沼-作物""作物-猪-沼气""作物-猪/羊-菌类"等发展模式；②以家庭农场、合作社、农业企业等为中心的循环模式，如"养殖-化肥-作物""作物-养殖-化肥"等模式；③以农业产业园区、地区发展为中心的大循环模式，如"青菜种植-榨菜公司-猪养殖公司-肥料公司-销售公司"等。

2. 培育生态农业经营主体，推动区域生态农业发展

生态农业发展不仅要从生产角度实现循环利用，还需根据各地区农作物、农产品资源和优势，优先培育生态农业经营主体（如家庭农场、龙头企业等）。具体做法是在当地种植大户、养殖大户或现有农业企业的基础上，通过政府鼓励、支持和引导，发展成为当地特色农业经营主体。以农业经营主体为载体，发展地方特色农产品加工业，开发农产品附加值，打开生态农产品的多元化供给市场，并借助实体和网络平台等，拓展生态农产品需求市场。与此同时，还可联合相关科研机构或平台，将特色优势农业发展成"育-繁-推、产-学-研"可持续推广模式，带动生态农业的可持续发展。

重庆以山地居多，土地细碎化程度较高，小农经营是农业主要经营模式。因此，在培育农业经营主体方面，重庆应多注重农业合作社、龙头企业的培育，如奉节脐橙农业合作社、江津花椒合作社、葡萄合作社或各地区特色农业公司等。同时，重庆应加快农地流转，促进农业规模化发展和农业经营主体的培育。此外，重庆市高校（如西南大学等）在农业方面的研究成果颇丰，重庆也应加强地方高校与地方农业发展的联系，从理论与实际相结合的角度，加快生态农业经营主体的培育，进一步推动重庆全域生态农业的发展。

3. 打造生态农业产业园区，实现生态农业集聚发展

农业产业园区是现代农业在空间地域上的聚集区。它是由政府引导、企业运作，用工业园区的理念来建设和管理，以推进农业现代化进程、增加农民收入为目标，以现代科技和物质装备为基础，实施集约化生产和企业化经营，集农业生产、科技、生态、观光等多种功能于一体的综合性示范园区。农业产业园区能将农产品从单一、零散经营转变成集群、专业经营，形成农业产业链。走生态农业产业园区路径，依托各地区优势特色农业主导产业，以"市场化、多元化"方式推动农业产业园与小农户的有机衔接，农业产业化龙头企业与农民合作社、家庭农场、供销合作社等经营主体相互促进，实现生态农业生产要素、生态要素和创新要素的融合与集聚，最终实现农业生态化发展。

重庆目前正在实施"百千万"工程，培育一批百亿级现代生态农业园区，打造一批千亿级现代生态农业产业集群，建立一批超过万名人员的现代生态农业技术推广服务团队。重庆生态"百千万"工程的推进，是对农业资源、地方优势、人才要素等资源的广泛整合，将有助于生态农业产业链的形成，也有

助于生态农业集聚效应的形成，从大范围、长远视角推进生态农业发展。

4. 发展休闲观光农业，延伸农业生态价值

该路径具有很强的可塑性，其核心思想是因地制宜、因势利导，将农业生产过程与第二、三产业相结合，将农产品打造成具有农业价值、旅游价值、地方文化价值的产品，使其植根于农业，但又不局限于农业。重庆可根据各区县特色产业或特有地形，设计出符合当地特色和旅游市场多样化需求的休闲观光农业经营路径，如生态旅游农业、生态体验农业园区、农业生态庄园等。

（二）现有工业向生态工业转型路径

工业向生态工业转型，是对传统工业进行生态化提升，从"高能耗、高污染、高成本"等升级为"低能耗、低污染、低成本、高效益、高环保"产业。工业是经济发展的重要方面，更是生态化转型的重要内容。现有工业向生态工业转型路径如图8-7所示。

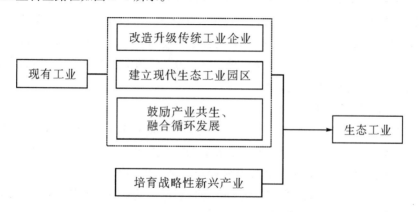

图8-7 现有工业向生态工业转型路径

资料来源：笔者绘制。

1. 改造升级传统工业企业

该路径力求通过树立生态意识、推行清洁生产、实施绿色管理等方式完成传统工业企业的改造升级。树立生态意识，即改变传统的"先污染，后治理"观念，鼓励对生产全过程做到生态环保；推行清洁生产，是指在生产过程中要节约原材料和能源，在排放过程中要做到低污染、低毒物甚至零污染，生产的产品要清洁可靠，即清洁生产要求尽可能接近零排放闭路循环式生产，尽可能减少能源和其他自然资源的消耗，建立极少产生废物或污染的工业技术系统；实施绿色管理，是指在产前、产中、产后等所有环节，均以减少人、财、力等资源浪费为目标，实现节约资源、绿色高效的管理方式。

重庆的工业基础扎实，更需加大生态意识宣传，对传统重工业设置生态环保生产、检验指标，清理不合格企业，改造提升重要企业，推动传统工业企业生态化转型升级。

2. 建立现代生态工业园区

建立现代生态工业园区既可以是在传统工业园区的基础上，将其转型升级为一个工业生态经济系统；也可以是新建的以"生态"发展为理念的工业园区。现代生态工业园区不同于传统工业园区，其生产方式从传统的"设计—生产—使用—废弃"模式转化为"回收—再利用—设计—生产"的循环经济生产模式。生态工业园区是仿照自然生态系统物质循环方式，使不同企业之间形成资源共享和副产品互换的产业共生组合，使上游生产过程中产生的废物成为下游的生产要素，从而实现循环共生、节能高效、生态环保的发展模式。

重庆可发挥两江新区的龙头作用，联动西永等 3 个综合保税区、永川等 8 个国家级开发区、33 个市级特色工业园区（含 3 个市级高新区），形成以"1+3+8+33"为支撑的现代生态园区架构体系，坚持园区产业特色化、生态化、绿色化发展，建设若干个百亿级、千亿级、万亿级的生态工业园区，引领全市向现代生态工业创新转型发展。

3. 培育战略性新兴产业

战略性新兴产业重在发展知识技术密集、物质资源消耗少、成长潜力大、综合效益好的产业，是未来生态产业发展的重要方向。重庆可通过大数据智能化为引领推动创新驱动、生态提升和绿色发展，推动产业数字化、数字产业化，将重庆加速建设为数字经济先行示范区、国家重要的智能产业基地、全国一流的大数据智能化应用示范城。重庆在建设过程中，一方面以改造升级汽车、电子、装备制造、化工医药、材料、消费品和能源等"6+1"传统支柱产业为基础；另一方面以新能源、可再生能源、新能源汽车、新材料、生物医药等战略性新兴产业为发展主导方向，重点培育以智能装备、智能手机、智能穿戴设备、智能家居、智能家电等智能制造产品为主的战略性新兴制造业。

4. 鼓励产业共生、融合、循环发展

产业共生是推动现代生态工业"助一辅三"，实现三次产业的生态有机、联动、协同发展。产业融合是要将第二产业与第一、三产业建立资源共享、产业互融互通关系。产业循环是要实现产品、能源、废弃废物等资源的再利用。在此过程中，各产业并非独立的，而是相互关联、高度契合的产业链。重庆可推进农、林、牧、渔业等生态农产品的精深加工，创造出更多类型丰富的特色农副产品，树立"重庆品牌"；也可推进制造业的智能化、服务化升级发展，

不断融入大数据、互联网、区块链等现代新兴技术，创造出更多形式多样的生态工业新业态、新模式和新增长点。

（三）服务业向生态服务业转型路径

生态服务业是生态循环经济的有机组成部分，包括绿色商业服务业、生态旅游业、现代物流业、绿色公共管理服务等部门。服务业向生态服务业转型，是指对现有服务业进行生态化转型升级发展。服务业向生态服务业转型的路径如图8-8所示。

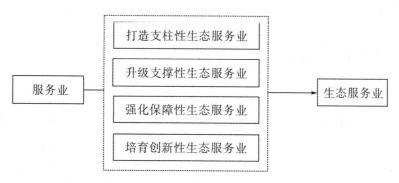

图8-8　服务业向生态服务业转型的路径

资料来源：笔者绘制。

1. 打造支柱性生态服务业

该路径秉持因地制宜、因势利导原则，根据地区差异，重点打造升级支柱性服务业，使其发展为具有地区特色的支柱性生态服务业，如生态旅游景点/区、地方文化民宿经济、大健康养生休闲小镇等。重庆可根据各区县特点，推行"大生态、大旅游、大健康、大文化、大流通"等重点生态服务业，如渝东南片区、渝东北片区，可依托其天然生态资源优势，挖掘地方特色"健康""保健"食品和相关服务以及生态旅游资源，大力发展大健康产品（食品、药材等）服务业、自然景观旅游业、生态健康服务业等产业。同时，在主城区内，重庆也可依托主城区要素集聚优势，积极举办各类重大活动，形成以文化为核心的文化旅游产业。

2. 升级支撑性生态服务业

该路径是从资金、技术、人才等角度出发，利用大数据、云计算、互联网和物联网等新兴技术，对传统服务产品和行业进行效能提升，形成智慧旅游、智能金融、智能物流、智能共享等新兴生态服务业。重庆需做强物流业、金融业、科学技术服务业、信息技术服务业、教育服务业等支撑性产业，使其升级转型为智能化、绿色化的新兴生态服务业。

3. 强化保障性生态服务业

该路径从保障地区、城市生态文明发展角度出发，对农村服务业、公共服务业、人力资源服务业、社会保障服务业等具有保障性特征的产业提出改造升级要求，推动其生态化发展。

4. 培育创新性生态服务业

该路径是以"创新、跨界、融合"发展为方向，在新经济环境背景下，融合三次产业，发展"服务+"创新型生态服务业，如"服务业+制造业""服务业+农业"等。重庆可大力发展农村电商、农村淘宝、网络教育、在线咨询、互联网房地产、绿色金融等产业，促进生态服务业的深度开发、广度融合，发展新兴生态服务业。

二、生态产业化：生态资源价值增值路径

生态产业化是对生态资源或人文资源的"产业化"转化过程，以此实现生态要素或资源的价值增值。生态产业化以现有生态资源（自然资源、气候资源、环境资源等）和人文资源为基础，将资源优势转化为经济优势，引入价格机制，实现资源市场化和价值增值过程，也表现为"生态资源→生态产品→生态产业"转化过程。

本书将以"山水林田湖草"等自然资源、气候资源和人文资源等为要素，积极探索重庆如何实现全域生态资源产业化转化过程，即将重庆现有生态资源转化成可增值产品，实现"绿水青山就是金山银山"的价值增值过程，实现"全域空间→生态资源→生态产品→生态产业→生态空间"绿色转化过程。从总体上说，该过程的推进路径如图8-9所示。

在此过程中，主要环节是如何引入价格机制，如何实现市场化过程。市场化过程的实现：一是需要政府、企业、个体三大主体协同推动；二是要深刻认识区域经济发展基础，深入挖掘区域发展资源优势，确定发展定位；三是因地制宜、因势利导选择适宜的发展方式。

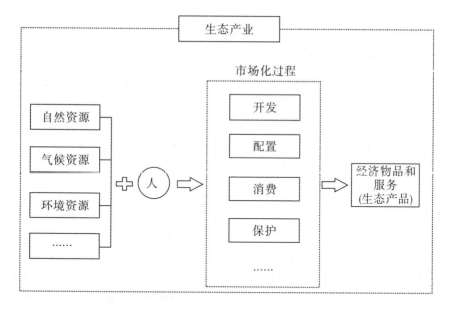

图 8-9　"生态产业化"推进路径

资料来源：笔者绘制。

（一）山地资源转化路径

"山"生态产业发展，是基于"山"资源优势，走生态保护、产业发展、农户增收的发展道路。重庆北靠秦岭-大巴山山脉、南临武陵山山脉，主城拥有广阳岛、缙云山、中梁山、铜锣山、明月山等山系，植被、矿产、水热和土特产品等自然资源丰富。因此，依托其"山清"特色生态资源，重庆可建立"人口下山入社、产业上山入园、游客进山入景、产品出山入市、制度护山入典"的"五山五入协同发展"路径，实现山区生态环境保护、山区生态产业发展、山区居民收入增加的融合发展。具体推进路径如下文所述。

首先，根据地区地理、经济情况，分别实行不同程度的扶贫搬迁，推动高山生态扶贫搬迁人口下山，同时推动高山生态资源从细碎化转向集约化。现已成功实践的案例有：重庆市黔江区仰头山现代农业示范园、綦江区山地现代农业示范园等。与此同时，当地相关机构进行招商引资，加大投资开发力度，发展高山生态产业，引导下山人口就近进入农业企业、农民合作社、家庭农场等，建立"公司+基地（或村委会）+农户"模式，实现当地居民就近就业、入股分红、获取土地租金。

其次，引导特色高效生态产业上山入园入林，发展多层次、立体化特色山地经济，如林果药复种型山地经济、猪-沼-果（茶、菜、药）山地经济等。

重庆重点发展柑橘（柠檬）、榨菜、生态畜牧、生态渔业、茶叶、中药材、调味品、特色水果、特色粮油、特色经济林十大山地特色高效产业。

最后，打造魅力山景，通过开发民宿、农家乐、户外运动项目等方式，吸引旅客进行山地生态、康养、游玩，如森林旅游、户外运动、露营、野营等。建立山区特色农林产品与市场对接，借助农村电子商务、品牌化推广等方式，拓宽销售渠道及范围，推动土特产品等"山货"出山。建立完善的山区生态补偿制度、奖惩激励制度、生态环境保护的法律制度等，推动山区长久绿色发展，保障生态产业可持续发展。

（二）水田资源转化路径

"水"生态产业发展，是基于地区自身水资源优势，开发和发展与水相关的生态产业。就重庆而言，长江干流自西向东横穿重庆，辖域内长江流程达到679千米，干流长且支流密布，北有长江上游支流中流域面积最大的嘉陵江，南有长江上游右岸最大支流乌江。三峡库区是我国最大的淡水资源库，也是世界最具有代表性和典型性的特大型水利水电工程库区。因此，重庆可依托其"水秀"特色生态资源，发挥临水优势，厚植亲水理念，创造多重性"融水空间"，形成集水旅游、水产业、水科技、水文化等于一体的"一水多用、主副结合、多业并举"的水生态资源开发利用格局。具体推进路径如下文所述。

一是以三峡库区为核心水轴带，依据景观轴线地段特色，通过"以点串线、以线带面"的方式串联沿轴景区、辐射带动近轴景观节点，形成"山—岛—江—库—城""住—行—游—购—娱"等相互融合发展的旅游格局，打造重庆最具标志性的全域旅游核心路线，积极创建三峡国家森林公园。二是依托优质水资源，大力发展高品质包装饮用水产业，建设规模化、集约化和生态化的国家级现代天然山泉水、矿泉水产业基地。三是以生态环境治理为导向，借助现代科学技术手段，发展包括工农业用水节约装置、水体净化装置、水生态大数据监测等水环境治理产业。四是以创建湿地自然保护区和湿地国家公园为抓手，以"湿地观鸟""鱼菜共生""花卉苗木""稻田湿地"等模式拓展生态旅游项目，构建多元化湿地生态产业发展格局。五是深入挖掘包括与水有关的文明遗址、历史文化、文物建筑、景观艺术、文学戏曲、民俗风情等重庆水文化遗产、巴渝水利变迁、水码头文化等水文化特色资源，进行文化内涵及产品的深度开发，采用现代市场化运营模式，激发水资源的"沉睡"价值。

（三）林木资源转化路径

"林"生态产业发展，是基于不同地区的林木资源优势和特点，发展与林相关的生态产业。重庆的生态系统主要为森林、农田和灌丛三种类型。根据

《重庆统计年鉴》，截至 2019 年年底，重庆市森林覆盖率已达 50.1%，三类资源的面积总量约占全市土地总面积的 90%，山水、林田、湖草、气候等自然资源齐备，山地、森林、江河、岸线等生态资源丰富，尤其是林木资源。因此，重庆可依据不同海拔地区的树林生长条件和规律，在低山以栽种经济林为主、中山以栽种景观林为主、高山以栽种生态林为主，形成高中低多层次复合性森林生态系统，打造梯度化、差异化和生态化的集林上、林中、林下和（护）林员为一体和集观养、疗养、行养、食养、文养和住养等多业态融合发展的"四林经济"模式。具体推进路径如下文所述。

一是打造茶叶、柠檬、柑橘等特色水果和特色粮油生态产业。二是在森林资源优良、环境优异、风景优美的地区，打造最美森林体验游、最美森林休闲游、最美森林养生游、最美森林科教游。三是充分利用林下条件，通过"龙头企业+专业合作组织+基地+农户"运作模式，采取"企业投资、村委出地、群众入股"的方式，吸纳当地居民进行合理的林下种植、林下养殖，以及相关产品采集加工、科普教育、文化健身等与森林景观利用相关的活动，形成林菌式、林花式、林药式、林禽式、林蔬式、林粮式、林峰式、林桑式、林草式、林油式等多样化种植形式。四是护林增绿，为当地居民尤其是贫困农户提供天然林、公益林等护林就业岗位，提高广大护林人员依靠林业增收的能力，提高扶贫效益、经济效益和生态效益。

（四）草场资源转化路径

"草"生态产业发展，是基于草原、草场等自然资源和环境优势，发展与草资源相关的生态产业。重庆拥有超过 3 000 万亩高山草原资源，具备得天独厚的生态优势，可积极引入社会资本和市场化企业运作模式，进行统筹规划管理及运营，围绕"秀山靓草、避暑胜地"主题打造集"避暑纳凉、休闲娱乐、户外运动、家庭民宿"于一体的"原生态草场"品牌。具体推进路径如下文所述。

一是利用高山草场资源念好"旅游经"，引进社会资本与地方政府合资合作开发，进一步优化武隆仙女山草场、石柱千野草场、巫溪红池坝草场、城口黄安坝草场、涪陵武陵山草场的水电、通信、交通、住宿、游乐等基础设施，借助"四季花海""康养医疗""度假休憩""田园牧场"等方式打造国家级草场生态旅游集群。二是完善巫溪大官山草场、巫山葱坪草场、酉阳菖蒲大草原、开县雪宝山草场、城口九重山草场的旅游服务功能，建立天然露营基地、跑马场、花卉种植、自行车赛道、观光摄影亭等旅游配套设施，打造具备观景摄影、纳凉康养、露营休闲、牧场体验、户外运动等功能项目的避暑胜地。

三是整合利用全市草场资源，根据各区域地质地形条件的差异性特征，形成以"高山草场、河盖草场、喀斯特地貌草场"等为特征的错位发展格局，突出特色优势打造"型、景、态"多样化的原生态草场体系。

（五）生态资源融合发展路径

生态资源融合发展路径不仅从资源角度考虑发展路径，而且注重空间发展。资源角度是融合区域内山水林田湖草及人文等资源，共同发展；空间角度是既注重地区自身发展，又注重全域发展。重庆应该从整体定位出发，推进生态产业全域发展，根据主城区域及其他区域的不同，选择不同的生态资源融合发展路径。具体推进路径如下文所述。

一方面，重庆应该对主城区域生态资源进行统筹规划，发展高品质、多元化、包容性强的生态产业群。重庆主城"一岛两江四岸四山"①地区，是核心商圈、人口聚居之地，也是主城城市产业、人文记忆、社会生态、开放发展等功能的重要承载区。因此，高度融合重庆主城区岛、江、水、山、人文等生态资源，突出对主城"一岛两江四岸四山"生态资源的高质量建设，将"一岛两江四岸四山"打造成为山清水秀生态带、立体城市景观带、便捷共享游憩带、人文荟萃风貌带等"四带一体"的城市生态空间，形成生态资源融合发展产业群。

另一方面，重庆应该对主城区外其他区域生态资源进行整合，着力保持并凸显乡村原有的自然特征以及历史文脉气息，以"看得见美丽，记得住乡愁"的方式打造现代值得看、有的吃、能住下、玩得开、带得走的生态田园综合体。例如，以特色生态农业为基础，打造专业村、专业镇，构建乡村现代生态产业链，形成乡村生态产业综合发展体；通过唤活旧、破、废乡村资源，开发和培育"原始风格+现代元素"相融合的民宿、农旅、休闲农业等新业态。

第三节　本章小结

绿色发展是当今世界发展的重要趋势，推进"产业生态化和生态产业化"发展，构建符合"绿色发展"理念的现代化生态产业体系对我国产业当前及未来的发展都具有重要意义。本章基于重庆自身资源、要素、产业基础，主要

---

① 一岛：广阳岛；两江四岸：长江和嘉陵江四岸；四山：缙云山、中梁山、铜锣山、明月山。

从构建重庆全域现代化生态产业体系的现实方略和推进路径两方面进行了探讨。一方面，在全域现代生态产业体系构建方略上：一是要立足全域空间发展理念，探索产业一休化协同发展；二是从产业存量、增量、流量、变量"四量"角度推动产业生态化发展；三是立足重庆现有生态资源优势，从行动举措、发展主体、推进模式等角度多措并举推进生态产业化。另一方面，在全域现代化生态产业体系推进路径上：一是从发展生态循环农业、培育生态农业经营主体、打造生态农业产业园区、发展休闲观光农业等方面提出了生态农业发展路径；二是从改造升级传统工业企业、建立现代生态工业园区、培育战略性新兴产业、鼓励产业融合发展等方面提出了生态工业发展路径；三是从打造支柱性生态服务业、升级支撑性生态服务业、强化保障性生态服务业、培育创新性生态服务业等方面提出了生态服务业发展路径；四是从生态资源实现资源市场化和价值增值过程，进而实现生态资源向生态产业转型，提出了生态产业化发展路径。本章研究仍有不足之处，我们将在后续研究中进一步进行完善。

第九章　重庆构建全域现代生态产业体系的关键策略[①]

党的十九大报告提出"贯彻新发展理念，建设现代化经济体系"，而现代产业体系是现代化经济体系的核心基础。2021年3月，我国进一步发布《中华人民共和国国民经济和社会发展第十四个五年规划和2035年远景目标纲要》，明确提出加快发展现代产业体系，巩固壮大实体经济根基，同时强调要加快发展方式绿色转型，协同推进经济高质量发展和生态环境高水平保护。早在2018年5月，习近平总书记在全国生态环境保护大会上强调，必须加快建立健全以生态价值观念为准则的生态文化体系，以产业生态化和生态产业化的生态经济体系（习近平，2019）[1]。

可见，生态经济体系既是我国建设现代化经济体系的重要内容，又是在现代化经济体系中贯彻新发展理念的具体实践。建立健全生态经济体系，离不开与之相适应的现代生态产业体系的重要支撑。

第一节　全域现代生态产业体系：重庆现实背景

2016年以来，中央政府对长江经济带及重庆的绿色发展持续导航定向。从表9-1可以看出，从"建设"长江上游重要生态屏障到"筑牢"长江上游重要生态屏障，从"两点"定位、"两地"要求提升到"两地""两高"目标，再到2019年4月习近平总书记视察重庆时强调，要更加注重从全局谋划一域、以一域服务全局，努力发挥"三个作用"，其中就包含"在推进长江经

---

① 本章主要内容已公开发表于《华中师范大学学报（自然科学版）》2020年第4期，具体文献信息如下：罗胤晨，滕祥河，文传浩. 构建全域现代生态产业体系的内涵、路径及策略：重庆探索 [J]. 华中师范大学学报（自然科学版），2020，54（4）：649-657.

济带绿色发展中发挥示范作用"（习近平，2019）[216]。

2020 年 11 月，习近平总书记在考察南京时主持召开全面推动长江经济带发展座谈会，将长江经济带定位为我国生态优先绿色发展主战场、畅通国内国际双循环主动脉、引领经济高质量发展主力军。上述战略定位内容的细化深化，呈现出一脉相承、一以贯之的特征，其均聚焦于如何推动长江经济带及重庆践行高质量绿色发展、实现生态效益与经济效益的"双赢"。

表 9-1　2016 年以来中央政府对长江经济带及重庆的战略定位及论述

时间	事件	战略定位及论述
2016-01-05	习近平总书记考察重庆，并主持召开推动长江经济带发展座谈会	①建设长江上游重要生态屏障，推动城乡自然资本加快增值，使重庆成为山清水秀美丽之地；②两点、两地：重庆是西部大开发的重要战略支点，处在"一带一路"和长江经济带的联结点上，要求重庆建设内陆开放高地，成为山清水秀美丽之地
2018-03-10	习近平总书记参加十三届全国人大一次会议重庆代表团的审议	两地、两高：加快建设内陆开放高地、山清水秀美丽之地，努力推动高质量发展、创造高品质生活
2018-04-26	习近平总书记考察武汉，并主持召开深入推动长江经济带发展座谈会	①正确把握生态环境保护和经济发展的关系，探索协同推进生态优先和绿色发展新路子；②正确把握破除旧动能和培育新动能的关系，推动长江经济带建设现代化经济体系
2018-05-18	第八次全国生态环境保护大会	要加快构建生态文明体系，必须加快建立健全以产业生态化和生态产业化为主体的生态经济体系
2019-04-16	习近平总书记考察重庆，并主持召开解决"两不愁三保障"突出问题座谈会	①三个作用：努力在推进新时代西部大开发中发挥支撑作用、在推进共建"一带一路"中发挥带动作用、在推进长江经济带绿色发展中发挥示范作用；②要深入抓好生态文明建设，坚持上中下游协同发展，加强生态保护与修复，筑牢长江上游重要生态屏障
2020-11-14	习近平总书记考察南京，并主持召开全面推动长江经济带发展座谈会	使长江经济带成为我国生态优先绿色发展主战场、畅通国内国际双循环主动脉、引领经济高质量发展主力军

资料来源：根据相关文献资料搜集整理。

就现实发展而言，重庆作为长江经济带"生态优先、绿色发展"战略实施的关键区域，担负着生态文明建设与经济高质量发展的"双重任务"。一方面，重庆是长江上游流域的重要生态屏障区，与长江流域相关联的各类经济活动，均应在不破坏生态环境的前提下开展；另一方面，重庆共有3 075万人，是长江经济带沿线人口最多的城市，但人均地区生产总值、人均可支配收入仅为下游国家中心城市上海的50.1%和40.9%（国家统计局，2019）[217]，经济发展潜力依然巨大。如何在"共抓大保护、不搞大开发"的战略框架下，实现3 075万人的现代化建设，成为重庆呕待破解的现实课题。

基于上述国家需求与现实背景，在重庆全域空间范围内，有针对性地构建以"产业生态化、生态产业化"为关键着力点的现代生态产业体系，将是重庆建立健全生态经济体系、践行"生态优先、绿色发展"理念、努力在推进长江经济带绿色发展中发挥示范作用的重要途径。

第二节　全域现代生态产业体系：内涵构成

一、生态产业的基本特征

生态一词源于希腊文"oikos"，原意为房子、住处或家务。最初的"生态"是针对生物个体而言的，主要研究生物与其环境的相互关系，随后"生态"思想逐步渗透到经济社会各个领域（尚玉昌，2010）[218]。从传统意义看，任何一种产业在提供生态产品或生态服务的过程中，都不可避免地要经历"投入→生产或加工→产出"的输入和输出环节，"生态"的基本特征可从不同环节的状态予以解读。

首先，在投入端，"生态"强调对既有资源、要素应进行有效利用，并由"高消耗"状态向"低消耗"转变；其次，在生产环节，主张实现中间产品和废物的"可循环"利用，最大程度减少废弃物（少排放），并实现排放物的"清洁化"；再者，在产出端，要求生产的产品或提供的服务，应以"无污染"作为产出标准；最后，在投入-产出全过程中，追求投入、生产（或加工）和产出不同环节之间生态价值链的构建，形成"低成本、高效益"的"高效率"特征。

综上，投入产出过程所展现出的"低消耗、可循环、少排放、清洁化、无污染、高效率"特性，正是人们通常所认为的"生态"特征，与循环经济、低碳经济等所倡导的理念基本一致。鉴于此，笔者在综合比较相关研究（鲁伟，2014；颜建军、谭伊舒，2016）[219-220]的基础上，将"生态产业"概括为：基于生态经济原理，在投入产出过程中呈现出"生态"化特征的相关产业及衍生业态，具体包括生态农业、生态工业、生态旅游业等。

二、"全域现代生态产业体系"的内涵延展

对于"全域现代生态产业体系"这一概念，目前学界的论述较为有限，相较于"现代产业体系"，前者拥有更加丰富的内涵。

首先，就现代性而言，新兴产业往往代表着"现代化"方向，当传统产业通过绿色技术改造、绿色技术创新等手段转型升级为新兴产业，现行产业体系将逐步向现代生态产业体系演进。但随着新技术、新模式、新业态的涌现，原来的新兴产业又可能变为传统产业，如此循环反复、协同演进，不断推动现代生态产业体系实现高质量动态发展。

其次，从本质上看，长江经济带是一条流域经济带，长江流域所穿越之处的上下游、左右岸和干支流是相互关联的整体。重庆作为长江上游流域的重要生态屏障区，其山水林田湖草等自然资源也是相互依存的生命共同体，具有显著的生态系统特性。

最后，流域经济所蕴含的整体性和系统性特征（文传浩、许芯萍，2018)[221]，必然与行政分割所造成的"行政区经济"行为相矛盾。这就要求在构建现代生态产业体系过程中，树立"全域"统筹思想，突破行政界线"藩篱"，将重庆全域空间作为统一整体进行战略规划，逐步探索构建形成与全域绿色发展格局相契合的现代生态产业体系。

第三节　构建全域现代生态产业体系的现实路径：重庆探索

在构建全域现代生态产业体系过程中，需要考虑并解决全域空间内拥有的众多现行产业和生态资源，如何转化升级为现代生态产业的问题。具体可依据不同地域空间的产业基础、资源禀赋、要素条件差异等进行分类指导，以塑造十大现代生态产业空间为重点方向，积极推动产业实现绿色发展、提质增效，探索创新生态产品价值实现机制，推动全域空间内的生态资源转化为生态产品，再进一步转化为生态产业，继而实现全域空间转化为生态空间的"三转化"螺旋演进过程。

一、充分挖潜现有产业基础及优势，深入推动产业生态化

产业生态化是对现行产业投入、产出等环节进行生态化改造提升的过程，

以此推动传统产业的转型升级，实现数字化、网络化和绿色化发展。

（一）多元构建现代生态农业空间

依托现有农业资源、产品、产业的优势条件，深化农业供给侧结构性改革，打造集生态农产品、农业休闲观光、民宿经济等于一体的农业综合体，培育十大农业全产业链经济。

第一，借助重庆各区县的独特生态优势及特色农产品资源，重点发展柠檬、榨菜、中药材、生态畜牧、生态养殖和生态经济林等山地特色高效农业，推动现代生态农业高质量发展（吴华安、罗胤晨）[222]。

第二，着力推动农业向第二、三产业延伸发展，推进生态农业产品"细链"变"粗链"，打造现代化大农业全产业链。培育一批农业产业化龙头企业、领军企业，加快发展生态农产品加工业，为附加值提升创造更多空间。推动大数据智能化应用于生态农业生产、经营、管理和服务全过程，大力发展农村电子商务，建立生态农业综合性大数据中心，为现代生态农业发展插上大数据智能化的"翅膀"（许宪春 等，2019）[223]。

第三，积极实施"百千万"工程，培育一批百亿级现代生态农业园区、打造一批千亿级现代生态农业产业集群，推进生态农业产品"单打"变"集群"。借助重点生态农业发展平台，通过市场化方式、多样化渠道推动平台核心农业园区及企业与小农户实现精准匹配对接，并与家庭农场、集体合作社等产销主体进行有效衔接，形成供需两端的"产—购—销"链条化、体系化发展格局。

第四，遵循"园区景区化、农旅一体化"理念，着力培育休闲观光型现代生态农业园区，推动第一、三产业高度融合，使农产品变为旅游综合产品。探索生态农业产业化联合体、农旅融合一体化综合体建设，通过丰富农业多样性、增强农业观赏性和提升农业体验性等举措，将农业园区转化为景区、农房转变为客房、农民转向为旅游从业者，提升农产品附加值。

（二）聚焦构建现代生态工业空间

依托重庆老工业基地的资源优势和产业基础，借助现代化科学创新技术，因地制宜发展资源环境适宜、可供承载的特色优势产业，聚焦将智能产业建设成为重庆"旗舰"产业，助力重庆创建国家重要现代制造业基地，夯实现代生态工业发展的坚实基础。

第一，发挥两江新区的龙头作用，联动西永等3个综合保税区、永川等8个国家级开发区、33个市级工业园区（含3个市级高新区），形成"1+3+8+33"为支撑的现代生态园区架构体系，坚持园区产业特色化、生态化、绿色化发展，建设若干百亿级、千亿级、万亿级的生态工业园区，引领重庆全域向现代生态工业创新转型发展。

第二，以大数据智能化为引领推动创新驱动、生态提升和绿色发展，以"产业数字化、数字产业化"形态加速创建数字经济试验区、全国一流大数据智能化应用示范之城。通过技术改造、技术融合等手段，对传统支柱产业（如汽车、电子和化医等）进行协同创新式开发升级，推动新能源汽车、智能装备和生物医药等新兴生态产业转型发展，瞄准数字化、智能化方向改进现有制造产品及产业体系，向现代化、高端化和绿色化产业形态迈进。

第三，将现代生态工业塑造成为推动生态农业延伸发展、生态服务业接续发展的"关键纽带"，联动三次产业实现协同绿色发展。根据重庆各空间单元生态农副产品特色及优势，差异化拓展生态农业的深加工链条，促进第一、二产业的融合发展。探索制造业服务化、绿色化的多元衍生路径，持续将大数据、云计算、区块链等数字化、智能化新兴技术融入制造业服务化过程中，催生第二、三产业协同共享的平台经济新生态（许宪春 等，2019）[223]。

（二）系统构建现代生态服务业空间

推行"三个五"工程建设，优化以"大生态、大健康、大文旅、大基建、大流通"为主体的五大重点现代生态服务产业，提升"物流业、金融业、科学技术服务业、信息技术服务业、教育服务业"五大现代生态服务基础产业，升级"生态环境服务业、基本公共服务业、现代人力资源服务业、现代商贸服务业、社会保障服务业"五大现代生态服务保障产业，构建多层次、系统化的现代生态服务业体系。

第一，实施生态旅游景区提升建设工程，完善旅游基础设施配套能力和服务水平，拉长文化旅游产业链条，通过"民俗文化+""互联网+"，大力发展民宿经济等新业态。

第二，充分利用重庆各地域的生态资源禀赋，围绕"大健康"领域拓展相关特色商品及服务，形成集养生、养老、医疗、保健、文化创意、旅游度假、休闲娱乐等内容于一体的生态健康服务小镇。

第三，借助云计算、物联网、大数据等"云联数算用"新兴技术，为传统服务产品和业态增添智慧的"大脑"，培育形成远程交互、线上购物、云上共享、智慧物流和金融科技等"智慧+""智能+"服务业体系及生态。

第四，积极举办各类节庆、会展和重大活动，丰富节事活动内容，形成依托品牌节庆、会展（如中国国际智能产业博览会、中国西部国际投资贸易洽谈会等）和重大活动来开发文化旅游的新模式，推动重庆全域科技、文化、创新创意的融合发展。

第五，依托中欧班列及西部陆海贸易新通道，塑造"通江达海"的国内外通道经济，构建现代商贸流通体系及国内外"四通八达"的网络空间格局，实现全方位、全领域的互联互通。

二、充分利用"山水林田湖草"资源，深入推动生态产业化

生态产业化是对生态要素、资源和条件等的产业化培育发展过程，由此实现生态要素向生产要素转变，促进生态资源的价值增值，将绿水青山变为金山银山。

（一）因地制宜构建立体化现代山地生态产业空间

就所拥有的生态资源来看，重庆应依托山地特色生态资源，建立"人口下山入社、产业上山入园、游客进山入景、产品出山入市、制度护山入典"的"五山五入协同发展"路径，实现山区生态环境保护、山区生态产业发展、山区居民收入增加三者融合共进。

第一，推动高山生态扶贫搬迁人口下山进入农业企业、农民合作社、家庭农场，建立"公司+基地（或村委会）+农户"发展模式，实现当地居民就近就业、入股分红、获取土地租金。第二，引导特色高效生态产业上山入园入林，发展多层次立体化特色山地生态经济。第三，打造魅力山景，通过开发民宿、农家乐、户外运动项目等方式，吸引旅客进行山地生态康养游玩，形成大健康生态康养产业。第四，建立山区特色农林产品与市场对接机制，借助农村电子商务、品牌化推广等方式，拓宽销售渠道及范围，推动土特产品等"山货珍品"出山。第五，创新探索跨区域、跨流域的生态补偿机制和奖补赔偿制度，实现生态环境保育资金的多元筹措与空间置换，培育建立全域绿色发展的长效机制。

（二）因势利导构建多样性现代滨水生态产业空间

重庆依托"水秀"特色生态资源，发挥临江临河优势，厚植亲水理念，创造多重性"融水空间"，形成集"水旅游、水产业、水科技、水文化"等于一体的多元滨水生态资源创新利用格局。

第一，以三峡库区为核心水轴带，依据景观轴线地段特色，通过"以点串线、以线拓面"的方式串联沿轴景区、辐射带动近轴景观节点，形成"山—岛—江—库—城""住—行—游—购—娱"等相互融合的多维旅游格局，打造重庆最具标志性的全域旅游核心路线，全力推进重庆三峡国家气象公园建设。第二，依托优质水资源创建高品质包装饮用水产业，选择可供集约开发的优质水源地，以生态化、绿色化为刚性约束前提，探索建设国家级天然饮用水产业化基地。第三，以生态环境治理为导向，借助现代科技手段，发展包括工农业用水节约装置、水体净化装置、水生态大数据监测等现代水环境治理产业。第四，以创建湿地自然保护区和湿地国家公园为导向，通过"湿地观鸟""鱼菜共生""花卉苗木""稻田湿地"等模式拓展生态旅游项目，构建多元化现代湿地生态产业发展格局。第五，深入挖掘与"水"有关的历史文脉、文化艺术、民间故事、民俗遗址等资源，创新开发与其相关联的文创、戏曲、画作、建筑和景观等滨水衍生产品，进行文化内涵及产品的深度开发，采用现代市场化运营模式，激发各类水资源的"沉睡"价值（滕祥河、文传浩，2019）[223]。

（三）分层分类构建多层次现代森林生态产业空间

根据重庆地区的自然地理和气候条件，在不同高度的山区有差别地选择最适宜栽种的树木品种，形成以"生态林（高山）—景观林（中山）—经济林（低山）"为主要形态的多层次复合型森林生态系统，打造梯度化、差异化和生态化的集"林上、林中、林下、（护）林员"于一体和"观养、疗养、行养、食养、文养、住养"等多业态融合发展的"四林经济"模式。

第一，发展茶叶、柠檬、柑橘等特色水果和特色粮油生态产业。第二，在森林资源优良、环境优美的地区，打造最美森林体验游、休闲游、养生游、科教游等，形成多维度的综合旅游形态。第三，充分利用林下条件，通过"龙头企业+专业合作组织+基地+农户"运作模式，采取"企业投资、村委出地、群众入股"等方式，吸纳当地居民进行合理的林下种植、林下养殖，同时从事相关林业产品的采集加工、观光体验、科普教育、文化宣传等与森林景观利用相关联的活动，形成"林菌、林花、林药、林禽、林蔬、林粮、林蜂、林桑、林草、林油"式等多样化的种植形态。第四，通过护林增绿，为当地居民尤其是贫困农户提供天然林、公益林等护林就业岗位，提高护林人员依靠林业增收能力，厚植生态优先理念，实现生态效益、扶贫效益和经济效益的融合共赢。

（四）培育品牌构建游乐型现代草场生态产业空间

重庆全域拥有高山草原资源超过3 000万亩，具备得天独厚的生态优势。重庆可积极引入社会资本和市场化企业运作模式，进行统筹规划管理及运营，围绕"秀山靓草、避暑胜地"等主题，努力树立集"避暑纳凉、休闲娱乐、户外运动、家庭民宿"于一体的"原生态草场"品牌。

首先，利用高山草场资源发展生态旅游业，引进社会资本与地方政府合资合作开发，进一步优化武隆仙女山草场、石柱千野草场、涪陵武陵山草场、城口黄安坝草场、巫溪红池坝草场的水电、通信、交通、住宿游乐等基础设施，借助"四季花海""康养医疗""度假休憩""田园牧场"等方式构建国家级草场生态旅游集群。其次，完善开县雪宝山草场、城口九重山草场、巫溪大官山草场、巫山葱坪草场、酉阳菖蒲大草原等的旅游服务功能，建立滑草场、天然露营基地、观光摄影平台、花卉蔬菜种植、农事体验庄园等旅游配套设施，建设具备户外运动、观景摄影、纳凉康养、露营休闲、动植物农场体验等功能的避暑胜地。最后，整合利用重庆全域草场资源，根据各区域地质地形条件的差异性特征，形成以"高山草场、河盖草场、喀斯特地貌草场"等为主体的特色及错位发展格局，突出特色优势构建"型、景、态"多样化的原生态草场体系。

三、充分借助城镇与乡村两大载体，深入推动两化互促融合

（一）统筹规划构建高品质现代城镇生态产业空间

重庆主城的"一岛两江四岸四山"地区，是核心商圈、人口聚居地，也是重庆城市产业、人文记忆、社会生态、开放发展等功能的重要承载区。充分利用丰富的江河岸线资源，突出对重庆主城"一岛两江四岸四山"生态资源的高质量建设利用，将"一岛两江四岸四山"塑造为"山水相间、江城辉映""人文荟萃、游憩开放"的现代版高品质城市生态空间。

第一，以"长江风景眼、重庆生态岛"高端生态定位，采用"岛湾共建"方式将广阳岛建设为"山水林田湖草兼具、产城景人文行共治"的长江生态文明创新实验区，建设为长江经济带"共抓大保护，不搞大开发"的世界级"生态保护模式范本"。第二，实施"两江四岸"消落区综合治理行动，整治滨水岸线，以"亲水、显山、增绿"的方式构建集亲水游乐、观景休憩、康养健身、文化体验于一体的公共空间，全面提升"两江四岸"整体形象，建设高品质亲水滨江绿道和独具空间特性、体验特质的滨水文化区。第三，加强"四山"生态保护和生态修复，整体规划建设以生态健身为主题的山体公园，精心保护好山际线、水际线、岸际线和城市轮廓线，扎实提升"四山"生态品质，形成以"集约高效生产空间、宜居适度生活空间、山清水秀生态空间"的重要生态旅游休闲目的地。此外，重庆应持续提升城市观景功能及品质，打造"山城夜景""夜游经济"等品牌。

（二）整体治理构建绿色化现代乡村生态产业空间

着力保持并凸显乡村原有的"乡土性"特征及历史文脉气息，以"看得

见美丽，记得住乡愁"的方式打造现代"值得看、有的吃、能住下、玩得开、带得走"的生态田园综合体。

第　，以培育村镇"拳头""品牌"生态农产品为着力点，塑造专业化、现代化乡村特色生态产业全产业链。根据地区资源禀赋与条件，引进龙头企业与农业合作社共同经营，深度开发具有地方特色的精品或拳头产品，拓展延伸乡村现代生态产业链，推动"一县一优势、一乡一品牌、一村一特色"建设，着力打造"一村一品""一乡一特"示范村，形成"百村精品示范、千村景区联动"的发展格局。

第二，挖掘激活农村闲散、碎化的"破""旧"资源（如棚舍、库房、老宅等），利用创新手段、创意手法，重新焕发乡村闲置资源的"生机"。在保留农舍建筑、破旧厂房等原始风貌的基础上，辅以现代化配套基础设施，形成"新旧共生、修旧如旧"的美丽乡村景致，创造乡村生态产业新业态和新模式。

第三，综合治理农村生态及人居环境，打造乡村资源"微循环"体系。实行"村集体统一建设、专人统一管理、疾病统一防控、养殖废水统一纳入沼气池处理、沼气免费供给农户使用"的"五统一"方式，建立生态养殖饲养小区。推广垃圾分类及集中处理机制，以村镇资源化利用处理站为"微循环"关键载体，推动垃圾分类减量和资源化再利用。

第四，创新以"绿色资产、绿色公约、绿色货币、绿色讲习"为代表的"四绿机制"，助推当地居民参与绿色乡创、绿色乡建等培育营造乡风文明的各项活动。不断提高乡村地区的全域绿色发展意识，集"洁、齐、绿、美、景、文、韵"于一体，形成"处处有绿色、处处是风景、处处显生态、处处可增收"的美丽乡村画面。

（三）集约资源构建集群化现代园区生态产业空间

以高新区、科学城及各类工业园区、开发区为核心空间载体，聚焦推动生态资源、生产要素、创新信息等持续向园区空间进行生态化、集群化集聚，实现从"投入—生产—产出—流通—销售"全环节的空间绿色化转型（田金平等，2016）[225]。

第一，以互联网、物联网、区块链、大数据、智能化等现代创新技术为引领，打造以"智慧农业、智能制造业和智慧服务业"为主体、"三业融合"为特征的智慧型现代生态产业园区发展格局，率先创建具有"重庆样板"示范意义的现代生态产业园区空间。

第二，以"存量改造、增量培育、变量创生"的"产业生态化、生态产业化"模式，对传统产业进行生态化改造、新兴产业进行生态化培育、现代生态产业进行衍生创立，实现由投入、生产至产出全过程的资源废物循环再利用。

第三，大力推动以绿色农产品、智能终端、共享服务、智慧小镇等为代表的新兴业态模式，以及符合现代生态特征的新兴生态产品，打造生态绿色健康的"重庆品牌""园区品牌"和"集群品牌"。

第四，鼓励推动园外企业向各类园区进行生态化集聚，园内企业按照"减量化、再利用、资源化"原则进一步进行生态优化提升，实现经济效益、环境效益、社会效益、园区效益和生态效益的"五统一"。

第五，推动技术、人才、信息和数据等生态绿色创新的资源和要素在园区空间内充分流动，缩短产品研发周期、生产周期和服务周期，推动现代生态产品的快速更新迭代，实现生态产业链、生态价值链和生态创新链在现代生态产业园区空间内实现"三链合一"。

第四节 构建全域现代生态产业体系的支撑策略：重庆响应

重庆在构建全域现代生态产业体系过程中，涉及生态农业、生态工业和生态旅游业等各个方面的内容，这必然需要各领域、各层面和各部门相关政策的支持和助力。因此，全域现代生态产业体系的建设和完善，需要与之相适应、相匹配的支持政策体系，应从理念、制度、土地、财政、补偿、税收、金融、平台等方面提出相关政策建议（罗胤晨 等，2020）[226]。

一、全面树立重庆全域绿色发展理念，努力在推进长江经济带绿色发展中发挥示范作用

2016 年后，重庆在国家发展上的战略地位和功能在持续提升，从长江上游重要生态屏障到"两点"定位、"两地""两高"目标，再到努力发挥"三个作用"。基于上述定位要求，重庆首先应牢固树立全域协同绿色发展意识，坚定不移走全域绿色发展新路，可借助争取率先创建全国范围内的全域绿色发展示范区为具体抓手，突破区域绿色发展的"碎片化、粗放式"状态，将重庆整体建设成为引领全国全域绿色发展的试验示范区域，推动重庆生态文明建设迈上新台阶。其次，重庆应把"绿色""生态"理念融入重庆政治、经济、社会和文化各方面，塑造全方位、全领域、全空间有机践行绿色高质量发展的

"重庆样本"，努力在推进长江经济带绿色发展中发挥示范作用。重庆应该从根本上扭转以"三高两低"（高消耗、高排放、高污染、低产出、低效益）为主要特征的粗放型发展方式，引导全市各领域、各主体向以"低消耗、少排放、无污染、高效率、有创新、多融合"为主要特征的集约型绿色发展方式转变。再次，重庆地处长江上游地区和三峡库区腹心地带，是全国重要的生态功能区，也是长江上游各省区市中拥有长江流程最长的区域，达到679千米。同时，三峡库区重庆段水容量达到300亿立方米，占整个库区总量的76.3%①，所以重庆的生态环境变化对长江上游及中下游地区均会产生重要的影响。推动重庆实现全域绿色发展，也是筑牢长江上游重要生态屏障的现实需要。最后，重庆地处长江上游，并与嘉陵江、乌江等河流交汇，既是长江上游地区国家中心城市，又是中国西部、长江上游唯一的直辖市。在推进长江经济带"共抓大保护、不搞大开发""生态优先、绿色发展"战略过程中，需强化"上游意识"、担当"上游责任"。重庆应以全域空间为基底，以推进创建全域绿色发展示范区为重要抓手，久久为功推进发展现代生态产业。同时，重庆应该加强与毗邻区域的跨区域协作、跨流域联动治理，以全域绿色发展的"上游行动"引领"上游意识、上游责任和上游担当"，推进长江上游地区实现全域一体化协同绿色发展，以更高质量为长江经济带绿色发展积极作为、贡献智慧。

二、探索改革现代生态产业绩效考核评价制度，创建政绩考核指挥棒、新标尺和助推器

过往的地方政府政绩考核体系，比较偏重对经济增长的追求，所以较易陷入片面、过度追求经济指标增长的"恶性循环"。地方政府往往会忽略经济增长可能对资源消耗、生态环境等带来的负外部性"压力"。因而，要实现全域现代产业体系战略框架的设立与落实，对政绩考核"指挥棒"的调整改革是非常关键的一步。发展方向和目标变得更加"绿色""协调"，政府部门的相关举措和行为也将随之改变。

要实现久久为功地推进现代生态产业发展，应借鉴国内发达地区（如浙江省）推进产业生态化和生态产业化经验，推进地方政府政绩考核体系的改革，探索创建现代生态产业绩效考核评价制度，在弱化对经济增速相关指标的

---

① 华龙网. 支持重庆加快建设长江上游重要生态屏障［N］. 2018-03-06. http://cq.cqnews. net/html/2018-03/06/content_43934544. htm

评价考核的同时，强化资源节约、科技创新、生态环境保护等方面指标的综合考评，从根本上扭转"唯CDP"政绩观。

因此，在政绩考核方面，重庆应解放思想，在长江上游地区率先建立能够衡量生态环境状况、体现经济-生态系统功能综合价值的地区经济-生态生产总值（Gross Economic-ecological Product，GEEP）统计与核算体系。经济-生态生产总值（GEEP）是在综合绿色 GDP 和生态系统生产总值（Gross Ecosystem Product，GEP）基础上提出的，同时将人类活动经济价值、生态系统所提供的生态福祉和经济系统的生态环境代价三者进行综合考量（王金南等，2018）[227]。

更进一步地，选择部分地区谋划开展先行先试行动，率先建立可衡量生态系统所提供经济价值的地区经济-生态生产总值（GEEP）统计与核算体系，把经济-生态生产总值（GEEP）作为重庆全域绿色发展的政绩考核指挥棒、新标尺和助推器。同时，逐步将经济-生态生产总值（GEEP）理念融入发展的各领域各环节，充分发挥经济-生态生产总值（GEEP）在重庆构建全域现代生态产业体系、探索全域绿色发展过程中的"绿色指挥棒"作用。

三、探索实施农村土地承包经营权有偿退出试点，推进和普及"确权确股不确地"改革

在农村区域推动建设现代生态产业体系过程中，土地是实现产业兴旺、农民增收的重要生产要素之一。深化土地制度改革，盘活土地资源，是推进农村区域构建现代生态产业体系的有效路径。

首先，从构建全域现代生态产业体系所需的土地要素来看，应积极实施农村土地承包经营权有偿退出试点探索，稳步推进和适度普及推广"确权确股不确地"改革，通过对零碎地块综合整治，将"小地块"整合为"大地块"，保障现代生态产业发展的用地指标，以市场化手段盘活土地资源，提高土地利用效率。同时，以集中流转经营的方式，实现适度规模经营。通过"业主自行发展""业主+集体合作社发展""业主+集体合作社+农户发展""集体合作社+农户发展"等，实现经营方式多元化、多样化的探索完善。

其次，在贯彻落实宅基地所有权、资格权、使用权"三权分置"和不得违规违法买卖宅基地的前提下，适度开展国土整治，发挥重庆地票的生态功能，促进土地生态修复。在确保耕地红线的基础上，因地制宜、有针对性地实施复垦。复垦后的耕地或宜林宜草地均可申请地票交易，实现地票的生态功能由"单一耕地"向"多种类型"转变。推广宅基地有偿退出机制，有序推进

部分宅基地向宜林宜草地、宜果宜蔬地转化。

最后，农村土地承包经营权既要"分得充分，更要统得充分"，又要坚持农村土地承包经营权有偿自愿退出原则实现以退促统，农户自愿退出的承包地交由业主以及集体统一经营，推进"小田"变"大田"的土地综合整治。支持高效农业、特色农业、生态农业和循环农业等集体经济规模化的农田建设，并发挥重庆土地交易中心平台的市场交易优势，在满足农户退地需求的同时，亦可满足用地需求量较大业主的用地需求，实现土地利用市场化、规模化和集约化发展。

此外，在利益分配机制上，应通过农村"三变"等改革手段，将土地经营权转变为股份，在集中流转经营后持股人按股分红，获取租金收益。

四、加快建立"三线两单"的环境管控体系，完善对正面清单产业的 绿色财政激励机制

在现代生态产业引入和退出方面，应加快建立"三线两单"的环境管控体系，突破口在于创建具有正面激励作用的绿色财政机制。"三线两单"是指生态保护红线、环境质量底线、资源利用上线和环境准入负面清单、环境准入绿色正面清单。

当前，我国在推动产业绿色发展过程中，"三线一单"是较为通行的参照准则。笔者新增"一单"（环境准入绿色正面清单）的目的在于：针对不同功能类型区的生态环境保护和管制要求，应在逐步淘汰疏解"粗放""非绿"产业的基础上，以绿色财政机制为抓手激励生态、环保等正面清单产业实现内向"输血"。

一方面，充分发挥环境保护税等税种的杠杆调节作用，在负面清单产业和绿色正面清单产业之间建立起增减挂钩的税收调节机制，逐步提高负面清单产业的税收额度，加大对绿色正面清单产业的税收减免力度；另一方面，完善财政对绿色正面清单产业及企业的生态补偿体系，提高对绿色正面清单产业主体的技术研发、产品深加工、产品市场销售、企业集聚集群发展等方面的补助额度。

建立"三线两单"的环境管控体系，实现现代生态产业在存量、增量、流量和变量之间的不断更新及"新陈代谢"，从而促进产业实现转型升级、不断向价值链高端攀升。首先，借鉴国内外相关城市经验，探索在重庆全域空间的不同功能区内，实行禁止和限制的产业发展目录，即产业发展负面清单；同时，注重从产业链条、综合竞争力角度进行把握，区分传统产业、新兴产业的

链条环节，让执行者有规可循、产业或企业有规可依，降低现代生态产业发展过程中的交易成本。其次，积极推进对绿色正面清单产业市场化、多元化、激励型的绿色财政机制。一是充分发挥环境税等税收杠杆作用，在负面清单产业和绿色正面清单产业之间建立起增减挂钩的税收调节机制，逐步提高负面清单产业的税收额度，加大对绿色正面清单产业的税收减免力度；二是完善财政对绿色正面清单产业的生态补偿体系，提高对绿色正面清单产业的技术研发、产品深加工、产品市场销售、企业集聚集群发展等方面的补助额度。最后，基于战略思考的角度而言，应对重庆未来现代生态产业的形态进行评估和预测，在现实发展过程中为其留有余地和空间，实行"战略留白"计划，建立现代生态产业的项目储备库。

五、积极完善市场化、多元化的生态补偿机制，增强现代生态产业发展的"造血"功能

从现代生态产业的可持续转型视角看，应积极探索完善市场化、多元化的横向与纵向生态保护补偿机制，建立市场型、政府型混合互补的区际生态补赔机制，强化现代生态产业发展的内生"造血"功能。

第一，探索建立以提供多层次的劳动技能培训、医疗卫生保障服务、购房安家补助等形式的公益性社会救济补偿机制，转移邻近自然保护区、流域上游等生态环境重要和脆弱地区的人口压力，为现代生态产业发展腾挪出更多优质生态环境资源。

第二，应进一步完善重庆市建立流域横向生态保护补偿机制方案及举措，拓展长江等河流的跨流域横向生态补偿的方式方法，探索建立区县内跨乡镇流域横向生态保护补偿机制，跨系统、跨部门整合资源，推进流域治理工作。同时，建立和完善生态产品市场机制，通过政府采购、市场化竞争和跨区域横向购买等多元化手段，对生态补偿的主客体区域提供公平竞争的市场交易环境（罗胤晨 等，2019）[228]。

第三，构建具有重庆特色的多元化山区生态补偿机制，尝试跨行政区域的资金补偿、飞地园区、人才培训等生态补偿模式，选择有条件的地区开展试点行动。建立拓展跨行政区域的飞地园区生态补偿模式，通过"各尽其能"的方式实现资源互补、信息互通。同时，创新建立补赔均衡的生态赔偿机制，受偿区域生态环境达标则获得相应的生态补偿；反之，受偿区域生态环境不达标则相应进行赔偿，发挥完善生态补偿和生态赔偿的互补效应，增强现代生态产业发展的"造血"和"输血"功能。

六、深化改革环境保护税的税率标准，为全域现代生态产业体系的可持续发展保驾护航

当前，重庆环境保护税的征收基本是按照"一刀切"的方式，实施气体污染物和液体污染物的总体排放量征税，并未根据功能区域、污染物差异等进行细化分类（贺渝 等，2019）[229]。一方面，对市内各区域（区县、主体功能区等）的生态功能要求、经济发展状况、人口规模分布、生态环境保护能力等方面存在的差异并未加以区分，将不利于各生态空间之间的板块联动、资源配置和整体效能的优化；另一方面，对污染物类型的差异所可能引发的污染程度差别，也未能加以区分，将不利于分类施策和精准治理。因此，重庆市可通过深化改革环境保护税作为着力点，撬动优化现代生态产业的合理布局和良性发展。

总体来看，应以重庆全域空间作为统筹协同范围，深化改革环境保护税的区域梯度化、污染物差异化、纳税主体精准化、税收利用高效化的税率标准，逐渐把完善成熟的环境税收体系作为实现全域现代生态产业体系可持续发展的重要抓手。

第一，按照不同生态功能区的需求差异，进行环保税征收标准的一体化调整。突破传统行政单元的藩篱，对于生态功能保护要求较高的区域，实施相对较高的税率和税额，从而严格保护生态环境。与此同时，通过多元化、市场化的生态补偿方式，达到区域之间及企业之间的相对平衡。

第二，按照不同污染物的特征类型及污染破坏性，进行各类污染物税额的差异化调整。具体而言，需根据地区环境容量细化不同污染物排放标准，同时依据不同区域、功能区来确定污染物排放量，尤其是针对不同功能区制定差异化的环境保护税税率。积极推进气体污染物、液体污染物、固体废弃物等的细化分类工作，针对二氧化硫、氮氧化物、化学需氧量和氨氮等对象，在借鉴国内外经验基础上，按照污染危害性和可处理性进行分级，对应由高至低实现梯度化、差异化的税额及税率。

第三，需要着力解决排污费收费对象和环境保护税纳税对象在范围上不一致的问题，以及不同主管部门的信息合作共享问题，为全域现代生态产业体系构建的科学决策提供信息支撑。

七、完善绿色金融与现代生态产业的对接机制，夯实全域现代生态产业发展的资金保障

事实上，不论从产业生态化还是生态产业化方面来看，推动传统产业的转

型升级、努力向现代生态产业进行转化提升的一系列过程，均离不开绿色金融的资金助力。因此，在推动现代金融支持实体经济方面，应积极完善绿色金融与现代生态产业对接机制，充分发挥资本市场优化资源配置的功能，夯实重庆现代生态产业发展的资金保障。

第一，加大政府对绿色产品、生态产品及生态服务的采购倾斜力度，鼓励国字号企业和国有金融机构创新开发绿色产品及绿色金融产品，为坚持绿色发展理念的相关企业（特别是中小型企业）提供资金助力。同时，要充分发挥政策性金融机构在绿色信贷、绿色保险方面的作用，对部分绿色项目进行针对性的利率优惠和减税政策。

第二，鼓励构建 PPP（政府和社会资本合作）模式的绿色引导基金及重庆市级、区县和社会资金共建的绿色发展基金，以共同基金的方式引导社会资本流向现代生态产业，形成符合区域生态资源条件的社会化、多元化绿色金融发展模式。

第三，以绿色金融加速传统产业改造升级，推动企业生态化技术改造，推广应用高效节能、节水技术和装备，实施能效、水效和环保提升改造，助力传统产业向价值链高端攀升、减少能源资源消耗，促进企业、产业和园区间的协同共生。

第四，以绿色金融强化现代生态产业技术创新，加大对生态产品的节能节水、绿色加工、清洁生产和资源综合利用等共性关键技术研发的支持力度，解决现代生态产业技术的"卡脖子"问题。

第五，积极创立绿色私募股权和创业扶持基金，加大对清洁生产、节能环保、绿色创新等现代生态产业的投资力度，为构建全域现代生态产业体系、实现全域绿色发展提供充足的资金支持。

八、积极搭建政产学研用综合平台，以多元化集群资源保障全域现代生态产业稳步升级

在重庆全域空间范围内，充分借助各类政产学研用综合平台，整合汇集现代生态产业所需要的人才中心、孵化载体和生产基地等多元化集群资源，为现代生态产业的迭代更新和稳步升级提供助力。

第一，通过外部引进的方式不断促进科技创新主体及资源的集聚集群发展，搭建政产学研用综合平台，促进现代生态产业的基础研究、成果转化与规模生产三个阶段的有机衔接。借助与国内外高水平大学合作共建高端研发机构、科技成果转化平台等创新载体，依托大规模的生态产业生产基地促进集聚化发展。

第二，通过内部培育的方式支持重庆本地高等院校、科研院所与国内外知名高校院所进行合作；集聚高校、科研机构等高层次专业人才和企业研发中心研发人员的创新人才队伍，围绕现代生态产业业态开展基础研究和原始创新，共同培育国家级重点实验室、国家技术创新中心，协同培养共性关键技术、"卡脖子"技术等高等创新人才。

第三，应强化各类科技创新资源的集聚。进一步聚焦国内外高等院校、科研机构等高层次专业人才和企业研发中心研发人员的创新人才资源队伍，围绕现代生态产业新业态、新产品及产业融合等环节开展基础研究和协同创新。同时，引导各类开发区的科技化、创新化和生态化发展，加快国家级、省市级、区县级园区向创新型生态型园区转型发展，努力建设创新驱动、高质量发展的现代生态产业示范区。

第四，应发挥企业各类孵化器、加速器等载体资源，推进现代生态产业相关基础成果的产品转化和产业化生产，缩短转化周期、提升转化效能。同时，加快现代生态产业链的水平整合、垂直整合，依托大规模的现代生态产业生产基地资源，促进集约、集聚和集群发展，形成具有国内特色、国际竞争力的世界级现代生态产业网络化集群（赵作权 等，2018）[230]。

第五节　本章小结

随着我国经济迈入高质量发展阶段，因地制宜地探索构建符合地区生态功能定位和经济发展条件的产业体系，将成为建设现代产业体系的重要内容之一。重庆作为长江经济带生态优先绿色发展战略的核心腹地，如何探索建立符合国家战略定位和生态要求的现代化、绿色化产业体系，是值得深入思考的现实问题。

基于上述出发点，笔者以重庆为研究案例区域，提出跨越"行政区藩篱"、把重庆全域作为统筹协同范围，将"产业生态化、生态产业化"思想融入全行业、全领域和全过程中，进而构建全域现代生态产业体系的发展构想。在此基础上，笔者进一步对重庆构建全域现代生态产业体系的现实路径及支撑策略进行系统论证，提出以现有产业和生态资源为基础，多维度、多元化、多样态地塑造涵盖生态农业、生态工业和生态服务业在内的十大现代生态产业空间。同时，笔者从战略理念、评价考核、土地功能、财政激励、生态补偿、税收调节、金融资本和平台资源等方面，提出辅助构建全域现代生态产业体系的八大支撑策略，以此助推重庆实现"经济生态化、生态经济化"的全域绿色发展格局。

当然，本章内容也存有不足之处。首先，本章仅从宏观层面提出了全域现代生态产业体系的构建路径及策略，对于全域现代生态产业体系的内涵特征未能详细论述，这是值得系统研究的方面；其次，重庆作为研究案例区域，探讨构建全域现代生态产业体系的必要性和可行性，相关路径策略的普适性有待进一步检验。针对更大空间尺度范围内区域性、全局性现代生态产业体系的建构内容及推进方略，是下一步需要探索和拓展的方向。

参考文献

[1] 习近平. 推动我国生态文明建设迈上新台阶 [J]. 求是, 2019(3)：4-19.

[2] 张占斌, 王茹. 习近平生态文明思想的发展历程、内涵特点和价值意蕴 [J]. 环境保护, 2019, 47 (17)：14-22.

[3] 马克思, 恩格斯. 马克思恩格斯文集：第1卷 [M]. 中共中央马克思恩格斯列宁斯大林著作编译局, 编译. 北京：人民出版社, 2009.

[4] 马克思, 恩格斯. 马克思恩格斯文集：第7卷 [M]. 中共中央马克思恩格斯列宁斯大林著作编译局, 编译. 北京：人民出版社, 2009.

[5] 马克思, 恩格斯. 马克思恩格斯文集：第6卷 [M]. 中共中央马克思恩格斯列宁斯大林著作编译局, 编译. 北京：人民出版社, 2009.

[6] 习近平. 在纪念马克思诞辰200周年大会上的讲话 [M]. 北京：人民出版社, 2018.

[7] 中共中央宣传部. 习近平新时代中国特色社会主义思想三十讲 [M]. 北京：学习出版社, 2018：243.

[8] 邓霞. 习近平生态文明思想的发展历程、理论渊源和价值意蕴探析 [J]. 农村经济与科技, 2021, 32 (5)：63-64.

[9] 毛泽东. 毛泽东选集：第8卷 [M]. 北京：人民出版社, 1999.

[10] 邓小平. 邓小平文选：第3卷 [M]. 北京：人民出版社, 1993.

[11] 江泽民. 江泽民文选：第1卷 [M]. 北京：人民出版社, 2006.

[12] 胡锦涛. 胡锦涛文选：第3卷 [M]. 北京：人民出版社, 2016.

[13] 中共中央党校. 习近平新时代中国特色社会主义思想基本问题 [M]. 北京：人民出版社, 中共中央党校出版社, 2020.

[14] 陈其胜. 科学发展观的形成特征[J]. 经济与社会发展, 2008 (2)：21-24.

[15] 张家荣, 曾少军. 永续发展之路：中国生态文明体制机制研究 [M]. 北京：中国经济出版社, 2017：30-35.

[16] 中共中央文献研究室. 十八大以来重要文献选编（上）[M]. 北京：

中央文献出版社, 2014: 507.

[17] 李干杰. 开创社会主义生态文明新时代: 深入学习领会和贯彻落实习近平生态文明思想 [J]. 紫光阁, 2018 (9): 12-14.

[18] 杨开忠. 习近平生态文明思想实践模式 [J]. 城市与环境研究, 2021 (1): 3-19.

[19] 国务院. 国务院关于印发循环经济发展战略及近期行动计划的通知 [R/OL]. (2013-01-23) [2020-12-20]. http: www.gov.co/zwgk/2013-02/05/content_2327562.htm.

[20] 谷树忠. 产业生态化和生态产业化的理论思考 [J]. 中国农业资源与区划, 2020, 41 (10): 8-14.

[21] 王天义, 朱鹏华, 方化. 十八大以来领导干部关注治国理政 "热词" 解读 [M]. 北京: 中共中央党校出版社, 2016.

[22] 李世峰. 新时代生态文明建设的思想基础与实践路径 [J]. 行政管理改革, 2021 (3): 86-93.

[23] 沃斯特. 自然的经济体系生态思想史 [M]. 侯文蕙, 译. 北京: 商务印书馆, 1999: 14.

[24] 卡逊. 寂静的春天 [M]. 吕瑞兰, 李长生, 译. 长春: 吉林人民出版社, 1997.

[25] 马克思. 资本论 [M]. 北京: 人民出版社, 1975.

[26] BOULDING K. E. The economics of the coming spaceship earth [J]. New York, 1966.

[27] 康芒纳. 封闭的循环: 自然、人和技术 [M]. 侯文蕙, 译. 长春: 吉林人民出版社, 2000.

[28] BRUNDTLAND G . Report of the World Commision on Environement and Development: Our Common Future. 1987.

[29] STANTON W. R. United Nations environment programme: Environmental data report 1989: 2nd edn [M]. Oxford: Basil Blackwell Ltd, 1989.

[30] PEARCE D. W., TURNER R. K. Economics of natural resources and the environment [M]. JHU Press, 1990.

[31] FROSCH R. A., GALLOPOULOS N. E. Strategies for manufacturing 1. 1989.

[32] PICC. The Physical Science Basis. Contribution of Working Group I to the Fourth Assessment Report of the IPCC [M]. Cambridge: United Kingdom Cam-

bridge University Press，2007.

［33］ROY，STERN. Review on The Economics of Climate Change ［J］. South African Journal of Economics，2006，75（1）：369-372.

［34］张晶，王丽萍. 低碳经济相关理论的综述分析［J］. 云南财经大学学报（社会科学版），2011，26（6）：36-39.

［35］张文明，张孝德. 生态资源资本化：一个框架性阐述［J］. 改革，2019（1）：122-131.

［36］K. M . The world environment 1972—1982：A report by the United Nations environment programme［J］. Environmental Pollution Series A Ecological and Biological，1983，30（4）：323.

［37］亚当·斯密. 国民财富的性质和原因的研究（上卷）［M］. 郭大力等，译. 北京：商务印书馆，1972.

［38］王庆丰. 资本论与资本的合理界限［N］. 光明日报，2016-01-27（14）.

［39］EL SERAFY S. The environment as capital［J］. Ecological economics：The science and management of sustainability，1991：168-171.

［40］刘则渊，代锦. 产业生态化与我国经济的可持续发展道路［J］. 自然辨证法研究，1994（12）：40-42.

［41］黄志斌，王晓华. 产业生态化的经济学分析与对策探讨［J］. 华东经济管理，2000（3）：28-33.

［42］厉无畏，王慧敏. 产业发展的趋势研判与理性思考［J］. 中国工业经济，2002（3）：6-9.

［43］樊海林，程远. 产业生态：一个企业竞争的视角［J］. 中国工业经济，2004（3）：29-36.

［44］陈柳钦. 产业发展的可持续性趋势产业生态化［J］. 未来与发展，2005（5）：31-34.

［45］吴松强. 产业集群生态化发展策略：基于循环经济的视角［J］. 科学管理研究，2009（7）：400-403.

［46］赵林飞. 产业生态化的若干问题研究［D］. 杭州：浙江大学，2003：5-6.

［47］李慧明，王军峰. 物质代谢、产业代谢和物质经济代谢：代谢与循环经济理论［J］. 南开学报（哲学社会科学版），2007（11）：98-105.

［48］谷树忠. 产业生态化和生态产业化的理论思考［J］. 中国农业资源与区划，2020，41（10）：8-14.

［49］商华. 工业园生态效率测度与评价［D］. 大连：大连理工大学，2007.

[50] 张永成, 王成璋. 生态工业园区资源使用及废弃物排放的测度方法 [J]. 统计与决策, 2009 (18): 15-18.

[51] 周映伶, 罗胤晨, 文传浩. 城市产业生态化水平指标体系构建与综合评价 [J]. 统计与决策, 2021, 37 (6): 73-77.

[52] 田昕加. 基于循环经济的林业产业生态化模式构建: 以伊春市为例 [J]. 农业经济问题, 2011, 32 (9): 86-89.

[53] 戴大双, 衣庆燕, 张爽. 新疆产业园区生态化治理模式研究 [J]. 新疆大学学报 (哲学·人文社会科学版), 2016, 44 (3): 36-45.

[54] 杨丽花, 佟连军. 基于社会网络分析法的生态工业园典型案例研究 [J]. 生态学报, 2012, 32 (13): 4236-4245.

[55] 齐绍琼. 延展企业产业链以促产业生态化 [J]. 求索, 2013 (5): 50-52.

[56] 陈洪波. "产业生态化和生态产业化" 的逻辑内涵与实现途径 [J]. 生态经济, 2018 (10): 209-220.

[57] 严立冬, 陈光炬, 刘加林, 等. 生态资本构成要素解析: 基于生态经济学文献的综述 [J]. 中南财经政法大学学报, 2010 (5): 3-9, 142.

[58] 王海滨, 邱化蛟, 程序, 等. 实现生态服务价值的新视角 (一): 生态服务的资本属性与生态资本概念 [J]. 生态经济, 2008 (6): 44-48.

[59] 欧阳志云, 王效科, 苗鸿. 中国陆地生态系统服务功能及其生态经济价值的初步研究 [J]. 生态学报, 1999 (5): 19-25.

[60] 吕劲文, 乐群, 王铮, 等. 福建省森林生态系统碳汇潜力 [J]. 生态学报, 2010, 30 (8): 2188-2196.

[61] 王美, 王爽, 翟印礼. 基于生态资本补偿的碳交易定价权研究 [J]. 农业经济, 2013 (9): 103-104.

[62] 刘彬, 甘泓, 贾玲, 等. 基于生态系统服务的水生态资产负债表研究 [J]. 环境保护, 2018, 46 (14): 18-23.

[63] 包英爽, 程磊磊, 卢琦. 荒漠生态资产核算与生态补偿对策 (英文) [J]. Journal of Resources and Ecology, 2019, 10 (1): 56-62.

[64] 李世聪, 易旭东. 生态资本价值核算理论研究 [J]. 统计与决策, 2005 (18): 4-6.

[65] 牛新国, 杨贵生, 刘志健, 等. 生态资本化与资本生态化 [J]. 经济论坛, 2003 (3): 12-13.

[66] 王海滨, 邱化蛟, 程序, 等. 实现生态服务价值的新视角 (三): 生态资本运营的理论框架与应用 [J]. 生态经济, 2008 (8): 36-40.

[67] 陈光炬. 农业生态资本运营：内涵、条件及过程 [J]. 云南社会科学, 2014 (2)：111-115.

[68] 赵越, 王海舰, 苏鑫. 森林生态资产资本化运营研究综述与展望 [J]. 世界林业研究, 2019, 32 (4)：1-5.

[69] 刘加林, 周发明, 刘辛田, 等. 生态资本运营机制探讨：基于生态补偿视角 [J]. 科技管理研究, 2015, 35 (14)：210-213.

[70] 张雪溪, 董玮, 秦国伟. 生态资本、生态产品的形态转换与价值实现：基于马克思资本循环理论的扩展分析 [J]. 生态经济, 2020, 36 (10)：213-218, 227.

[71] 李青松, 陈洪. 基于生态产业化的林业发展模式构想 [J]. 现代农业科技, 2008 (16)：293-294.

[72] 徐静, 俞晓敏, 张桔, 等. 生态产业化与产业生态化协同发展："山江湖" 综合开发背景下的南昌产业发展新思路 [J]. 中共南昌市委党校学报, 2010, 8 (5)：48-52.

[73] 张云, 赵一. 环首都经济圈生态产业化的路径选择 [J]. 生态经济, 2012 (4)：118-121.

[74] 耿玉德, 万志芳, 李微, 等. 国有林区改革进展与政策研究：以龙江森工集团和大兴安岭林业集团为例 [J]. 林业经济, 2017, 39 (2)：3-11.

[75] 张轩畅, 刘彦随, 李裕瑞, 等. 黄土丘陵沟壑区乡村生态产业化机理及其典型模式 [J]. 资源科学, 2020, 42 (7)：1275-1284.

[76] 刘小双, 罗胤晨, 文传浩. 生态产业化理论意蕴及发展模式研究综述 [J]. 经济论坛, 2020 (3)：28-34.

[77] 韩渝辉. 抗战时期重庆的经济 [M]. 重庆：重庆出版社, 1995.

[78] 重庆市地方志编纂委员会总编室. 重庆市志：总述大事记地理志人口志. 第1卷 [M]. 成都：四川大学出版社, 1992.

[79] 周琳. 重庆开埠前川东地区的市场体系 [D]. 长春：吉林大学, 2005.

[80] 赵公卿. 西部开发：重庆振兴的历史契机 [J]. 重庆行政, 2000 (1)：12-15.

[81] 中华人民共和国政府网. 重庆自贸试验区已形成11项全国首创制度创新成果 [R/OL]. (2019-01-25) [2020-05-11]. http://www.gov.cn/xinwen/2019-01/27/content_5361599.htm.

[82] 杨莹. "一带一路" 格局下西部地区间的优势产业发展比较研究 [J]. 智库时代, 2019 (34)：2-4.

[83] 李优树, 冯秀玲. 成渝地区双城经济圈产业协同发展研究 [J]. 中

国西部, 2020 (4): 35-45.

[84] 赵俊男. 川渝两地产业结构演进及区域分工研究 [D]. 重庆: 重庆工商大学, 2018.

[85] 王鸿举. 政府工作报告: 2006 年 1 月 11 日在重庆市第二届人民代表大会第四次会议上 [J]. 重庆市人民政府公报, 2006 (2): 6-13.

[86] 刘畅. 渝东北产业生态化研究 [D]. 重庆: 中共重庆市委党校, 2020.

[87] 任保平. 新时代中国经济从高速增长转向高质量发展: 理论阐释与实践取向 [J]. 学术月刊, 2018, 50 (3): 66-74, 86.

[88] 任保平, 李禹墨. 新时代我国高质量发展评判体系的构建及其转型路径 [J]. 陕西师范大学学报 (哲学社会科学版), 2018, 47 (3): 105-113.

[89] 谷树忠, 胡咏君, 周洪. 生态文明建设的科学内涵与基本路径 [J]. 资源科学, 2013, 35 (1): 2-13.

[90] 习近平. 宁可要绿水青山, 不要金山银山 [N]. 人民日报, 2013-09-07.

[91] 严成樑. 新常态下中国经济增长动力分析 [J]. 中国高校社会科学, 2017 (6): 44-51, 154.

[92] 佘颖, 刘耀彬. 国内外绿色发展制度演化的历史脉络及启示 [J]. 长江流域资源与环境, 2018, 27 (7): 1490-1500.

[93] 郇庆治. 国际比较视野下的绿色发展 [J]. 江西社会科学, 2012, 32 (8): 5-11.

[94] 邓宏兵. 以绿色发展理念推进长江经济带高质量发展 [J]. 区域经济评论, 2018 (6): 4-7.

[95] 金乐琴. 高质量绿色发展的新理念与实现路径: 兼论改革开放 40 年绿色发展历程 [J]. 河北经贸大学学报, 2018, 39 (6): 22-30.

[96] 岭言. "产业融合发展": 美国新经济的活力之源 [J]. 工厂管理, 2001 (3): 25-26.

[97] 周振华. 产业融合: 产业发展及经济增长的新动力 [J]. 中国工业经济, 2003 (4): 46-52.

[98] 颜培霞. 产业融合推动城乡融合发展研究 [J]. 改革与战略, 2018, 34 (11): 110-115.

[99] 陈文杰. 以产业融合发展来培育经济发展新动能 [J]. 决策咨询, 2017 (5): 9-11.

［100］赵伟，黄婧，范莉，等. 重庆近5年耕地集约利用水平变化研究［J］. 西南大学学报（自然科学版），2013，35（7）：115-120.

［101］向为民，甘蕾. 重庆市城镇化进程中城市土地集约利用研究［J］. 重庆理工大学学报（社会科学），2018，32（11）：65-73.

［102］唐良智. 重庆主动服务全国大局，努力发挥"三个作用"［J］. 人民周刊，2020（3）：64-65.

［103］钟茂初. 长江经济带生态优先绿色发展的若干问题分析［J］. 中国地质大学学报（社会科学版），2018，18（6）：8-22.

［104］唐龙. 重庆长江经济带"生态优先绿色发展"战略构想与实施路径探讨［J］. 重庆科技学院学报（社会科学版），2018（4）：34-37.

［105］唐燕，罗胤晨，文传浩. 示范作用背景下重庆产业绿色发展的提升策略研究［J］. 经济论坛，2020（4）：80-86.

［106］张果. 推动经济高质量发展的五个维度［N］. 重庆日报，2018-09-13（7）.

［107］张义学. 内陆腹地走向开放前沿［J］. 西部大开发，2018（8）：40-43.

［108］重庆商报. 加快建设内陆开放高地 跟着"金点子"去掘金［EB/OL］.（2019-01-30）［2020-12-30］. http://e.chinacqsb.com/html/201901/30/content_21636.html.

［109］唐良智. 重庆市人民政府工作报告［N］. 重庆日报，2019-02-02.

［110］中国绿色时报. 重庆将继续坚持生态优先绿色发展［EB/OL］.（2019-01-31）［2020-12-30］. http://www.greentimes.com/green/news/yaowen/zhxw/content/2019-01/31/content_410581.htm.

［111］刘伟，蔡志洲. 新时代中国经济增长的国际比较及产业结构升级［J］. 管理世界，2018，34（1）：16-24.

［112］张波，李敬. 西部大开发税收优惠政策的实施与调整：重庆证据［J］. 改革，2009（12）：62-66.

［113］张智奎. 已形成"1+2+7+8"开放平台体系［N］. 重庆晨报，2019-01-30（5）.

［114］人民网. 张智奎：重庆从内陆腹地迈向开放前沿［EB/OL］.（2019-01-29）［2021-01-30］. http://cq.people.com.cn/n2/2019/0129/c365401-32591150.html.

［115］杨骏. 如何在推进共建"一带一路"中发挥带动作用［N］. 重庆日报，2019-05-05（3）.

［116］罗静雯. 深入学习贯彻习近平总书记重要讲话精神，努力在推进长

江经济带绿色发展中发挥示范作用［N］.重庆日报，2019-04-30（1）.

［117］文传浩.在推进长江经济带绿色发展中发挥示范作用［N］.重庆日报，2019-04-26（7）.

［118］陈国栋.以大数据智能化引领创新驱动发展，推动高质量发展，创造高品质生活［N］.重庆日报，2018-06-27（3）.

［119］崔佳.大数据智能化让重庆更"智慧"［N］.人民日报，2018-08-23（16）.

［120］方世敏，王海艳.基于系统论的农业与旅游产业融合：一种粘性的观点［J］.经济地理，2018，38（12）：211-218.

［121］郭晓静.重庆实体经济正形成新的发展动能［N］.重庆日报，2018-01-03（4）.

［122］ERKMAN S. Industrial ecology：An historical view［J］. Journal of Cleaner Production，1997，5（5）：1-10.

［123］黄志斌，王晓华.产业生态化的经济学分析与对策探讨［J］.华东经济管理，2000（3）：7-8.

［124］厉无畏，王慧敏.产业发展的趋势研判与理性思考［J］.中国工业经济，2002（4）：5-11.

［125］陈洪波."产业生态化和生态产业化"的逻辑内涵与实现途径［J］.生态经济，2018，34（10）：209-213.

［126］郭守前.产业生态化创新的理论与实践.生态经济，2002（4）：34-37.

［127］黎祖交.生态产业化 产业生态化［J］.绿色中国，2018（11）：42-45.

［128］ALLENBY B. Industrial ecology gets down to Earth［J］. IEEE Circuits and Devices Magazine，1994，10（1）：24-28.

［129］LOMBARDI D R，LAYBOURN，P. Redefining industrial symbiosis［J］. Ind. Ecol. 2012（16）：28-37.

［130］陈柳钦.产业发展的可持续性趋势：产业生态化［J］.未来与发展，2006（5）：31-34.

［131］陈长.论贵州协同推进生态产业化与产业生态化［J］.贵州省党校学报，2018（6）：123-128.

［132］刘曙光，王璐，尹鹏，等.中国地级以上城市产业生态化时空特征及其驱动因素研究［J］.资源开发与市场，2018，34（11）：1488-1493，1519.

［133］SCHALTEGGER，STURM. Kologische Rationalitt［J］. Die Unternehmung，1990，4（4）：273-290.

［134］STIGSON. Eco-efficiency：Creating More Value with Less Impact ［J］. WBCSD, 2000：5-36

［135］STIGSON B. A Road to Sustainable Industry：How to Promote Resource Efficiency in Companies ［C］//Wodd business Council for Sustainable Development （WBCSD）, A Speech in Second Conference on Eco-effciciency Dusseldor

［136］WILLISON, RAYMOND. Counting Biodiversity Waste in Industrial Eco-efficiency：Fisheries Case Study ［J］. Journal of Cleaner Production, 2009, 17 （3）：348-353.

［137］付德申. 新常态背景下中国城市群产业生态化效率研究 ［J］. 甘肃社会科学, 2017 （3）：189-194.

［138］NIEMINEN, LINKE, TOBLER, et al. EU COST Action 628：Life Cycle Assessment （LCA） of Textile Products, Eco-efficiency and Definition of Best Available Technology （BAT） of Textile Processing ［J］. Journal of Cleaner Production, 2007, 15 （13-14）：1259-1270.

［139］田炯, 王翠然, 陆根法. 层次分析法在生态效率评价中的应用研究 ［J］. 环境保护科学, 2009, 35 （1）：118-120.

［140］耿涌, 王珺. 基于灰色层次分析法的城市复合产业生态系统综合评价 ［J］. 中国人口资源与环境, 2010 （1）：112-117.

［141］王晶, 孔凡斌. 区域产业生态化效率评价研究：以鄱阳湖生态经济区为例 ［J］. 经济地理, 2012, 32 （12）：101-107.

［142］刘钊. 基于三阶段 DEA 模型的中国区域绿色投资生态效率分析 ［J］. 经济经纬, 2019, 36 （6）：17-24.

［143］于伟, 张鹏, 姬志恒. 中国城市群生态效率的区域差异、分布动态和收敛性研究 ［J］. 数量经济技术经济研究, 2021, 38 （1）：23-42.

［144］常新锋, 管鑫. 新型城镇化进程中长三角城市群生态效率的时空演变及影响因素 ［J］. 经济地理, 2020, 40 （3）：185-195.

［145］张玲, 袁增伟, 毕军. 物质流分析方法及其研究进展 ［J］. 生态学报, 2009, 29 （11）：6189-6198.

［146］戴铁军, 刘瑞, 王婉君. 物质流分析视角下北京市物质代谢研究 ［J］. 环境科学学报, 2017, 37 （8）：3220-3228.

［147］HAES, HAND, HUPPES, et al. Materials Balances and Flow Analysis of Hazardous Substances ［J］. Accumulation of substances in economy and environment. Milieu. 1988. 3：51-55.

［148］AYRES R. U. Industrial Metabolism：in Technology and Environment ［M］. Washington D. C.，National Academy Press，1989：23-49.

［149］邓南圣，吴峰. 工业生态学：理论与应用 ［M］. 北京：化学工业出版社. 2002. 54.

［150］沈万斌，赵涛，刘鹏，等. 物质流分析模型的应用研究 ［J］. 东北师大学报：自然科学版，2009，41 （1）：127-132.

［151］万宇艳，苏瑜. 基于 MFA 分析下的低碳经济发展战略 ［J］. 中国能源，2009，31 （6）：8-11.

［152］谷平华，刘志成. 基于物质流分析的区域工业生态效率评价：以湖南省为例 ［J］. 经济地理，2017 （4）：141-148.

［153］戴铁军，赵迪. 基于物质流分析的京津冀区域物质代谢研究 ［J］. 工业技术经济，2016，35 （4）：124-133.

［154］谷平华，刘志成. 基于物质流分析的区域工业生态效率评价：以湖南省为例 ［J］. 经济地理，2017 （4）：141-148.

［155］戴铁军，刘瑞，王婉君. 物质流分析视角下北京市物质代谢研究 ［J］. 环境科学学报，2017，37 （8）：3220-3228.

［156］ODUM. Environmental Accounting：Emergy and Decision Making ［M］. New York：Wiley，1996.

［157］蓝盛芳，钦佩，陆宏芳. 生态经济系统能值分析 ［M］. 北京：化学工业出版社，2002.

［158］张萌萌，王广成. 基于能值生态足迹的区域生态承载力研究 ［J］. 山东工商学院学报，2018，32 （4）：68-75.

［159］ULGIATI S，ODUM，BASTIANONI. Emergy Use，Environmental Loading and Sustainability an Emergy Analysis of Italy ［J］. Ecological Modelling，1994，73 （3-4）：215-268.

［160］NELSON，ODUM，BROWN，et al. "Living off the land"：Resource Efficiency of Wetland Wastewater Treatment ［J］. Advances in Space Research，2001，27 （9）：1547-1556.

［161］VASSALLO，BASTIANONI，BEISO，et al. Emergy Analysis for the Environmental Sustainability of an Inshore Fish Farming System ［J］. Ecological Indicators，2007，7 （2）：290-298.

［162］韩增林，胡伟，钟敬秋，等. 基于能值分析的中国海洋生态经济可持续发展评价 ［J］. 生态学报，2017，37 （8）：2563-2574.

[163] 杨灿, 朱玉林. 基于能值生态足迹改进模型的湖南省生态赤字研究 [J]. 中国人口·资源与环境, 2016, 26 (7): 37-45.

[164] 隋春花, 张耀辉, 蓝盛芳. 环境—经济系统能值（Emergy）评价: 介绍 Odum 的能值理论 [J]. 重庆环境科学, 1999 (1): 20-22.

[165] 陆宏芳, 沈善瑞, 陈洁, 等. 生态经济系统的一种整合评价方法: 能值理论与分析方法 [J]. 生态环境, 2005, 14 (1): 121-126.

[166] 李首涵, 杨萍, 郭洪海, 等. 基于能值分析的农业经营主体可持续发展能力研究 [J]. 中国农业资源与区划, 2018, 39 (2): 146-154.

[167] 马赫, 张天海, 罗宏森, 等. 沿海快速城市化地区能值生态足迹变化分析 [J]. 生态学报, 2018, 38 (18): 6465-6472.

[168] 张芳怡, 濮励杰, 张健. 基于能值分析理论的生态足迹模型及应用: 以江苏省为例 [J]. 自然资源学报, 2006, 21 (4): 653-660.

[169] 刘钦普, 林振山. 江苏省耕地利用可持续性动态分析及预测 [J]. 自然资源学报, 2009 (4): 594-601.

[170] 袁增伟, 毕军, 黄珠赛, 等. 生态产业评价指标体系研究及应用 [J]. 生产力研究, 2004 (12): 152-153, 177.

[171] 苏章全, 熊剑锋, 黄超力, 等. 区域旅游产业生态化系统及演化水平测评方法研究 [J]. 旅游论坛, 2011, 4 (5): 37-42.

[172] 刘淑茹, 韩世芳. 西部地区产业生态化评价研究 [J]. 生态经济, 2017, 33 (3): 90-94, 99.

[173] 刘曙光, 王璐, 尹鹏, 等. 中国地级以上城市产业生态化时空特征及其驱动因素研究 [J]. 资源开发与市场, 2018, 34 (11): 1488-1493, 1519.

[174] 张国俊, 王珏晗, 庄大昌. 广州市产业生态化时空演变特征及驱动因素 [J]. 地理研究, 2018, 37 (6): 1070-1086.

[175] 陆根尧, 盛龙, 唐辰华. 中国产业生态化水平的静态与动态分析: 基于省际数据的实证研究 [J]. 中国工业经济, 2012 (3): 147-159.

[176] 陈晓雪, 潘海芹. 江苏省产业生态化水平的动态分析 [J]. 江苏社会科学, 2014 (6): 254-259.

[177] 秦曼, 刘阳, 程传周. 中国海洋产业生态化水平综合评价 [J]. 中国人口·资源与环境, 2018, 28 (9): 102-111.

[178] 邹伟进, 陈伟, 郭明晶. 我国钢铁产业生态化水平的评价 [J]. 统计与决策, 2010 (8): 113-116.

[179] 张福庆, 胡海胜. 区域产业生态化耦合度评价模型及其实证研究:

以鄱阳湖生态经济区为例 [J]. 江西社会科学, 2010 (4): 219-224.

[180] 刘传江, 吴晗晗, 胡威. 中国产业生态化转型的 IOOE 模型分析: 基于工业部门 2003—2012 年数据的实证 [J]. 中国人口·资源与环境, 2016, 26 (2): 119-128.

[181] 颜建军, 徐雷, 李扬. 资源、环境双重约束下的湖南省产业生态化发展路径 [J]. 经济地理, 2017, 37 (6): 183-189.

[182] 薛婕, 周景博, 罗宏. DEA 在生态工业园区循环经济绩效评价中的应用 [J]. 环境保护与循环经济, 2009, 15 (8): 37-40.

[183] 戴铁军, 刘瑞, 王婉君. 物质流分析视角下北京市物质代谢研究. 环境科学学报, 2017, 37 (8): 3220-3228.

[184] 王一超, 赵桂慎, 彭澎, 等. 基于能值与生命周期评价耦合模型的农业系统生态效率评估: 以北京市郊区为例 [J]. 农业环境科学学报, 2018, 37 (6): 1311-1320.

[185] 周映伶, 罗胤晨, 文传浩. 城市产业生态化水平指标体系构建与综合评价 [J]. 统计与决策, 2021, 37 (6): 73-77.

[186] Organisaiton of Economic Cooperation and Development. Core Set of Indicators for Environmental Performance Reviews [J]. Environmental Monographs. 1993, 83: 1-39.

[187] 孟晓哲. 现代农业产业融合问题及对策研究 [J]. 中国农机化学报, 2014, 35 (6): 318-321, 325.

[188] 冯岩松. SPSS22.0 统计分析应用教程 [M]. 北京: 清华大学出版社, 2015: 6.

[189] 张国俊, 王珏晗, 庄大昌. 广州市产业生态化时空演变特征及驱动因素 [J]. 地理研究, 2018, 37 (6): 1070-1086.

[190] 田雪莹. 基于熵值法的中国城镇化水平测度 [J]. 改革, 2018 (5): 151-159.

[191] 杨华, 陈年, 杨盛元. 重庆市高新技术产业发展现状分析研究 [J]. 西南师范大学学报 (自然科学版), 2003 (2): 298-302.

[192] 朱英明, 杨连盛, 吕慧君, 等. 资源短缺、环境损害及其产业集聚效果研究: 基于 21 世纪我国省级工业集聚的实证分析 [J]. 管理世界, 2012 (11): 28-44.

[193] 秦炳涛, 黄羽迪. 工业集聚有助于污染减排吗? [J]. 城市与环境研究, 2019 (4): 51-62.

［194］赵增耀，毛佳，周晶晶. 工业集聚对大气污染的影响及门槛特征检验：基于大气污染防治技术创新的视角［J］. 山东大学学报（哲学社会科学版），2020（1）：123-133.

［195］陈倩. "一带一路"为重庆交通发展带来新格局［J］. 现代商贸工业，2017（16）：26-28.

［196］罗芸. 重庆科技创新城启幕 打造"创新智核"［N］. 重庆日报，2019-12-15（6）.

［197］覃世利. 重庆战略性新兴产业培育策略研究［D］. 重庆：西南大学，2013.

［198］李琳，楚紫穗. 我国区域产业绿色发展指数评价及动态比较［J］. 经济问题探索，2015（1）：68-75.

［199］田泽，魏翔宇，丁绪辉. 中国区域产业绿色发展指数评价及影响因素分析［J］. 生态经济，2018（11）：105-110.

［200］余雅洁. 重庆市生态功能区发展战略的人才支撑体系研究［D］. 中共重庆市委党校，2015.

［201］许小苍，刘俊丽. 基于系统动力学的重庆产业生态创新系统仿真与优化路径研究［J］. 科技管理研究，2017（4）：12-18.

［202］尹艳冰，赵宏. 循环经济背景下区域生态化技术创新体系建设研究［J］. 科技进步与对策，2010，27（1）：45-48.

［203］谭美容，罗胤晨，文传浩. 重庆市推进生态产业发展：优势、短板及因应策略［J］. 重庆文理学院学报（社会科学版），2021，40（1）：56-67.

［204］刘宝发，张晓玲. 重庆市产业空间布局与优势产业层次划分［J］. 重庆科技学院学报：社会科学版，2010（1）：66-69.

［205］李校利. 生态文明研究综述［J］. 学术论坛，2013，36（2）：53-55，72.

［206］王如松，欧阳志云. 社会-经济-自然复合生态系统与可持续发展［J］. 中国科学院院刊，2012，27（3）：337-345，403-404，254.

［207］王如松. 复合生态与循环经济［M］. 北京：气象出版社，2003：170.

［208］李扬杰，罗胤晨，文传浩. 现代生态产业体系的业态划分及空间布局初探：以重庆市为例［J］. 重庆三峡学院学报，2020，36（4）：26-32.

［209］徐静，俞晓敏，张桔，等. 生态产业化与产业生态化协同发展："山江湖"综合开发背景下的南昌产业发展新思路［J］. 中共南昌市委党校学报，2010，8（5）：48-52.

［210］陈长. 省域生态产业化与产业生态化协同发展理论、实证：以贵州

为例 [J]. 贵州社会科学, 2019 (8): 122-130.

[211] 罗伊玲, 周玲强, 刘亚彬. "全域化"生态新农村建设路径研究: 以武义生态养生旅游与美丽乡村共建为例 [J]. 生态经济, 2016, 32 (2): 139-142, 176.

[212] 刘长虹. 珠三角高新技术产业一体化的机制研究: 基于国内外经验与珠三角的实践 [J]. 科技管理研究, 2010, 30 (15): 72-75.

[213] 任保平, 苗新宇. "十四五"时期我国经济高质量发展新动能的培育 [J]. 经济问题, 2021 (2): 1-11, 106.

[214] 李星林, 罗胤晨, 文传浩. 产业生态化和生态产业化发展: 推进理路及实现路径 [J]. 改革与战略, 2020, 36 (2): 95-104.

[215] 黄庆华, 刘建徽. 重庆市战略性新兴产业发展策略及其启示 [J]. 西南大学学报 (社会科学版), 2012, 38 (2): 167-172.

[216] 习近平. 在解决"两不愁三保障"突出问题座谈会上的讲话 [EB/OL]. [2019-08-16]. http://www.qstheory.cn/dukan/qs/2019-08/16/c_11248 81658.htm.

[217] 国家统计局. 2018 中国统计年鉴 [M]. 北京: 中国统计出版社, 2019.

[218] 尚玉昌. 普通生态学 [M]. 3 版. 北京: 北京大学出版社, 2010.

[219] 鲁伟. 生态产业: 理论、实践及展望 [J]. 经济问题, 2014 (11): 16-19, 43.

[220] 颜建军, 谭伊舒. 生态产业价值链模型的构建与推演 [J]. 经济地理, 2016, 36 (5): 168-174.

[221] 文传浩, 许芯萍. 流域绿色发展、精准扶贫与全域旅游融合发展的理论框架 [J]. 陕西师范大学学报 (哲学社会科学版), 2018, 47 (6): 39-46.

[222] 吴华安, 罗胤晨. 在推进长江经济带绿色发展中发挥示范作用 [N]. 重庆日报, 2019-05-08 (5).

[223] 许宪春, 任雪, 常子豪. 大数据与绿色发展 [J]. 中国工业经济, 2019 (4): 5-22.

[224] 滕祥河, 文传浩. 冗余资源配置视角下的可持续减贫策略研究 [J]. 云南师范大学学报 (哲学社会科学版), 2019, 51 (4): 108-115.

[225] 田金平, 刘巍, 臧娜, 等. 中国生态工业园区发展现状与展望 [J]. 生态学报, 2016, 36 (22): 7323-7334.

[226] 罗胤晨, 滕祥河, 文传浩. 构建全域现代生态产业体系的内涵、路径及策略: 重庆探索 [J]. 华中师范大学学报 (自然科学版), 2020, 54

（4）：649-657.

［227］王金南，马国霞，於方，等. 2015 年中国经济-生态生产总值核算研究［J］. 中国人口·资源与环境，2018，28（2）：1-7.

［228］罗胤晨，文传浩，滕祥河. 破除长江上游"重化工围江"困境［N］. 中国环境报，2019-02-01（3）.

［229］贺渝，滕祥河，文传浩. 从重庆实践看环保税面临的现实问题［N］. 中国环境报，2019-01-15（3）.

［230］赵作权，田园，赵璐. 网络组织与世界级竞争力集群建设［J］. 区域经济评论，2018（6）：44-53.